暗い時代の人々

森まゆみ

朝日文庫

本書は二〇一七年五月、亜紀書房より刊行されたものです。
文庫化に際し、新たに吉野作造の章を加筆しました。

＊引用文は、明らかな誤植を訂正し、新字新かなに改めました。また読みにくい漢字をひらがなに改める、送りがなや句読点を加えるなど、適宜手を加えました。

まえがき

これまで近代史を勉強する中で、ずっと気にかかってきたことがある。それは満州事変（昭和六年）勃発から太平洋戦争終結（昭和二十年）にいたるまでの、あの「暗い時代」のことである。

それ以前、大正期には護憲運動、普通選挙法が進められ、米騒動や小作争議、労働運動が活発化し、社会運動の組織論を巡ってアナ・ボル論争が起こった。昭和初期には文壇や美術界でもナップ（全日本無産者芸術連盟）やコップ（日本プロレタリア文化連盟）が創立されて左翼的な運動を勢いよく展開したのに一転、日中戦争・太平洋戦争への道に迷い込んでしまったのだろうか。その時、人々は何を考えていたのか、どこが引き返せない岐路だったのだろうか。

七〇年代のわたしの大学時代にも、「いまは戦前と似ている」「ワイマール共和国が崩壊した後のような状況だ」などという人はあったが、わたしはそういうオオカミ少年的な言辞には動かされなかった。しかし、一九九四年の小選挙区制導入以来、民意は正確に議席に反映されなくなったのは明白である。近年、アメリカに追随する政策や再軍備化、憲法改正と集団的自衛権の行使に向けた下準備が次々と推し進められていることに対しては、率直に怖い、という感情を持っている。

そんな時代だからこそ、わたしは、大正から戦前・戦中にかけて、暗い谷間の時期を時代に流されず、小さな灯火を点(とも)した人々のことを考えていきたい。

二〇一五年から亜紀書房のウェブサイト「あき地」に連載を始めた。「あき地」には版元の名前も組み込まれているのだろうが、「自由な精神の空間」をこころして作ろうという試みだと思う。

わたしが子供の頃の昭和三十年代、東京の都心である文京区にも、あちこちにあき地があり、原っぱがあり、崖があり、子供達の遊びまわる自由な空間があった。そこでゴム段をしたり、男の子の三角ベースやベーゴマに混ぜてもらったりした。夕暮れになると赤トンボが空を赤く染めるほどに群舞し、遠くに富士山が見えた。そのあき地はここも建てればビルになる、というバブル期の開発の前に消えてしまった。

精神のあき地はどうだろう。のびのびと思うことの言える空間もまた少なくなっているような気がする。「個人的には原発はない方がいいと思いますが……」とわたしの知り合いの大銀行の窓口の女性は言う。しかし、彼女の会社は原発関連会社にも出資している。だから大きな声では言えない。非正規雇用が若者の四割を超える。どんどん所得は下がり、税負担は増える。そしてたとえ正規に雇用されても、「ブラック企業」と言われるような過酷な労働や、もしかすると過労死や自死に至る。いっぽう、上手に就職し、社会の中で軋(きし)みなく生きていくには、「空気を読む」ことが求められ、人には「迷惑をかけてはいけない」ことになっているようだ。

このように問題が一人一人に「私的なもの」として抱え込まされる中で、おかしなことに異議を申し立てるという市民的意識は薄れ、社会的な物事や問題に関心をもったり、応援したりするよりも、みんな自分の小さな生活を守るだけで精一杯になっているように見える。こんな時代をどう生き抜くべきか。

この本の中でわたしが書いたのは、最も精神の抑圧された、一九三〇年から四五年の「暗い時代」に、「精神の自由」を掲げて闘った人々のことである。時代でいうと大正デモクラシーの残照から、昭和の軍国主義に雪崩(なだ)れていく時代ということになる。今まで気になりながらも、ちゃんと向き合ったことのない人の姿を捉えようとした。もちろんその人のことを理解しようと思うと、さかのぼって、大逆事件にまで言及しなければならなかった。

本書のタイトルは、ハンナ・アレントの有名な作品『暗い時代の人々』(Men in Dark Times)から取られている。これも、ファシズムが吹き荒れ、自由が著しく損なわれたヨーロッパの「暗い時代」の中で、「精神の自由」を守るために闘った人々を描いた人間論である。ローザ・ルクセンブルクからはじまり、カール・ヤスパース、アイザック・ディネセン、ヴァルター・ベンヤミン、ベルトルト・ブレヒトなどの人々が取り上げられている。その冒頭には、次のような言葉がある。

最も暗い時代においてさえ、人は何かしら光明を期待する権利を持つこと、こうした光明は理論や概念からというよりはむしろ少数の人々がともす不確かでちらちらとゆれる、多くは弱い光から発すること、またこうした人々はその生活と仕事のなかで、ほとんどあらゆる環境のもとで光をともし、その光は地上でかれらに与えられたわずかな時間を超えて輝くであろうということ

（『暗い時代の人々』阿部齊訳）

わたしが描こうとしたのも、戦前の日本で九人の人々が点(とも)した「ちらちらとゆれる、かすかな光」である。

目次

第二章　山川菊栄　戦時中、鶉の卵を売って節は売らず　57

第三章　山本宣治　人生は短く、科学は長い　91

第四章　竹久夢二　アメリカで恐慌を、ベルリンでナチスの台頭を見た　131

第七章 古在由重 ファシズムの嵐の中を航海した「唯物論研究」 235

第八章 西村伊作 終生のわがまま者にしてリベルタン 263

暗い時代の人々

思え
ぼくらの弱さを言うときに
この時代の暗さをも、
君らの免れた暗さをも。
（ベルトルト・ブレヒト「のちの時代のひとびとに」野村修訳）

第一章

斎藤隆夫

リベラルな保守主義者

斎藤隆夫

さいとう・たかお

◆

1870年、兵庫県出石に生まれる。東京専門学校（いまの早稲田大学）を卒業後、弁護士となり、渡米してイェール大学に学ぶ。のち政治家へ転身。1912年以降、衆議院議員当選13回。1936年5月、二・二六事件後の特別議会で「粛軍演説」を行い、また1940年2月、「支那事変（日中戦争）処理に関する質問演説」（「反軍演説」）を行って大陸政策を批判し、そのため議員を除名された。戦後は第1次吉田内閣、片山内閣の国務大臣となる。1949年没。

斎藤隆夫のことは、昭和十一年（一九三六）五月七日、帝国議会において粛軍演説をした勇気ある政治家として名前を知っていた。明治、大正から、戦前、戦後まで生き抜いた不屈の政治家である。

彼は民政党の議員で、取り立てて左翼だったわけではない。天皇を崇敬し、自分もお国のために役に立ちたいと願っていた。しかし、二・二六事件の青年将校たちが「維新」を標榜し、軍部が「革新」と称して暴走しそうな時に、あえて「保守」として、たった一人、牽制の手綱を引こうとした。彼は保守派であると同時に、近代的なリベラリストでもあった。だからこそ、「維新」「革新」といった華々しい言葉に惑わされることなく、自由主義と立憲主義を「保守」しようとした。元祖「保守リベラル」であろう。

時局下においても斎藤は大勢に流されず、信念を捨てなかった。粛軍演説の四年後の昭和十五年にも、「支那事変処理」に関して国会で質問（いわゆる反軍演説）し、問題視され、国会から除名されてしまうのである。

彼は戦後の一九四九年に七十九歳で長逝したが、それまで一回の落選以外は十三回当選、議員職に三十五年間あった人気政治家であった。

その斎藤がわたしの家からそう遠くない本郷区向ヶ岡弥生町三番地に住んだことがあると知った。そこは、時代は違うが反骨のジャーナリスト宮武外骨（みやたけがいこつ）が住んだ番地でもある。たしかに彼の自伝『回顧七十年』の序言には「向ヶ丘偶居において」とある。わたしはもう少し斎藤のことを知りたいと思った。しかし、この序言にしてからが、「自ら顧みて恥ずることあるも、誇るべき何ものもない」といった淡々とした調子で書かれている。それは成功談ではなく、「浮きつ沈みつ」の七十年を語ったものである。

反骨の風土・出石に生まれる

斎藤隆夫は、明治三年（一八七〇）八月八日、兵庫県の小京都・出石(いずし)の生まれである。出石といえば、わたしがかつて養父(やぶ)にある作家・山田風太郎の記念館に招かれて行った時、主催者が出石でおそばをご馳走してくれ、城崎(きのさき)の温泉宿まで送り届けてくれた思い出がある。

出石は江戸時代後期のお家騒動・仙石騒動の舞台であり、また明治女学校を開いた木村熊二や巌本善治(いわもとよしはる)のふるさとである。木村熊二の墓は谷中墓地にあり、私は『明治東京畸人傳』に一節書いたことがある。彼は十七歳で彰義隊に参加した。幕府恩顧の彰義隊は、上野寛永寺に立てこもり、新政府軍と一戦を構えたが半日で敗れた。彰義隊の残党は明治の世を渡ることがむずかしく、その後、木村はアメリカで長く牧師の勉強をし、帰って下谷教会を開く。ここに旧幕臣であった幸田露伴の父などが通った。その下谷教会女子部として谷中初音町に生まれたのが、後の明治女学校である。

この学校は、羽仁もと子、相馬黒光、野上彌生子などを輩出し、清水紫琴、荻野吟子、中島湘烟などが関わった。二代目校長となった巌本善治の妻で「小公子」などの翻訳で知られる若松賤子は会津出身である。

以上、あげた人々は皆、明治の世を反藩閥に立脚して生きた。斎藤隆夫という人も明らかにその系譜にある。

斎藤は出石といっても藩士の子ではない。出石の街中から離れた室埴村（いまの豊岡市）のかなり土地持ちの農家に生まれた。兄と四人の姉がおり、両親ともに四十代で生まれた末子であったため、家には縛られなかったが、反対に言えば継ぐべき家産もなかった。八歳で福住小学校に入学したが、どういうわけか、卒業前に十二、三歳で、京都の西本願寺の附属学校である弘教校（弘教講学舎）というところに転入している。

わたしは弘教校があったという西六条東中筋花屋町上ルという住所を訪ねてみた。浄土真宗系の龍谷大学の西である。西本願寺は浄土真宗本願寺派で、斎藤の家は禅宗だった。しかし弘教校での斎藤は、お経を唱えたり、四書を教わるくらいの旧態依然とした教育に失望して、村に帰ったという。そういうところは直情径行だ。

弘教校をやめた後、家に帰って牛飼いや田圃の手伝いをした。当時、農耕はすべて人力と牛の力に頼っていた。だが、斎藤は百姓仕事がいやでたまらなかった。それでまた無断で家出をして京都に向かい、仕出屋の配達、駄菓子の製造などに携わった。これは口入れ屋の周旋する丁稚奉公である。

京都に行ったのはふるさとに近い都会であり、前の滞在の土地勘があったからだろうが、三ヶ月でいやになって帰郷した。現状に満足しない人なのである。えらいと思うのは、家出をして帰郷した末っ子を、兄や姉、兄嫁、父、母ともに叱ることもなく、無事を喜んでくれたというところである。すなわち、この一家は維新後の近代的な立身の道を知らなかったが、子供、兄弟に対して愛情を持っていたとわかる。家族の愛情は人を支える。

東京へ、斎藤隆夫の遅い出発

明治二十二年(一八八九)、斎藤は勉学のために今度は東京に出ることにした。京都からは維新後、明治天皇が東京へ去り求心力がなかった。京都帝国大学ができるのは明治三十年。まだ先のことだ。立身しようとすれば東京に行くほかはない。家族はこれを止めなかったが、豊かな旅費も与えなかった。斎藤は一日八里から十里歩いて、十八日間で横浜に至った。東京の知識人の家に生まれた人々から見れば遅い出発だ。

「初めて横浜に着いた夜は、十八日間の長旅に身も心も疲れ果てて我知らず熟睡に落ち入りしが、翌朝眼を覚まして四辺を見れば、三島駅より連れ立ちたる一人の旅友は、いずれへ消え失せたるや影をも止めず。使い残りし僅(わず)かの旅銀は、三百里の行程を背負い来れる二、三の衣服と共に間の抜けたる田舎者をば振り捨てて、気転利きたる護摩(ごま)の灰（泥棒）さんのお伴にと出掛けたり」（斎藤隆夫『洋行之奇禍』）

ようやくたどり着いた横浜で斎藤は旅費も衣服も盗まれてしまう。当時は電話も電報もない。東京でただ一人知った人は小学校の同級生であった。東京に着いた斎藤は、さっそく彼を訪ねたがあいにく不在で、金も尽き、交番に宿泊を頼むも断られた。だが、芝区役所の宿直に金を恵まれ、なんとか一宿一飯にありつく。そして、薬や洋酒の店に再び丁稚奉公に出ることとなった。このように斎藤の立身ははかがいかないが、その不器用なところが愛おしい。

それから斎藤は、同郷の桜井勉の書生となる。桜井は先にあげた下谷教会の木村熊二の兄で、気象測候所を創設した内務官僚だが、徳島県知事に任命されたので、斎藤は一時徳島までついて行った。こうして勉学の意図は曲折を余儀なくされる。

斎藤が東京専門学校（いまの早稲田大学）に入ったのが明治二十四年。明治十四年政変（憲法制定の方針をめぐって伊藤博文と大隈重信らが対立し、大隈が政府から追放された事件）で野に下った大隈重信が小野梓とはかり、高田早苗、天野為之、鳩山和夫、坪内逍遥(つぼうちしょうよう)など東京帝国大学出身者が、官僚養成校である出身校とは違う教育を目指した、在野の私立学校であった。斎藤もまた、草創期の早稲田の在野精神を胸に刻み付けた。大橋昭夫は『斎藤隆夫立憲政治家の誕生と軌跡』の中で、斎藤ほど早稲田の校歌にある「進取の精神」「学の独立」「現世を忘れぬ久遠の理想」をよく体現した人はいないと言っている。わたしも一九七〇年代にこの大学に学び、興味深い授業は藤原保信先生の授業とゼミくらいだったが、なにかというと「都の西北」を歌ったことを覚えている。

学費と生活費で毎月七円でやっていけたと斎藤は言う。これを側面援助したのが桜井の紹介した原六郎。同郷の先輩だが、戊辰戦争では鳥取池田藩の覆面部隊の隊長として彰義隊を攻め、維新後はイェール大学、ロンドンのキングス・カレッジに学び銀行家となった。同郷でも木村熊二とはまったく逆の立場に立った。

斎藤は三年ののち、首席で卒業、弁護士試験の難関（受験者千五百人のうち合格者三十三人）を突破、鳩山和夫事務所のイソ弁（居候弁護士）となった。

鳩山は鳩山由紀夫、邦夫兄弟の曾祖父にあたる。元美作勝山（みまさかかつやま）藩士で、開成学校（いまの東京大学）を卒業、コロンビア大学で学士、イェール大学で博士号を取り、当時は東京専門学校校長であった。それと東京帝国大学教授、外務省書記官なども兼務していたという。

しかし斎藤は鳩山ほど名家の出身でも、官学の出身でもなかった。「私立学校出身者が弁護士を開業してもなかなか金は儲らない」（斎藤隆夫『回顧七十年』）。斎藤が早稲田卒業後、イェール大学に留学し、政治家を志したのは、この原や鳩山の先例にならったのだろう。

立憲主義への目覚め

斎藤がイェール大学に入ったのは明治三十四年（一九〇一）だから、すでに三十を過ぎている。

これは英語の習得と資金の調達に時間がかかったためである。前年に兄が亡くなり、家は傾きかけていた。母親もよほど弱って、自分の帰国まで保ちそうになかった。斎藤は涙を呑んで別れを告げ、法科大学院に留学してみると、講義はさっぱりわからない。一年目は無事に過ぎたが、二年目、肋膜炎（ろくまく）で入院、三回の手術を経て、帰国。この時も病院の医療過誤に泣き寝入りせず、論理で談判を重ねている。帰国後もさらに四回、計七回の手術でよくも体が持ちこたえたものだ。しかし、斎藤の帰国を待たずして母はすでに亡くなっていた。

病癒えた斎藤は弁護士として復活、弁護士会で活躍し、執筆活動にもいそしむ。この頃、斎藤はこれまで学んだ憲法学や政治学の成果を踏まえて、『比較国会論』（明治三十九年）という本を出している。弁護士業を営みながら、彼の関心は立憲政治にあった。

また、明治四十四年には『立憲国民之覚醒』も出版した。その序文は犬養毅が書いている。犬養の序文には当時の官僚政治・閥族政治への批判があり、選挙干渉への苦言がある。この本は帝国議会開設後も続く政治の腐敗に対して、国民の政治参加を促(うなが)すパンフレットのようなものだった。斎藤の主張を要約してみよう。

「立憲政治の下においてはまず憲法というものがある」。そして「憲法は国を治むる大本を定めたる大法律」であるから、いかなる者も「一歩も憲法を離れて政治を行うことはできない」。例えば、国の大本である憲法には君主（天皇）と政府の役割がはっきりと記されている。君主である天皇でさえも「この憲法の条規によりこれ（統治権の行使）を行う」と帝国憲法（第四条）に規定されているのだから、これを守らねばならない。政府や国会議員は言うまでもない。政治家は必ず誠心誠意、憲法を遵守し、その精神に従うことを「第一の任務」とせねばならない。

この時代、「立憲」という言葉は、ようやく憲法を持つことができた日本人にとって、実に力のあるキーワードだったのだ。斎藤はこの本の中で「政府の役人等は果して憲法の大精神に基づき立憲政治の運用を誤らぬであるか」と問いかけているが、それは当時「立憲政治の運用」を誤るような腐敗した政治が横行していたからだ。

さらに斎藤は、立憲政治がきちんと機能するためには、主権者である国民一人ひとりが立憲意識に目覚め、政治家を適切に監視していかなければならないとも書いている。ルソーの議論を引きながら、「国民は一度び議員を選挙すれば最早(もはや)我が事終れりとして、後は野となれ山となれ」というのではいけない、と国民への政治参加を呼びかける。政治の腐敗を告発する返す刀で、それを監視する国民の政治意識の成熟の必要性を説くというように、斎藤の議論はとても冷静でバランスのとれたものである。そして、のちに見るように、このようなバランス感覚を平時ばかりではなく、非常時においても発揮し続けたことが、斎藤隆夫という人物のすごさだろう。

政界へ進出、最下位で初当選

病からの回復後に斎藤は遅い結婚をなし、明治四十五年（一九一二）、前々からの望み通り、故郷・兵庫県但馬（たじま）から衆議院選挙に打って出る。所属は立憲国民党。当時は車もスピーカーもないので、人力車で走り回った。かろうじて最下位で当選。

明治末のこの頃、山県有朋（やまがたありとも）、松方正義、西園寺公望（さいおんじきんもち）など元老と呼ばれる人々が政治を動かし、天皇に上奏し、それによって大命降下、組閣がなされるのが常であった。斎藤が議席を得たのは、軍人・桂太郎と元老・西園寺公望が政権のキャッチボールをしていた時期である。

議員となった斎藤は、明治天皇の死去、陸軍師団増強問題、第一次世界大戦、閥族打破・憲政（立憲政治）擁護運動、普通選挙、大正デモクラシー、労働運動や小作人運動、シベリア出兵、米騒動、そして関東大震災……と続く大正の激動期を生き抜く。

内閣首班は西園寺公望、桂太郎、山本権兵衛、大隈重信、寺内正毅、原敬、高橋是清、加藤友三郎、山本権兵衛（第二次）、清浦奎吾（きようらけいご）、加藤高明、若槻礼次郎とめまぐるしく変わり、政党も離合集散した。大正の十五年間に十二の内閣だから、平均一年半もたなかった。このうち原と二人の加藤は在任中に命を落とし、桂は倒閣された後に病状が悪化して亡くなった。政治家という職業は激務である。

斎藤隆夫自伝『回顧七十年』はその国会と政党の転々を語るが、大正時代の政治に詳しくないと、理解しにくい。

明治の中期までが、維新の勝ち組による藩閥政治であったとすると、長州出身の伊藤博文はこれを近代化しようと考えた。憲法を制定し、内閣制度を作り、国会を開設した。そして自ら立憲政友会を組織し、初代総裁となった。

伊藤についてわたしは、かつては日本の植民地拡大を推し進め、ハルビンで安重根（アンジュングン）に暗殺された、やたら女好きの政治家という印象を持っていたが、調べると多少の美点も見えてくる。足軽上がりの気さくで陽気な人で、あまり特権意識を持っていない。兵庫県知事時代には、身分制からの解放や職業選択の自由を唱える「自在自由の権」を主張した。現実主義的な国際協調路線を取ろうとし、日清戦争にも消極的で、対露政策も融和的であった。賄賂を受け取らず、金にはきれいだった。この辺は盟友・井上馨（いのうえかおる）とは大いに違う。

明治四十二（一九〇九）年、伊藤がハルビンで六十八歳で暗殺された後、政友会は西園寺、原の手に移る。伊藤は斎藤隆夫より二十九歳年上で、斎藤が議員になった時にはすでに暗殺されていた。自伝ではほとんど触れられていないが、伊藤の国際協調路線には学ぶところがあったのではないか。

斎藤は野党である立憲国民党から立憲同志会、そして加藤高明を総裁とする憲政会と転々とした。政友会が三井財閥をバックにしているとすれば、憲政会は三菱がバックである。加藤高明は岩崎彌太郎（三菱財閥の創業者）の娘・春路を妻としている。

この中で、明治四十四年の陸軍師団増強問題は、のちの斎藤を考える上で重要と思われるので、自伝にはないが一言しておく。日露戦争終結後の明治三十九年までに、日本軍には十九個の師団ができていたが、陸軍はさらに二個師団の増設を第二次西園寺内閣に要求した。

ところでこの西園寺という食えないじいさんにも、わたしは興味を持っている。頭は抜群にいい。家柄も清華家（公家）で抜群にいい。実家・徳大寺家から西園寺家の養子となり、明治天皇の近習を務める。二十歳になるやならずで戊辰戦争に従軍し、山陰道鎮撫総督に任命され転戦。その後、新潟県（当時越後府）知事となる。しかし、これもさっさとやめてフランスに留学し、十年も帰ってこない。この間、パリでモテモテ。もちろん勉強もし、クレマンソー、ガンベッタ、中江兆民などとも交友を広げた。
帰国後、ぶらぶら遊んで、「東洋自由新聞」の社長になったりしたが、政界がこの「過激な貴公子」（クレマンソー）を放っておくわけがない。伊藤に呼び出され、憲法調査のためヨーロッパに同行。その腹心として、明治二十七（一八九四）年に文部大臣、政友会総裁、枢密院議長などを歴任するが、健康上の不安から辞任することもあった。

大正デモクラシー時代の政治状況

明治四十四年（一九一一）、まさに斎藤が国会に乗り込む直前、第二次西園寺内閣の上原勇作陸軍大臣は二個師団増強を要求した。しかし首相の西園寺はもともと軍備増強には慎重で、日露戦争後の国家財政の緊縮や行政改革を理由に拒否した。認められなかった上原は辞任するが、陸軍は後継者を出そうとせず、陸海軍大臣は現役武官に限るという山県有朋主導の決まりから、西園寺内閣は立ち往生して総辞職した。この辺から軍部に対する文民統制（シビリアン・コントロール）は崩れていくのである。

「（大正元年十二月）二十一日桂内閣が成立したが、これより憲政擁護、閥族打破の大運動が起こり、政界は騒然たる有様となった」（『回顧七十年』）

翌大正二年（一九一三）になると各地で憲政擁護の集会が開かれ、国民運動となっていく。国民党の犬養毅、政友会の尾崎行雄らはこの運動（第一次護憲運動）を起こしたことで「憲政の神様」と讃えられることになる。これは「大正デモクラシー」の幕開けとして覚えておこう。二月五日、桂内閣不信任案を提出する尾崎行雄の有名な趣旨説明とともに。

「彼等（閥族政治家）は常に口を開けば、直ちに忠愛を唱え、あたかも忠君愛国は自分の一手専売の如く唱えておりまするが、その為すところを見れば、常に玉座の蔭に隠れて、政敵を狙撃するが如き挙動をとっているのである。彼等は玉座をもって胸壁となし、詔勅（しょうちょく）をもって弾丸に代えて政敵を倒さんとするものではないか」

（大日本雄弁会編『尾崎行雄氏演説集』）

尾崎行雄の桂内閣弾劾演説の様子（山尾平・画）

ヤジで騒然とする中を大岡育造衆院議長は最後まで尾崎に説明させた。大岡は同郷の桂に退陣を勧告したとも言われ、自身も長州出身だが、弁護士として秩父事件やノルマントン号事件など数々の重要事件を手がけた。谷中墓地に白い清楚な墓がある。

　二月十日、憲政擁護の民衆は上野公園や神田に集結、大規模な大衆行動が起こり、桂内閣は倒れた。これが「大正政変」である。受験勉強で暗記するだけではもったいない。

斎藤はこの年、オランダのハーグでの万国議員会議に出席のため、七月から十月まで四ヶ月間、ヨーロッパに出張した。行き帰りともにシベリア鉄道を使い、見聞を広めてきた。帰国した斎藤は加藤高明を総裁に押し立て、立憲同志会を結成する。これは「桂新党」とも言われるものであり、斎藤の本来の政治理念とはあいいれないが、無所属議員では実力が発揮できないので、現実的な選択をしたのだろう。

続く山本権兵衛内閣は、シーメンス事件の海軍収賄で辞職。大正三年の大隈老内閣で斎藤の属する同志会は与党となり、加藤高明は外務大臣となる。次の寺内内閣を斎藤は「閣僚中には一人の政党員なく、純然たる官僚内閣であった」と批判している。

そして大正五年(一九一六)十月、加藤高明を総裁にいよいよ憲政会が結成され、斎藤ももちろんこれに参加、百九十七人を擁して第一党となった。しかし憲政会が犬養毅の国民党と組んで寺内内閣弾劾をして解散、総選挙となったところ、豈図(あにはか)らんや、政友会が圧勝。斎藤は言う。「第一党たる憲政会は第二党に蹴落とされて、これより十年苦節を嘗めねばならぬことになった。一度作戦を誤ればかくのごときものである」(『回顧七十年』)

斎藤の自伝の中で面白いのは同時代の政治家評である。「かの感情強き犬養氏に至りては、憲政会を恨みこれを憎むの情は尋常一様ではない」。のちに五・一五事件で首相として暗殺される犬養はいまも尾崎行雄とともに「憲政の神様」と言われているのだが。「後藤（新平）内務大臣に至りては滔々数千言を費やしているが、その内容は氏一流の杜撰なる議論であって感心に価するものはない」。後藤と言えば、現在では台湾や満州経営の手腕、関東大震災後の復興計画、ボーイスカウトの創設など、礼賛に近い評価が主流となっている。対立する党派にいたとはいえ、斎藤の言はカリスマ化を打ち砕く力を持っている。

さて、当時の政治家は女性関係が派手だった。伊藤博文はあまりの芸者好きを明治天皇にたしなめられ、松方正義は天皇に何人子供がいるか問われて答えられなかった（二十六人だったという）。その明治天皇も少なくとも十五人の側室を持っていた。彼女たちから生まれて育ったのが皇女四人と大正天皇のみである。

西園寺公望は生涯独身だが公務である海外出張に妾を同行させ、陸奥宗光は仙台や新潟で獄にとらわれた時でさえ、現地の女性に子供を産ませ、桂太郎を弾劾する民衆は愛妾お鯉の家を襲う、といった「英雄色を好む」が普通の中にあって、斎藤隆夫は女性に関しては清廉であった。わたしにとってはけっこう気になるところである。斎藤は妻一人を守った。しかし子供は次々生まれ、次々死んだ。静江、光子、文子、三人の女児を失った悲嘆を、斎藤は政治と同じ重さで自伝に記している。

大正八年にはブリュッセルでの万国議員商事会議出席のため再び渡欧し、ウッドロー・

原敬の暗殺現場。柱の影から飛び出した中岡艮一に刺殺された

ウィルソン、ロイド・ジョージなどの政治家の風貌を心に刻む。

大正九年、三女を失った悲しみの癒えぬまま総選挙に臨んだ斎藤は、生涯でただ一度の落選を喫する。「これよりしばらく院外者として辛抱せねばならぬ。政治家として世に立つ以上は議席は絶対必要である。議席なき政治家は木から落ちた猿のごときものである」と自伝に書いている。

斎藤が議席を失っているその間にも大きく世界は動いた。

大正十年十一月四日、政友会の原敬が東京駅頭で中岡艮一（なかおかこんいち）に暗殺されたのである。

原敬は平民原家の嗣子（しし）となり、爵位を固辞し続けたため「平民宰相」と人気が高いが、元は南部藩家老の家柄である。負け組の出身として戊辰五十年祭を行ったこと、またその

ワシントン海軍軍縮会議

際の「戊辰戦役は政権の異同のみ」という一言には東北に根を持つものとして好感を抱く。しかし彼の取った交通、産業、軍備、教育の積極政策は結果、財閥と官僚の権益増大につながり、地方への利益誘導型政治の基本を作ったとも言われる。

いま東京駅の暗殺現場には円形の印が床にはめ込まれ、プレートも掲げられている。斎藤は「惜しむべし一代の英傑は大志を抱いて黄泉（よみ）の客となり、政府および政友会の基礎もここに動揺の端を開いた」と評している。

大正十一年新春早々には、大隈重信、山県有朋が死去。二月四日のワシントン軍縮会議で、加藤友三郎首席全権・海軍大臣は、「米英を五に対し日本は三」の軍備計画（五五三艦隊案）に署名、海軍は軍艦九隻の建造中止を命令した。加藤は生粋の海軍軍人で日清戦争では定遠、鎮遠などの清の軍艦を破り、日露戦争でも東郷平八郎、秋山真之とともに戦艦三笠の艦橋に立っていた人物である。

加藤友三郎

海外ジャーナリズムは瘦せた加藤に「ロウソク」なるあだ名をつけたが、加藤が「五五三艦隊案」をあっさり飲んだので、一転して好評価に変わったという。加藤は「米国とは日露戦争のような軍事費ではとうてい戦えない。もし戦うとしてもその費用はアメリカに外債を買ってもらうしかない。結論として日米戦争は不可能。外交手段により戦争を避けることが、目下の情勢において国防の本義なり」といった内容を海軍省に伝達した。そして総理大臣となって約一年二ヶ月の短期間に、主力艦十四隻の廃止など海軍軍縮を進め、シベリア撤兵、協調外交を遂行した。

海軍がそうなら陸軍も、と軍備縮小が国会で可決される。山梨半造陸相はこの年だけで五万八千人の将校・兵隊を整理した。これは維新以来、右肩上がりに増強されてきた軍備を初めて削る試みであった。そして浮いた予算は装備の近代化と国債償還に充てられた。日露戦争時の夏目漱石などは、東京帝国大学講師の給料から製艦費を引かれたりしていたわけだが、そういうこともなくなり、予算はより多く民生に使われた。昭和の孤高とも言える斎藤隆夫の粛軍演説の前に、大正時代にもこうした軍縮の動きがあった、ということを覚えておきたい。

そういうこの年の三月から七月までは平和記念東京博覧会が上野で開かれ、わたしが地域雑誌「谷根千」を刊行していた頃、この思い出を話す人に多くめぐりあった。加藤は任期中に大腸がんに倒れ、歴代首相の中では影が薄いが、こんな軍部出身の首相がいたことも忘れないでいたい。

「ねずみの殿様」の名演説・普通選挙賛成演説

大正十二年（一九二三）九月一日、鎌倉の避暑先から帰った斎藤は関東大震災に遭遇、家も事務所も全焼した。一時は子守りに背負わせた下の二人の子供と避難中にはぐれ、心配するが、幸い家族は皆無事だった。この年十二月、第二次山本権兵衛内閣は難波大助による摂政宮（のちの昭和天皇）暗殺未遂事件（虎ノ門事件）の責任を取って総辞職、もっとも元老・西園寺はこんなことで辞職してどうする、と激怒したという。

翌十三年一月に清浦奎吾内閣が成立したが、これは貴族院に軸足を置き、政党を無視した「超然内閣」であったため、政友本党、憲政会、革新倶楽部の護憲三派による第二次護憲運動が起こる。この時に衆議院の解散総選挙が行われ、斎藤は議席を回復する。憲政会は第一党となり、加藤高明が首班となった。彼は尾張藩士の子として、初めて東京帝国大学を卒業した新時代の総理であった。イギリス公使や外務大臣を務めた海外通でもあった。彼が総理である時代、普通選挙法も成立させたが、いっぽう抱き合わせで治安維持法も成立させた。

普通選挙法と言っても女性はあらかじめ除外されており、どこが「普通」だ、と言いたくなるが、二十五歳以上の男子に納税額に関わらず選挙権を与えるこの法案を通すにあたり、斎藤隆夫は大正十四年三月二日、衆議院で憲政会を代表し一時間五十分の演説をぶった。これが有名な斎藤の「普通選挙賛成演説」だ。この演説はのちの「粛軍演説」「反軍演説」と並んで、斎藤の三大演説の一つに数えられている。

政治学者・伊藤隆氏によれば、彼の武器はその演説であった（『回顧七十年』解説）。下原稿を作り、何度も声に出して練習し、当日には頭にすっかり入っていたという。だから、その言葉の強さは秘書官の作った草稿丸読みの政治家とは違う迫力があった。斎藤は、風刺画家岡本一平が「ねずみの殿様」とニックネームを付けたほどの風采の上がらない小男で、青年時代に肋膜を病んで手術を受けたため、姿勢にも歪みがあったそうだ。しかし声はとてもよく、人を惹きつける力があった。

ここで、斎藤の演説の内容を原文で引用したいところだが、帝国議会データベースはなにぶん旧漢字旧仮名（しかもカタカナ）で読みにくいので、簡単に要約してみよう。

「普通選挙を認める選挙法の改正はわが国長年の課題」であり、「先進国では女子参政権の問題も着々としてその解決を急ぎつゝある」。そもそも「国家の運命を左右する国家意志の決定に参与するための力が選挙権の本質」なのだが、いままでこの権利を「一部の有産階級が独占し、彼ら少数者の意のままに放任」してきたのが大問題である。

さらに斎藤は普通選挙反対論に対して「普通選挙は国体を破壊するという意見があるが根拠はない」と演説を続ける。そして「家長にのみ選挙権を与え個々人には選挙権を与えるべきではない、という議論もあるが、それは憲法の精神に反している」とも述べている。

この演説の中で斎藤が、政治の根幹に家父長的な制度を置くことを批判しているところに注目したい。斎藤によれば、憲法を見ると、そこには「臣民の権利義務」という規定があるが、その権利義務の主体は「ことごとく臣民個人」であり「家長でもなければ家族でもない」。従って国家の根本を「家族国体」に置く「家父長選挙権」などというものは、憲法の理念とは「全然矛盾する」ものである。この斎藤の批判の中に、のちに全体主義化が進む中で、一人粛軍演説・反軍演説を行うことになる斎藤の信念がうかがい知れるような気がする。

斎藤は、反対党の妨害的なヤジを受けたが、これに動ぜず堂々たる賛成演説を貫徹、三月二十九日に普選法は成立した。

五・一五と二・二六事件、「暗い時代」のはじまり

昭和四年(一九二九)、立憲民政党の濱口雄幸(はまぐちおさち)内閣が成立し、斎藤隆夫は内務政務次官に就任する。初めての要職である。議員になってから十七年がたっていた。濱口は斎藤と同年齢だが、東京帝国大学法科を出て大蔵省に入った官僚出身のエリート。謹厳実直でありながら、「ライオン宰相」などとニックネームを付けられ人気もあった。軍部の八八艦隊などの軍備膨張要求をはねのけ軍縮を押しすすめた。この頃は風俗史的にはエログロナンセンスの時代、「大学は出たけれど」(小津安二郎の映画)の就職難の時代、アナ・ボル論争(無政府組合主義とボルシェビズムとの間の論争)が起こり、左翼団体が次々できた時代であるが、着々と軍の権力伸張は進んでいた。

昭和五年にはロンドン海軍軍縮会議に文官・若槻礼次郎を派遣、日本はアメリカに対しての補助軍艦比率を六十九・七五パーセントと決められた。これについて濱口首相は「世界平和の確保に貢献することを得るに至りました」と評価し、協調派の幣原喜重郎(しではらきじゅうろう)外相は「軍事費の節約が実現」「協定内で国防の安固は十分に保障」と説明している。

これを軍の最高権力者・大元帥である天皇の許可を得ないで決めたと攻撃したのは、野党・政友会の犬養毅、鳩山一郎らであった(統帥権干犯問題)。犬養は護憲運動を推し

進め、五・一五事件で殺された悲劇の宰相として、鳩山一郎は戦後の保守合同を成し遂げ、日ソ国交を回復した総理大臣として評価されているが、この時の二人の役回りは党利党略とはいえ、まさに政党政治を否定し、軍部の台頭に道をつけるものであった。松本健一は『評伝 斎藤隆夫 孤高のパトリオット』の中で、この事件について「政党政治を破壊する役割を担ったのは、翌年の満州事変における関東軍であるより先に、まず政党それじたいであった」と述べている。

こうした攻撃の中で、濱口首相は昭和五年十一月十四日、東京駅頭で右翼団体・愛国社の佐郷屋留雄に銃撃を受け、翌昭和六年四月、内閣総辞職、濱口もやがて死に至る。いまも東京駅丸の内駅舎を入ると、「原敬暗殺現場」とともに「濱口首相遭難現場」には敷石に印が埋め込まれている。斎藤は、この根回しをしない、直情径行な濱口を慕っていたようで、自伝『回顧七十年』でも心からの哀悼の意を表している。日比谷で行われた党葬には二十万人が集まった。

とにかくこの大正末から昭和初期にかけては、政治的激動期というのか、不安定期というのか、毎年のように内閣は総辞職し、「最後の元老」といわれた西園寺公望が次期首班を推挽するのが常であった。前述したように、加藤友三郎、加藤高明は在職中に病死したし、山本権兵衛は虎ノ門事件に恐懼して辞職した。田中義一は、張作霖爆殺事件の責任者をきちんと処罰しなかったことに天皇が激怒した結果、心臓発作を起こして急死した。

この頃、民政党議員だった斎藤は、第二次若槻礼次郎内閣で法制局長官に就任した。しかし柳条湖事件（満州事変の発端となった関東軍の自作自演による鉄道爆破事件）の責任を取って若槻内閣が総辞職すると、西園寺は苦慮の末、政友会の犬養毅を首班とする。しかしその犬養は翌年、海軍将校に「問答無用」といって射殺された。これが五・一五事件、昭和は「テロの時代」に入ってきた。

その前の昭和七年二月九日には、若槻内閣の大蔵大臣として緊縮財政、金本位制復帰を司った井上準之助が、血盟団の小沼正によって殺された。これはちょうど選挙演説会のために、本郷区（いまの文京区）の駒本小学校に来たところをやられたのである。これもわたしの家のすぐ近くである。井上は東京帝大の法科を出て、日銀で高橋是清の教えを受けた俊英であった。さらに三月五日には三井合名理事長・團琢磨（だんたくま）が同じく血盟団員・菱沼五郎に暗殺された。わたしは曾孫にあたる建築家の團紀彦さんに三井本館の現場を案内していただいたことがある。團紀彦さんはこう話してくださった。

「曾祖父はもともとは岩倉使節団に従い、そのままマサチューセッツ工科大学で鉱山学を学んだ技師でした。東京大学で教え、工部省に移り、さらに三井三池炭鉱の経営者に転身しました。不況の後でどうにか資材と人材の調達で好況にしようと、この三井本館を建てたのですが、この不況時にこんな贅沢なものを作るとは何ごとだと筋違いの理由で暗殺されています」

團琢磨の暗殺理由には、昭和恐慌の際、ドルを買い占めたことも挙げられた。

斎藤隆夫もこんな時代を政治家として生き抜くことが怖くはなかっただろうか。いや、佐郷屋に撃たれてなお「男子の本懐だ」と言い切った濱口雄幸のように、この「ねずみの殿様」も非業の死を覚悟はしていただろう。政治に死なないまでも、長男の重夫は肋膜を病んで、早稲田在学中に二十二歳で死去した。先にも述べたが、斎藤の自伝『回顧七十年』の面白さは、こうした政治の東奔西走と同じ重みでもって、愛する家族の生と死を見つめているところである。

二・二六事件で、永田町方面へ向かう反乱軍の兵士

昭和十一（一九三六）年の二月二十六日、「時世に憤慨したと自称する二十余名の陸軍青年将校が、千数百名の下士卒を率いて重臣顕官等を襲撃して即死または重傷を負わしめ、恐るべき反乱事件を起こした」と斎藤は自伝に書いている。これが二・二六事件である。標的となり殺されたのは高橋是清、斎藤実、渡辺錠太郎、重傷は鈴木貫太郎、また岡田啓介首相の身代わりになって秘書官でもある妹婿の松尾伝蔵大佐が死亡した。

わたしの母は昭和四年生まれで、その時九段坂上、仏英和（白百合）の幼稚園児だった。雪の日で、田安門を憲兵隊が銃剣を立てて守っていたのを覚えているそうである。この時、岡田首相は弔問客を装ったモーニング姿に変装して首相官邸を脱出、駒込蓬萊町の眞浄寺にかくまわれた。これはわが地域雑誌「谷根千」に村山文彦さんが投稿してくださった秘話である。

翌日、首相不在のまま岡田内閣は総辞職、事件を知った天皇は「朕が股肱の老臣を殺戮す。この如き凶暴の将校等、その精神においても何の許すべきものありや」と自ら近衛師団を率いて鎮圧する意志さえ示した。

粛軍演説・正しきを践んで怖れず、君独り

昭和十一年（一九三六）五月六日より始まった第六十九議会で、斎藤隆夫は七日午後三時過ぎより、一時間二十五分の長い演説を行った。「その間満場は粛然として一言の私語を聞か」なかったという（『回顧七十年』）。これが彼の有名な「粛軍演説」である。長いものであるが、少しだけ引用したい。

「一体近頃の日本は革新論及び革新運動の流行時代であります。革新を唱えない者は経世家ではない、思想家ではない、愛国者でもなければ憂国者でもないように思われてい

るのでありまするが、しからば進んで何を革新せんとするのであるか、どういう革新を行わんとするのであるかといえば、ほとんど茫漠として捕捉することは出来ない」
（「粛軍に関する質問演説」『回顧七十年』）

当時、「革新」という言葉は左翼ではなく、むしろ軍部の標語となっていた。その背後には北一輝ら「国家社会主義者」の理論的支柱がいて、国家改造、昭和維新を唱えていた。斎藤はこのような「革新論」が「思慮浅薄なる一部の人々」を刺激することの危険性を指摘する。そして、当時広田首相の唱えていた「革新政治」というものの具体的な内実について、行政改革、教育改革、裁判権の問題の三つの側面から問いただす。

しかし、彼の主張の核心は、次の軍部に関する質問にあった。

議会で毅然とした様子で軍部批判の演説をする斎藤隆夫

斎藤は五・一五事件の裁判の公判記録を読み、裁判を傍聴して、被告人（青年将校たち）の態度は堂々とし、うちに顧みてやましいところはないが、「如何にもその思想が単純でありまして、複雑せる国家社会を認識するところの眼界が如何にも狭隘である」と断じた。こうした「純真だが危険」な青年将校たちの動きに対して、「軍部当局は如何なる処置を執られたかというと、これを闇から闇に葬ってしまって、少しも徹底した処置を執っておられないのであります」

このように、斎藤は軽いジャブを入れながらも、次第にそれを波状攻撃に変えていき、聞く人の印象に残るように言葉を繰り返す。

昭和六年の三月事件（陸相・宇垣一成を担いでのクーデター未遂事件）、十月事件（桜会によるクーデター未遂事件）、軍部がこれらの原因を追及し、徹底的な処分をしていたならば、そもそも五・一五事件は起こらなかったに違いない。また五・一五事件の際に裁判官に軍部が圧力を加えなかったら、首相を殺した軍人が軍法会議で軽い禁錮ですみ、不発の爆弾を投じただけの民間被告（橘孝三郎）が無期懲役となるような不公平な裁判はなされなかっただろう。このような曖昧模糊な握りつぶしが二・二六事件を生んだのだ、と斎藤は正面切って訴える。

「それは何であるかというと、この事件に関係致しましたところの青年将校は二十名であるのであります。公表せられるところの文書によると二十名である、ところがこれ以外に、より以上の軍部首脳者にしてこの事件に関係している者は一人もいないのであろうか、（拍手）もとより事件に直接関係はしておらぬでありましょう、しかしながら、平素これらの青年将校に向ってある一種の思想を吹込むとか、彼らがかかる事件を起こすに当って、精神上の動機を与えるとか、あるいはかかる事件の起こることを暗に予知している、あるいは俗にいうところの裏面において糸を引いている、こういう者は一人もなかったのであるか、私の観るところによりまするというと、世間は確かにこれを疑っているのであります」（同前）

こうして斎藤は、議会や内閣を無視した陸軍上層部の暗躍を白日の下に晒し、いまこそ立憲政治家の立ち位置はどうあるべきかを語る。これは翻って、軍部に対しての政治家たちの弱腰の批判にもなっている。

「いやしくも立憲政治家たる者は、国民を背景として正々堂々と民衆の前に立って、国家のために公明正大なるところの政治上の争いをなすべきである。裏面に策動して不穏の陰謀を企てるごときは、立憲政治家として許すべからざることである。いわんや政治圏外にあるところの軍部の一角と通謀して自己の野心を遂げんとするに至っては、これは政治家の恥辱であり堕落であり（拍手）また実に卑怯千万の振舞いであるのである」（同前）

国民のなかにある不安と不満はたまりにたまっていた。しかし、国民は治安維持法などがあって言論の自由がないためにそれを口にすることは出来ない。いずれ国民の忍耐が尽きる日が来るであろう。

「もとより軍部当局はこれくらいなことは百も千もご承知のことでござりましょうが、近頃の世相を見まするというと、何となくある威力によって国民の自由が弾圧せられるがごとき傾向を見るのは、国家の将来にとってまことに憂うべきことでありますからして（拍手）敢てこの一言を残しておくのであります」（同前）

議場は静かだった。降壇した斎藤には他党からも握手を求める議員が相次いだ。翌日の新聞は粛軍に関する部分の速記を載せ、「舌鋒鋭し」「論旨明快、理路整然」「記念的名演説」「斎藤君こそ今会議の花形」とかき立てた。また「寺内陸相が『御趣旨には全く同感である』旨を明確に答え、粛軍の決意を披瀝したことに依って、斎藤君の論陣は、朝野を引きくるめて一つの大きな国民的感動の中に巻き込んだ」（「東京朝日新聞」昭和十一年五月十四日）とも評せられた。

代議士の渡辺銕蔵は「俺は今日の演説を聴いただけで代議士になってよかったと思ったよ」と後輩に語り、在留米人メーソンは、斎藤の自宅を訪問し、「米国独立史を飾ったパトリック・ヘンリーの名演説とともに、長く世界の歴史に残るだろう」と賞賛した。

また、尾崎行雄は、

正しきを践んで怖れず、君独り
時に諛ねる人多き世に

という和歌をのちに贈った。

しかし、時代はどんどん悪くなっていく。昭和十二年に、盧溝橋事件（北京郊外で起こった駐屯日本軍と中国軍の衝突事件）が起こり、ここからを日中戦争と呼ぶ。同じ年、大本営が設置された。広田弘毅内閣も十ケ月でつぶれ、続く林銑十郎内閣も短命で、病軀を理由に大命を固辞し続けた公家の近衛文麿が組閣する。だが軍部に制せられ、政党からは一人ずつが個人の資格で内閣に入ったのみで、とうてい近衛公は手腕を揮うことはできなかった、と斎藤は自伝で回想している。

軍部が暴走することを議会で阻止しようとしたのは斎藤一人ではない。例えば広田弘毅内閣時代、昭和十二年一月に政友会の濱田國松代議士と寺内寿一陸相のいわゆる「腹切り問答」もあった。濱田は議会で「軍民一致協力ということを近頃よく言うが、これが憲法政治にはよろしくない思想である」「軍人も国民ではありませんか、国民一致協力の政治と何故言わないのか」と述べた。これに対し、寺内は「軍人に対していささか侮蔑されるような感じを致すところの御言葉を承りますが」などと反論したため、濱田は噛み付いた。「速記録を調べて僕が軍隊を侮辱した言葉があったら割腹して君に謝する、なかったら君割腹せよ！」

七十歳の痩軀の老議員の歯切れのよい言葉に満場は喝采した。この日から濱田の身辺には警視庁から護衛がつけられた。しかし濱田は「殺されたとて仕方あるまい。信念をいっただけだ、ナーニ…人生も七十過ぎまで生きているのはプレミアムだ」と飄々としていたという（草柳大蔵『齋藤隆夫かく戦えり』）。濱田はこの「腹切り問答」と同じ年に、斎藤や加藤勘十とともに『議会主義か・ファッショか』というパンフレットも記している。

反軍演説・いたずらに聖戦の美名に隠れて

三大演説以外にも、斎藤の名演説には、昭和十三年（一九三八）二月二十四日の第七十三議会における「国家総動員法案に関する質問演説」も挙げられるだろう。ここでも斎藤は「憲法上に保障せられておりまするところの日本臣民の権利自由及び財産、一言にして申しまするならば、即ち国民の生存権、これに向かって一大制限を加えんとするものであります」と真っ向から反対し、憲法遵守（じゅんしゅ）の姿勢を変えていない。

二〇一五年九月、安倍内閣が憲法を無視して安保関連法案を強行採決したことを想起すると、わたしはこの斎藤の議会での奮闘に、背筋がぞくぞくするような迫力を覚える。「議会が立法を為し、政府が行政を為す、いかなる場合に当たってもこの条規（憲法の条規）を踏み外すことは出来ない、これを乱るところの一切の行為は許されない」。これはいまも有効な抵抗線である。

斎藤の演説を聴こうと傍聴者はいっぱいになったが、答弁する大臣がなく議会は紛糾した。しかし、この法案は「天皇の非常大権」による「委任立法」という変則的な方法で、五月五日にやすやすと通ってしまう。日本軍はさらに戦線を拡大し、昭和十三年十月二十五日、武漢三鎮を占領。この時、「ペン部隊」で陸軍に従った林芙美子が海軍に従軍して、吉屋信子への競争心から漢口一番乗りを喧伝した行動は、同業として胸に刻まなければならない。この夏、斎藤隆夫は過労のためか、よろめいて柱に頭をぶつけた。すでに六十代の終わりになっていた。この頃の斎藤には脅迫状が送られるいっぽう、さらなる演説を期待する声も多く届けられた。

　昭和十四年には第一次近衛内閣が総辞職、続く国粋主義者平沼騏一郎を首班とする内閣も泡の如く消えた。本当に短命続きである。ノモンハン事件が起こり、さすがの元老・西園寺公望もすでにカードは切り尽くしていた。軍部の推挽で阿部信行という陸軍大将が首相となったが、いま誰もこの名前を覚えていないに違いない。陸軍の中では中立で色もなかったが、首相の荷は重すぎ、内政の失敗がたたり、四ヶ月半で早々に総辞職（その後も阿部は翼賛政治会会長、朝鮮総督などを務める）。そして昭和十五年一月十六日、親英米派とされる米内光政内閣が成立。

　その直後の昭和十五年二月二日、六十九歳の斎藤隆夫は二年ぶりに登壇し、「支那事変処理に関する質問演説」、いわゆる世に名高い反軍演説を行った。少し長くなるが、できるだけ斎藤の生の言葉を聞き取って欲しいので、引用したい。

「支那事変が勃発しましてからすでに二年有半を過ぎまして、内外の情勢はますます重大を加えているのであります。(中略) 一体支那事変はどうなるものであるか、いつ済むのであるか、いつまで続くものであるか、政府は支那事変を処理すると声明しているが如何にこれを処理せんとするのであるか。国民は聴かんと欲して聴くことが出来ず、この議会を通じて聴くことが出来得ると期待しない者は恐らく一人もないであろうと思う」

(「支那事変処理に関する質問演説」『回顧七十年』)

支那事変とは昭和十二年七月の盧溝橋事件に始まり、第二次上海事変から中国全土に広がった戦い(日中戦争)を指す。

「そこでまず第一に我々が支那事変の処理を考うるに当りましては、寸時も忘れてならぬものがあるのであります。それは何であるか、他のことではない。この事変を遂行するに当りまして、過去二年有半の長きに亘って我が国家国民が払いたるところの絶大なる犠牲であるのであります。即ちこの間におきまして我が国民が払いたるところの犠牲、即ち遠くは海を越えてかの地に転戦するところの百万、二百万の将兵諸士を初めとして、近くはこれを後援するところの国民が払いたる生命、自由、財産その他一切の犠牲は、この壇上におきまして如何なる人の口舌をもってするも、その万分の一をも尽すことは出来ないのであります」

(同前)

続けて斎藤は、支那事変に対する方針とされる近衛声明の各条について、ひとつひととつ突っ込んでいく。また前年十二月の「東亜新秩序答申要旨」についても「なかなかこれは難しくて精神講話のように聞こえる」と批判している。

さらに斎藤が「聖戦」批判に踏み込むに至って議場は騒然となった。

「強者が興って弱者が亡びる。過去数千年の歴史はそれである。（中略）彼ら（欧米のキリスト教の列強国）は内にあっては十字架の前に頭を下げておりますけれども、ひとたび国際問題に直面致しますと、キリストの信条も慈善博愛も一切蹴散らかしてしまって、弱肉強食の修羅道に向って猛進をする。これが即ち人類の歴史であり、奪うことの出来ない現実であるのであります。この現実を無視して、ただいたずらに聖戦の美名に隠れて、国民的犠牲を閑却し、曰く国際正義、曰く道義外交、曰く共存共栄、曰く世界の平和、かくのごとき雲を掴むような文字を列べ立てて、そうして千載一遇の機会を逸し、国家百年の大計を誤るようなことがありましたならば（中略）現在の政治家は死してもその罪を滅ぼすことは出来ない」（同前）

いつの時代も「聖戦」の美名に隠れて遂行されたのは「弱肉強食の修羅道」であった。戦争とは常にそういうものである。欧米のキリスト教国でも戦争に直面すれば「慈善博愛」という信条を簡単にかなぐり捨てる。では、現在の日本で遂行されている戦争の現実はどうか。「東洋永遠の平和」「世界永遠の平和」のためと言われるが、そうした美辞麗句は単なる空想であってまともな国策ではない。

この演説で斎藤は、抽象的な平和論の立場から戦争一般を否定しているわけではない。というよりも、戦争とは常に弱肉強食の、国家間の生存競争に過ぎないものであるにもかかわらず、それを「聖戦」や「国際正義」といった雲を摑むような美名で包みこみ、現実の矛盾を覆い隠すことが国を滅ぼす悲劇を招く、と述べているのである。

ここから斎藤は、ひるがえって、孫文亡き後の蔣介石の重慶政府と日本の傀儡(かいらい)である汪兆銘(おうちょうめい)の新政府との関係をも問いただし、「新政権は中国の広い国土を統治する力はあるのか、責任を持って国際業務をする力はあるのか」と切り込んでいく。

「そうしてかくのごとき状態が支那に起こるのは何が基であるかというと、つまり蔣政権を対手(あいて)にしては一切の和平工作をやらない、即ち一昨年の一月十六日、近衛内閣によって声明せられましたところの爾来(じらい)国民政府を対手にせず、これに原因しているものではないかと思うが、政府の所見は如何であるか」（同前）

正論である。ただし、これをいまの時代から「正論」であるということは容易だけれど、「聖戦の美名に隠れて」戦争が遂行されていた渦中で、こうした論を唱えることはまったく容易でないとわたしは思う。風采のあがらない「ねずみの殿様」の中に、一体どうしてこんなにも強い信念が潜んでいるのだろうか。さらに斎藤は、戦時下の国民に忍耐を強いておきながら、戦時経済の波に乗って莫大な利益を得ている者がいる、と告発する。

「しかるに一方を見ますると、この戦時経済の波に乗って所謂殷賑産業なるものが勃興する。あるいは『インフレーション』の影響を受けて一攫千金はおろか、実に莫大なる暴利を獲得して、目に余るところの生活状態を曝け出す者もどれだけあるか分らない。(拍手)戦時に当ってはやむを得ないことではありますけれども、政府の局にある者は出来得る限りこの不公平を調節せねばならぬのであります。

しかるにこの不公平なるところの事実を前におきながら、国民に向って精神運動をやる。国民に向って緊張せよ、忍耐せよと迫る。国民は緊張するに相違ない。忍耐するに相違ない。しかしながら国民に向って犠牲を要求するばかりが政府の能事ではない。(拍手)これと同時に政府自身においても真剣になり、真面目になって、もって国事に当らねばならぬのではありませぬか」(同前)

議員除名処分を受け、議員席から斎藤の名札が取り外される

わたしには、この演説を「反軍演説」と称するのは、なんだかそぐわないような感じがする。斎藤は近衛声明の内実をただし、現実に力を持つ蔣介石の重慶政府を相手にせず、亡命政権を後押しする政府方針は非現実的であり、このままでは戦争は泥沼化し、国民の犠牲は大きくなるいっぽうである、と当然のことを述べ

たまでだ。

しかしその勇気を持つ議員は他にいなかった。この演説の後段、全体の三分の二はすぐさま議会議事録から削除され、国民には知らされなかった。またこの演説によって、斎藤は懲罰動議にかけられ、衆議院議員を除名され、議席を失うに至る。

1945年11月の議会で質問演説をする斎藤

昭和十六年十二月八日、ついに日本はアメリカに対し、真珠湾の奇襲によって戦端を開いた。斎藤はもう一度選挙に非翼賛候補者として出直し、議席を回復した。得票は一万九千七百五十三票で第一位。この斎藤を毎回国会に送った但馬の人々もえらいものである。斎藤は常々、「自分は狭い地域の利益を代表しない」と公言していたという。だから、代議士になっても地元には利益誘導をしなかった。田中角栄や荒船清十郎とは逆の思想である。それでも地元の人々は「先生も命がけで闘っているんだから、わしらも命がけでがんばらんと」と言いかわしていたという（草柳大蔵『齋藤隆夫かく戦えり』）。

しかし、軍部の暴走は point of no return にまでいってしまった。その後の悲惨な戦争と日本の死者三百十万人、戦争に巻き込まれて死んだ二千万人ともいわれるアジアの人々の命はとり返しがつかず、戦後の連合国（といってもほぼ米軍）占領といまに続くアメリカの属国化については言うを俟たない。議席のない間も、斎藤は政府批判を執筆したが、これは公表できるはずがなかった。

終戦後の一九四五年十一月に、斎藤隆夫は高齢ながら軍部と戦争を批判した象徴的な人物として日本進歩党を結成、座長として挨拶をした。

「思えばわれわれは、過去においてはあまりにも弱かったのである。（中略）政党が弱い。如何にも弱い（中略）われわれは、われわれの力によって、軍国主義を打破することができなかった。ポツダム宣言によって、初めてこれが打破せられた。われわれは、われわれの力によって言論、集会、結社の自由すら解放することができなかった」

（『回顧七十年』）

十一月二十六日の議会で、日本進歩党は二百七十四名で第一党であったが、翌一九四六年一月四日、マッカーサーの指令により「軍国主義を支援したる者」は公職追放となり、進歩党二百七十四名の議員中、実に二百六十名が追放となり、幹部で残ったのは斎藤と吉岡彌生のみであった（吉岡も翌年に公職追放される）。

五月の吉田茂内閣で、斎藤隆夫は無任所の国務大臣となる。空襲で罹災して鎌倉にいた斎藤は本郷弥生町三番地の住宅を借り受けて官舎とした。片山内閣でも大臣を務め、一九四九年、七十九歳で亡くなった。斎藤隆夫の存在は闇のなかの一すじの光である。

何百人もいる代議士の名はほとんど忘れられていくが、斎藤隆夫の名は、歴史の決定的瞬間に揺るがずに行ったいくつもの名演説によって政治史の上に不朽である。

第二章

山川菊栄

戦時中、鶉の卵を売って節は売らず

山川菊栄
やまかわ・きくえ

◆

1890年、東京生まれ。女子英学塾（いまの津田塾大学）卒業。堺利彦・幸徳秋水らの「金曜講演会」、大杉栄らの「平民講演会」を通して社会主義を学ぶ。1916年、「青鞜」誌上に廃娼問題をめぐる論文を発表し、文壇デビュー。平塚らいてう、与謝野晶子らと「母性保護論争」を繰り広げる。社会主義的な観点から女性問題を追究する中、プロレタリア運動の指導者のひとりであった山川均と結婚。1921年には日本初の社会主義女性団体「赤瀾会」の結成に参加。戦後に労働省婦人少年局の初代局長に就任、女性の権利擁護の運動に尽力した。1980年没。

山川菊栄のことを美人だという人が最近何人かいた。仏文学者の鹿島茂さんは「東京人」でのわたしとの対談で、「ハンサムウーマン」の第一として彼女を挙げた。「徹底的に理性で詰める。義理や人情で男たちはなにバカなことをやっているのよ、ってところが実にハンサム」

若い時の美しい写真が一枚残っているということは大事だ。といっても菊栄の写真は地味な着物に髪を結いあげ、眼鏡をかけている。化粧っけもなく、何一つ男への媚はない。そういう毅然とした勉学一すじの美しさが、選択眼のあるインテリ男性を魅了するのだろう。

「青鞜（せいとう）」の女たちのことはかなり調べたが、山川菊栄とは地域的にも接点はなく、「青鞜」の周辺にいた女性なので調べが行き届かなかった。

「青鞜」の主宰者・平塚らいてうが心中未遂事件で世を騒がし、また明治四十四年（一九一一）には「青鞜」発刊の「元始女性は太陽であった」の宣言で女性史上に名前を残し、戦後も平和運動の先頭に立って華やかな活躍をしたのと比べ、菊栄はやや地味である。社会主義に立脚する婦人解放運動の理論家で、戦後、初代の労働省婦人少年局長を務めた、くらいのことしか一般には知られていない。

わたし自身、「母性保護論争」（働く女性と出産・子育てを巡る論争）を読む中で、抜群に論理の切れがよいのはわかったが、伊藤野枝（いとうのえ）などに対する完膚なきまでの論破が、やや下に見るように思えて、若い時にはそう好きになれなかった。しかし『「青鞜」の冒険』を書く際、平塚らいてうがその後、母性保護から国家主義になだれ、市川房枝ら婦人運動の指導者たちが進んで戦争協力をしていく中で、どうして山川菊栄がそれをしないですんだのか、興味がわいた。

「青鞜」の人々と菊栄

山川菊栄と生涯のライバルともいえる平塚らいてうとは、生田長江、森田草平らが講師を務めた閨秀文学会で十代の頃からの知り合いである。

らいてうは自伝に印象をこう書いている。「青黄色く沈んだいかにも不健康な寒ざむとした顔色、縞目も分らないほど地味なもめんの着物の山川さんからは、若さとか、娘らしさというものがみじんも感じられず、わたくしは山川さんを、自分と同じ年ごろとばかり思っていました」。実際は菊栄の方が四歳年下だ。

よく書くよなあ。らいてうらしい歯に衣着せぬ証言である。しかし、「その見ばえのしない人がいうことはじつに歯切れよく、鋭いものがあり、才気の閃きを折々みせるので」注目したという。自分の興味に忠実ならいてうは、麹町区（いまの千代田区）にある菊栄の家を訪ねたが、「古風な暗い感じで、部屋の中になんの装飾も色彩もなく、火の消えたような冷たい空気を感じたことだけは、よく覚えております」とこんな印象だった（平塚らいてう『元始、女性は太陽であった』）。

山川菊栄は旧姓を青山といい、母方の祖父は水戸藩の儒者・青山延寿（あおやまのぶひさ）である。藩校・弘道館の教授を務めた。父は森田竜之助といい、松江藩の出身で、早くフランスに留学し、畜産を学んで帰ったが、帰国後は不遇であった。らいてうの家が、紀州徳川家の流れで、父が会計検査院次長にまでなった維新の勝ち組だったのに引き換え、菊栄の家は負け組のインテリだったと言えよう。

それがおのずと家の雰囲気に出ていたのであろう。反対に雪の塩原心中未遂事件（平塚らいてうと作家・森田草平が心中未遂をした事件）で世間にバッシングされたらいてうを本郷区丸山福山町に菊栄が見舞うと、堂々たるお屋敷住まいで女中もたくさんいるのに驚いた。「平塚さんは世評はどこふく風とばかり、いつもの通りしとやかに、しかし勝ちほこり、自信にみちた面持ちで禅を説き、『碧巌録（へきがんろく）』をすすめた」（山川菊栄『二十世紀をあゆむ』）。元祖スピリチュアルのらいてうの面目躍如。これまた相手を厳しく、よく見ているもので、貴重な記録である。

菊栄が生まれたのは明治二十三年（一八九〇）、麹町区四番町九番地で、いまの九段である。番町小学校から府立第二高女（いまの都立竹早高校）に進み、祖父の死により、戸籍上は青山家を継いだ。女学校に入った頃、菊栄は馬賊に憧れたという。また「テニスという新しいスポーツ」に夢中になったが、「とくに賢母良妻主義には女学校で深刻な反感をうえつけられ、卒業してホッとした」と記している（『おんな二代の記』）。

十代で国語伝習所、閨秀文学会などに通う知識欲の強い少女だった。女子英学塾（いまの津田塾大学）を卒業後、辞典の編集、翻訳、家庭教師などで自活しようとした。大正四年（一九一五）頃、神近市子の紹介で大杉栄にフランス語を習い、平民講演会などにも参加した。

評論家としてのデビューは「青鞜」（大正五年新年号）である。菊栄は「青鞜」の発刊に際しては「その貴族趣味と芸術偏重にあきたらない思いをした」という。学習院の上流子弟であった志賀直哉、武者小路実篤、木下利玄などが出した「白樺」を連想した。しかし女性が抱える問題が男性より深刻であったため、この雑誌は徐々に「文芸の女性の天才を生む」ことから「女性の人権の主張、家族制度への反抗」に向かっていく。

菊栄の執筆時、すでにらいてうは年下の画家・奥村博と愛の巣を営んで「青鞜」を手放し、十代の伊藤野枝が編集長になっていた。野枝は前号にキリスト教系の団体・婦人矯風会の廃娼運動への批判を書いていた（「傲慢狭量にして不徹底なる日本婦人の公共事業について」）。名流婦人の慈善事業は「虚栄のための慈善である」と言い、「公娼よりも私娼は一層その社会の風俗を乱す」「六年間をちかって公娼廃止を実現させると社会に公表した。それが果して出来得るか否かははなはだしい疑問である」とも述べた。これに対し菊栄は「日本婦人の社会事業について　伊藤野枝氏に与う」を同誌に寄せ、「公娼を廃せばそれだけ私娼が殖えるというのは偽り」「すべての社会制度は人間が作ったものであり、こわしたい時にはいつでもこわせる」、公娼制度は「当局者の意向次第で明日にもやめ得る」と反論した。

この「与う」というのは、なんとも喧嘩を売るような感じの題だが、若い女性が論陣を張った初期にはこのようにせいいっぱい肩肘張ったものなのだろう。タイトルとは裏腹に、菊栄は若い野枝の雑誌での孤軍奮闘と育児の苦労への親近感と配慮も加えている。ここには山川菊栄の理想主義的な面がよく出ている。

二月号にも「更に論旨を明らかにす」で、廃娼後の政策、私娼をなくす方法、売淫は社会の責任、婦人を売春で罰するなら男子も買春で同罪など、幅広い知見を背景にほれぼれするような議論を展開している。「青鞜」編集長である自分への反論を野枝が載せたことも勇気ある行動といっていい。

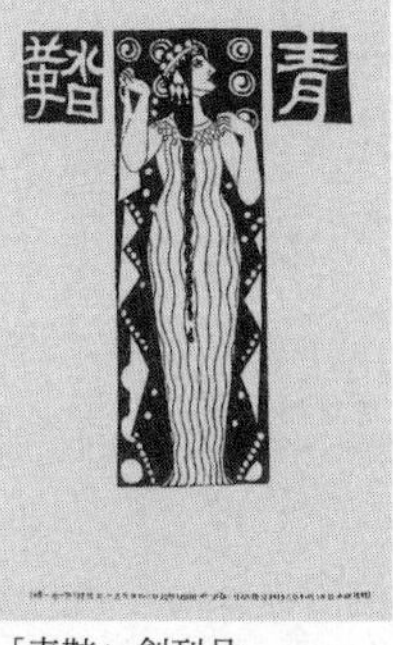

「青鞜」創刊号

その頃、「青鞜」の部数は下降線をたどっていたが、それでも他に女性の自主メディアはなく、「青鞜」はジャーナリズムの注目するところだったから、新鋭現る、という感じだったろう。しかし、「青鞜」そのものはこの二月号で終刊になった。

山川菊栄を読み直すと、彼女の論はいつも視野が広く、構えが大きい。そして本質的でありながら、ユーモアも漂い、文章に切れ味と迫力がある。いま読んでも古びていない。「青鞜」の同人たちについても「芸術本意で遊戯的な苦労しらずの尾竹紅吉」と「貧苦と家庭の事情になやんで社会意識に目ざめていった伊藤野枝」の間に矛盾があったことを指摘しつつ、生田長江流のニーチェの「天才主義」に影響されたらいてうが文芸雑誌として始めた「青鞜」が「明治維新がやり残した家族制度の破壊を続行し、前進させたこと（中略）個人の自由、基本的人権を主張したこと、今まで女性にとってタブーだった問題を提起して、読者を、自分で考え、自分で結論を下す努力へ導いたこと」などを正当に評価している（山川菊栄『日本婦人運動小史』）。

母性保護論争・弱き立場の女性への共感

大正五年（一九一六）、菊栄は二十六歳で社会主義者・山川均と結婚する。

こちらにはこちらで、女性運動「青鞜」とは違う社会主義運動の流れがある。

山川均は明治十三年、岡山倉敷の旧家の生まれで、同志社を中退、キリスト教を通じて社会主義に近づき、明治三十九年に堺利彦らの日本社会党に参加。明治四十一年、大杉の首謀した赤旗事件に関わって下獄した。この赤旗事件にしても、山口義三の出獄歓迎会の散会後、大杉が赤旗（社会主義の象徴）をいきなり翻し、官憲ともみ合いになっただけである。それをなだめに入った堺利彦も懲役二年、山川は現場にいあわせず、会場からの帰りがけに捕まって、これまた二年という無茶な判決だった。

しかし、獄中にいたために、彼らは翌々年の幸徳秋水らの大逆事件での一網打尽を逃れたのである。それからを一般に「社会主義、冬の時代」と呼ぶ。著名な主義者には尾行がつき、会合には官憲が目を光らせ、演壇で発言を始めるや否や「弁士中止」の声がかかる。

このような中で、山川均はいったん故郷倉敷に雌伏（しふく）するが、大正五年に上京して堺利彦の売文社に入り、中心的理論家となっていた。二月のある夜、上野池之端の観月亭の集会に出た菊栄は、帰りがけを警察に捕まり、上野の留置所に一晩留め置かれる。山川均も一緒に検束されていた。これが菊栄と均との最初の出会いだが、これを機に親しくなった二人は、この年の秋には結婚してしまう。スピード婚である。

若き頃の山川均

山川均は写真で見てもなかなか整った、潔癖な感じの美青年であり、菊栄がラブレターを言付（ことづ）けたという証言もある（岡部雅子『山川菊栄と過ごして』）。整然とした論理を操るこの「眼鏡の理論家」は意外にも情熱家でもあったようだ。

菊栄が山川均を伴侶に選んだことはよい選択だとは思うが、それからは官憲の尾行のつく人生を覚悟しなければならなかった。年下の無名の画家と結婚した（事実婚）平塚らいてうとはまた別の苦難の道だった。しかも夫婦とも体が弱く肺を病んでしまう。その中で、大正六年、菊栄は長男・振作を出産。この頃山川一家は大森に住んでいる。

この年、ツァーリ（皇帝）の専制に民衆が喘ぐロシアで二月革命が起き、それは日本の社会主義者を大きく勇気づけた。ロシア共産党は一九一九年（大正八）にコミンテルンを設立、各国に支部を作るため、片山潜からは堺にモスクワに来ないか、という話があった。しかし「革命運動をその国の実情を知らない外国人の意見で決めるのはおかしい」と堺も山川も考えた。

大正七年、菊栄は乳飲み子を育てるかたわら、平塚らいてうと与謝野晶子の「母性保護論争」に参入し、社会主義的見地からの家庭論を主張した。皮切りは、らいてうが、スウェーデンの社会思想家エレン・ケイの影響のもと、「恋愛の自由と母性の確立が女性解放の条件であり、妊娠、出産、育児期の女性は国家が保護するべきである」と主張したことである。これに対しフリーの歌人として、稼がない夫を持ちながら十三人もの子を生み（一人死産、一人夭逝）育てた与謝野晶子がオーソドックスな自由主義の立場から「女性は男にも国家にも依頼主義にならず、自立して子供を育てるべき」と反論した。
ここに割ってはいった菊栄は「そもそも二人の議論は両立しない性質のものではないので、女性の経済的自立とそれを支える福祉政策を双方ともに行えばよい」、だが「女性の経済的な自立を強調する与謝野氏は、労働の権利を重視するあまり生活権の要求を軽視し、逆に母性の国家による保護を強調する平塚氏は、母親の生活権の要求ばかりを重視するので、万人のための平等の生活権という考えには思い及ばないのが問題だ」と主張。結局「現在の社会のあり方を変えない限り、女性問題の根本的な解決にはならない。社会主義の実現こそが鍵だ」と述べた。

写真右から２番目が山川均、中央が堺利彦、その左隣が大杉栄

今風に言い直すと、晶子が叩きあげキャリア女性代表、らいてうがママさん（子持ち女性）中心主義だとすると、菊栄はそのどちらにも当てはまらない農村漁村、工場で働くもっと厳しい生活の女性を救う方法を社会主義に見出していた。

現在、生理休暇、産前産後休暇、育児休暇、通称使用など、かなりの部分は戦後の労働運動の中で「働く女性の権利」として実現した。しかし、それもバックラッシュで、母子家庭の児童手当などは削減されつつある。需要に見合う保育施設もできていない。

この論争で、菊栄は群を抜いた理論家として認められた。が、夫・均のたびかさなる下獄、雑誌の発禁、講演旅行、療養、山川家の不幸などが続き、落ち着いた家庭生活は営めなかった。山川夫妻が出していた雑誌は逮捕や発禁のたびに誌名を変えざるを得ず、住む家も転々としている。

社会主義運動と女性運動に奔走

一九一七年（大正六）二月、第一次世界大戦中に、帝政ロシアで労働者による革命が起こった時には「暗夜に灯火を見る思い」だったと山川菊栄は言っている。二月二十三日（ロシア暦）、ペトログラードで始まったストライキとデモは全市に広がり、ニコライ二世のさしむけた鎮圧の兵士たちも、労働者の側につき、ソビエト（評議会）を結成。「平和のための協同行動」「専制権力を打倒せよ」と全世界に向けて宣言した。

山崎今朝弥（やまざきけさや）弁護士宅に集まった三十八人の人々は、ロシア革命に対する支持激励の決議文を送ることになった。草案の起草をした山川均は、それを皆の前で読むのに感極まって、声が出なくて困ったという。その後、レーニンらボルシェビキが指導する十月革命によって成立したソビエト連邦が、どのような経路をたどって一九九三年に崩壊するかという歴史は、もちろん彼らには見えていない。「労働者の権力」の中に官僚機構ができ、労働者を「人民の敵」として粛清していく陰惨な歴史が明らかになるのは、ずっと先のことである。しかし、それとは違う社会主義を目指すという模索はいまも続いている。とにかく世界で初めてツァーリの絶対主義帝政を倒し、労働者の政権ができたということは歓迎すべき、嬉しい出来事だった。その前年には吉野作造の「民本主義」を説いた歴史的論文（「憲政の本義を説いて其有終の美を済すの途を論ず」）も発表され、時代は大正デモクラシー期に入る。大正九年には最初のメーデーが行われ、日本の労働者たちは街頭をデモ行進した。

大正八年、平塚らいてうは実務に長けた市川房枝らと新婦人協会を結成、雑誌「女性同盟」を発刊し、（1）女性の政治参加を阻む治安警察法第五条の修正、（2）花柳病男子の結婚禁止、に関する請願を国会に提出した。しかし、この協会は傾向の違う女性たちが参加したこともあって内部の紛争が絶えず、らいてうが引き、市川房枝が外遊で不在中、奥むめおらの奮闘で治安警察法第五条修正に成功したのと同時に分裂して終わる。

翌年の十二月、社会主義者は大同団結して社会主義同盟が成立した。しかし治安警察法第十七条（労働者の団結とストライキの禁止）によって公然と創立大会は開けず、準備会を創立大会とした。案の定、翌大正十年一月の第一回公開大会は開会と同時に解散を命じられている。

そして四月、伊藤野枝、堺利彦の娘・真柄、九津見房子、仲宗根貞代らが初めての社会主義婦人団体・赤瀾会を結成し、同年五月のメーデーにも参加する。とはいえ、これも自由に行われたわけではない。さっそく治安警察法第十七条で、赤瀾会に属する女性たちも検束された。菊栄は子供の病気の世話でメーデーに参加できず、自分は呼びかけ文を書いたくらいだったと言っている。

当時は、ストライキといえばこの第十七条を口実に巡査が駆けつけ、主立ったものをブタ箱に入れる、演説会があれば弁士が出るやいなや「弁士中止」と臨監（監視・取り締まり）の警部が手を上げる、「解散」と怒鳴るといったことが繰り返された。天皇や皇太子の外出の際には危険回避のために、前日から社会主義者を捕まえ、「ブタ箱」で「保護」した。

六月の神田青年会館に七百人集まった婦人問題講演会でも、講演者は端から「弁士中止」とさえぎられ、会は解散せざるを得なかった。この時、菊栄は「平生は小柄なからだに似あわぬ地声のように思われる野枝さんの声が、講演ではよくとおって美しく、声量の豊かなのにおどろいたものでした」と言っている（外崎光広・岡部雅子編『山川菊栄の航跡』）。

赤瀾会に勤労婦人は参加できなかった。ただちに職を奪われるからだ。せっかく女性の政治参加を禁止する治安警察法第五条を撤廃しても「社会主義者には適用されなかったも同然でした」「赤瀾会は若い活動家の弾圧による犠牲がたびたびで恐れられ、公然の活動を封ぜられ、会員は他の団体の中で縁の下の力もち的仕事に終わったのが事実でした」（『日本婦人運動小史』）。

夫を獄に奪われ、妻たちは内職をして一家を支えたり、獄中の夫やその友人たちにまで本や食べ物を差し入れした。そのため体を壊し、道半ばに倒れた人も少なくなかった。菊栄は小学校の教員だった仲宗根貞代、女子高等師範の学生だった山口小静、女子医専の学生だった原田かつ子の名を挙げている。「当時は結核が青年病で多くの優秀な同志を奪ったものでした」（『山川菊栄の航跡』）。そうしたインテリ層の他にも、折から盛んになった労働運動の中で、「演説女工」として有名になった山内みな、田島ひでなどの活動家もいた。

赤瀾会の婦人問題講演会での様子。左から山川菊栄、伊藤野枝、堺真柄

大正十年四月、山川均は堺利彦や近藤栄蔵、高津正道、橋浦時雄らとともに、日本共産党準備会を秘密のうちに発足させるとともに、八月、山川の在宅日に水曜会なる研究会を開き、ここに集まった青年たちが有力な活動家

になった。その中には、戦い半ばで倒れた渡辺政之輔（台湾基隆で自殺）や川合義虎（関東大震災時に虐殺される）もいれば、戦後に代議士となった徳田球一や井之口政雄（共産党）、黒田寿男（社会党）などもいた。翌年、七月十五日に日本共産党（第一次）が創立される。当時はソ連の世界革命を目指すコミンテルン日本支部という位置付けで承認された。

この間、山川均は「青服」「新社会」、山崎今朝弥（やまざきけさや）から引き継いだ「社会主義研究」などの雑誌を出し、大正十一年には均と菊栄の共同出資で「前衛」を創刊。大森の自宅は編集所のようになった。こうした均の活動を菊栄は支え、ともに活動し、近くで見ていたことになる。この頃も夫妻ともに病状すぐれず、大森と鎌倉極楽寺の家を行き来して半ば療養生活を送った。

社会主義陣営での内部対立も激しかった。大正十一年の山川均の論文「無産階級運動の方向転換」は、独りよがりの英雄主義を脱して運動を大衆とともに出直すことを訴えた。いままでの社会主義運動は、少数のエリートたちの手によって、実際の大衆の生活から離れてしまった。これからは運動の方向を転換して、大衆の生活欲求に寄り添いながら運動を進めていくべきだ、と主張した。同じ年、アナ・ボル論争はボルシェビキの優勢で決着を見て、アナ派（無政府組合主義者）は政治の舞台から姿を消した。

大杉栄と伊藤野枝の死、そして弾圧がやってくる

大正十二年（一九二三）九月一日、関東大震災。山川家の住む大森の家も療養先の鎌倉の家も倒壊した。菊栄は麹町の無事だった実家・森田家に息子の振作を連れて避難し、均は大森の家と荷物を整理した。十六日、菊栄と均は四万人以上が焼死した本所被服廠跡を見に行っている。そして二十日頃に届いたのは、かつての同志、大杉栄と伊藤野枝が甥とともに憲兵隊によって虐殺されたという報であった。

関東大震災の未曾有の被害を逆手にとって、政府は社会主義者を予防検束し、大杉栄・伊藤野枝夫妻、劇作家・労働運動家の平沢計七、川合義虎などを虐殺した。この時、在日朝鮮人の人々も多く殺された。山川均は、のちに『山川均自伝』の中で大杉栄と最後に会った時のことを回想している。ロシア革命をめぐって二人で議論した時の、大杉の「ヒヒヒッ」という笑い声が忘れられないという。「私の記憶には、十幾年のあいだに見たあの屈託のない、何かすることを求めている大きな眼と、罪のないいかにものんきそうな大杉君の笑い声がこびりついている」

幸いにも山川均と菊栄は震災で家が倒壊した時に、行く先を告げずに家をたちのいていたため、身柄は軍隊の手に渡らずにすんだ。その後の借家難もあり、神戸の垂水に転

居。大正十四年には神戸御影に、大正十五年には鎌倉に転居する。一粒種の振作は病気がちで、その診療のために東京と鎌倉を行き来した。

これに先立つ大正十二年六月五日には、第一次共産党事件で、山川均や堺利彦など約八十名が一斉検挙されていた。共産党に対する最初の弾圧事件である。

大正十三年、山川均は行き詰まった運動の出直しをはかるために解党を訴え、共産党はいったん解散する。翌大正十四年三月、普通選挙法が成立。これは治安維持法とバーターというか抱き合わせだった。

大正十五年、ヨーロッパ帰りの秀才、福本和夫によって山川均の理論は激しく批判される。福本は山川を「現実追従主義」「折衷主義」と批判して、運動のさらなるエリート主義と純化を訴えた（福本イズム）。福本は同年に再建された共産党（第二次）の理論的中核となり、山川の理論は影響力を失った。だが、そのきっかけとなった福本和夫もまた昭和二年（一九二七）に、ソビエトのコミンテルンの批判を受けて失脚することになる。

一部のアナキストは弾圧が激しくなれば卑怯者は去るといい、社会主義者のあるものはモスクワ崇拝に傾き、あるものは運動を捨てた。方針の誤りの中で、その後の運動は、失速させられていく。

いっぽう運動が弾圧されてからの社会主義者やアナキストには、『主義者』と称して強がってルパシカを着こみ、髪を長くして威張るとか、金をもらって歩くとか寄生虫のような連中も出てくるという情けない有様も一部には見られ」たという（『二十世紀をあゆむ』）。

これはわたしがじかにアナキスト望月百合子さんに聞いたことだが、石川三四郎の世田谷・千歳村の共学社にもそのような、威勢がいいばかりで勤労意欲のない「アナキスト」が多くやってきたそうだ。白山南天堂なども大正の末にはずいぶんと賑わった。アナーキズムが政治的に力を持たなくなり、それは文化的な、あるいは性のアナーキーに流れていた。彼らは金がないながらも一杯のアブサンで時間をつぶし、酔いつぶれて安易に男女関係を持った。こうしたことに山川夫妻は批判的であった。

甘粕事件で虐殺された大杉栄と伊藤野枝

このような状況の中で菊栄らは、政治研究会の綱領の中に婦人の特殊的要求（一切の男女不平等法の廃止、教育と職業の機会均等、公娼制度の廃止、最低賃金の保障、同一労働に対する男女同一賃金、母性保護）などを盛り込むことを提案したが、男性の指導者は無理解で、婦人の幹部もそれに追随した。これを皮切りに、菊栄は労働組合評議会の婦人部テーゼ草案を書くことになる。

大正十五年四月二十八日、第一次共産党事件の第二審判決で山川均の無罪判決が出た。苦しい歳月だった。昭和四年には均の父・清平が死去。昭和八年には菊栄を陰になり日なたになり、かばってくれた姉・松栄がなくなった。

最近、友人池本達雄氏の調査により、この松栄の随筆集がお茶の水女子大学の女性文庫にあることがわかり、二人で行ってコピーを取ることができた。菊栄の陰に隠れて目立たないが、この松栄も大変優秀な人で、お茶の水の女子高等師範学校（女高師）を出て、教師になっている。佐々城という人と結婚し、エスペラント語の普及に努め、五十くらいで亡くなった。驚いたのは、松栄の追悼文集を作って女高師に寄付するにあたり、その母、八十近い千世が書いた文字の美しさである。「山川菊栄の母はこのような美しい手蹟を持つ人であったのか」と驚いた。

昭和の初期にはナップやコップが結成され、プロレタリアの文化運動、そして労働運動も盛り上がったのだが、小林多喜二の虐殺、そして三・一五、四・一六（昭和三年三月と翌年四月に起きた、治安維持法違反による社会主義者の一斉検挙事件）など何度かの弾圧を経て、運動はしぼんでいく。わたしは詩人でアナキストの故・向井孝さんから「昭和八年が少し動けた最後かな。それからはまったく動けなかった」と聞いている。

戦時中、鶉の卵を売って食いつなぐ

山川均は、もともと理科系に強く、家の世話はもちろん、特に農業や畜産にも興味の深い人だった。菊栄はそれまで祖父・延寿にしろ、父・竜之助にしろ、男が家事をするのは見たことがなかった。「ここへきてはじめて主人という名の大工、建具屋、左官、庭師をただでおかかえにしておくような身分になった」とユーモアをこめて語っている（『おんな二代の記』）。

均は最初、商売も考えたが、昭和八年（一九三三）頃から、畑を耕すかたわら鶉飼育を始める。青菜を畑で育て、それを肉挽き器で挽いて飼料に混ぜ、鳥かごの餌入れに一日三回やる。昭和十一年には、いまの藤沢市弥勒寺に移って「湘南うずら園」を開業した。

翌年、山川均は執筆禁止となる。十二月にいわゆる人民戦線事件が起こり、人民戦線結成を企てたとして、日本無産党や社会大衆党などの関係者四百人あまりが治安維持法違反で検挙された。山川均も検挙、起訴され、家族から引き離され、病気のまま東調布署から巣鴨拘置所に移された。昭和十四年五月、保釈出所、藤沢に帰る。均のいない間、菊栄は長靴を履き、泥だらけになって鶉の小屋を掃除し、卵の箱詰め、出荷、掛け取りに奮闘した。

三越の食堂に世話してくれる人がいて、その頃の一円の定食には山川夫妻が育てた鶏卵が三つ葉や湯葉と一緒にお吸いものに入っていたそうだ。しかし菊栄が掛け取りにいっても、一つ一銭三厘の値段通りさっと代金を支払ってはくれず、いつもたたら小言をいわれた。築地本願寺前の鳥八という店の主人も、食用鶏の代金を一度ですませたことはなかったという。

「私のように高利貸や特高のおかげで百パーセント忍従の美徳を身につけている人間でなかったら、その辺におきちらしてある鶏の包丁であの男をひとつきにしたことでしょう」（『おんな二代の記』）。ここなど、ユーモアと皮肉を加味した胸のすくような名文である。

すでに昭和十二年に日中戦争が始まっていた。昭和十七年に山川均は一審判決で懲役七年となる。ただちに控訴、控訴審判決は五年と二年縮まった。もちろん上告。昭和二十年四月、菊栄たちは均の郷里に近い広島県芦品（あしな）郡国府村高木（いまの府中市高木町）に親戚の高橋家を頼って疎開する。これは振作の妻・美代がお産を控えていたこともあり、振作が官憲の手で殺される可能性もないとは言えない父母と妻を、政治的にも軍事的にも意味のなさそうな山間部に疎開させたのである。

菊栄と均はそこで終戦を迎え、九月、一足先に均は藤沢に帰った。菊栄は十月に帰宅。この間、均が起訴された原因である人民戦線事件は連合軍の命令により、上告中のまま解消された。すなわち社会主義者・山川均の無罪は証明されたことになる。山川夫妻は自ら額に汗することによって、どうにか戦争協力をせずに、軍国主義政府の手にもかからずに、手堅く「暗い時代」を乗り切った。

民衆の生活史を語り継ぐ

この活動できない時期に山川菊栄は何をしていたか。それが彼女の代表作『武家の女性』と『わが住む村』である。二作とも岩波文庫に入っており、聞き書きを活かした庶民史の名著といえる。

『武家の女性』は水戸藩の儒者であった菊栄の祖父・青山延寿ときくの間にできた菊栄の母・千世を中心とする物語である。千世は安政四年に水戸に生まれたが、それから維新までの十年は激動の時代であった。ことに、佐幕派（諸生党）と勤王派（天狗党）が二手に分かれてしのぎを削った水戸藩では、殺しあいや暗殺は日常茶飯事、血のつながりのある人々も、処刑獄門といった目にあう状況であった。

その中で、女性たちがどうやって日常を送ったか。貧乏侍の家にも楽しみがなかったわけではない。夫婦の融和、嫁姑関係、女の子のしつけ、男の子のしつけ、学問、食べ物、着物、家の構造に至るまで、記憶力のいい母・千世に根掘り葉掘り聞いて、やさしい日本語で書き留めている。

女に学問はいらぬと、裁縫を習いにいく。一通りできるようになると合格点を出し、みんなで「おめでとうございます」と祝う。その旦那が面白い人で、押し入れから袖付きの布団を出して、歌舞伎の女形の声色を使い、娘たちの笑いさざめく様子など、のんきで和(なご)やかで楽しい。

主婦が元気で働き者で、気配りや機転が利くかどうかで、一家の命運は決まる。「申し分なく行き届いてテキパキと働く」「真正直な、骨身を惜しまずに働く」が褒め言葉である。そのために母は娘を、姑は嫁を徹底的に仕込んだものだが、現在では男女同権のもと、娘に家事をさせることもあまりないのはちょっと惜しまれるという。菊栄は親族中の女性を「気持ちのいい人」「のんきな人」「優しい人」「楽天的な、サラサラした人」などと評し分ける。一番低い評価は「冷たい人」。

一家の男の子に四書五経（儒教の教典）の手ほどきをしたのが祖父・青山延寿で、四十過ぎてはげたので付けまげを付ける苦労があったそうだ。「よく働く上に無遠慮で、快活で世話好き」だったこの祖父が藩の内戦に巻き込まれ、家屋敷を取り上げられ、狭い長屋に押し込められる経緯など、深刻な中にユーモアも漂う。

身分制度の時代ゆえ、商家から嫁に行ったものは正妻になれず、「お部屋（妾）」で終わったとか、妾が何人いても正妻は威厳を保ったとか、他国から嫁いだものは武家でも「よそ者」と蔑まれたとか。圧巻は七人までも気に入らぬ嫁を里に返した本家の因業な姑の話だ。それに文句を言わなかった本家の主人に、叔父である延寿が「お前は世間を恐れるが、おれは天を恐れる」と一言でいさめるところが面白い。

また烈公・徳川斉昭は奢侈禁止令を出したが、その前の哀公（徳川斉脩）の時代は芝居も遊芸も絹物も許されており、どの時代に育ったかで人格に影響があることも菊栄は書き留めている。特段社会主義の理論や価値観で当時の水戸藩を切ってはおらず、正確で具体的な叙述がこころよく、また祖父・延寿の理非をわきまえた正義感が、孫である菊栄の中にも生きているのを感じる。

「公文書にないものは歴史ではない」とする歴史学の中に、このような生活史の著作はどのように位置付けられるのか。この本を民俗学の泰斗・柳田國男が後押しして、戦争たけなわの昭和十八年（一九四三）に出版されたというのが、特異である。柳田は得てして、高級官僚であって、上からの視点しかなかったように言われるが、社会主義者を戦時中に励まして、こうした著作を「女性叢書」の一冊として刊行したことも、一つの抵抗として評価しなければならないことだろう。

柳田は菊栄に「戦争はいけません。戦争をしたらめちゃめちゃだ。学問は終わりです。この前も国際協力で古代史の研究が進んでアフリカあたりの発掘に手がつきだしたら、世界戦争でめちゃくちゃにされた。中東辺でもどこの国でも同じこと。戦争をしたら学問も文明も終わりです」（『二十世紀をあゆむ』）と語っている。覚えておきたい言葉である。
しかし、どうやらこの作品で印税はなかったようだ。菊栄は『村の秋と豚』『婦人と世相』の二種は出版社がつぶれたり不誠意だったりで一銭にもならず、改造社から出た『女性五十講』は発禁。『女は働いている』という一つだけがわずかの収入になりました」と、『おんな二代の記』に書いている。

また一つつぼみがおちた

戦後、菊栄は『武家の女性』を引き継ぐかたちで、一九五六年に『女二代の記　わたしの半自叙伝』を刊行する。これまた前半は記憶力のよい母・千世から聞いた、維新後の千世のライフヒストリーだ。

その中で、ご一新になって青山一家が水戸から上京してきた頃の東京の様子が記されている。武家屋敷は荒れ果て、ある建物はほぐされて移築され、ある屋敷には薩長の田舎武士が住んでいた。青山家は麹町に古い旗本屋敷を買って住んだ。勉強したい千世はその頃ようやくできかけた中村正直（なかむらまさなお）（日本で初めて家庭でクリスマスを祝った人としても知られるが、その様子も書かれている）の同人社女学校を皮切りにいくつかの学校で学び、女子高等師範学校の第一期生となる。

ここでは、大垂髪(おすべらかし)に打ち掛けの皇后が、ハイヒールを履いて室内で傘をかざされて見学に来た様子、着物に堅い小倉袴を穿いた女学生たちの様子などが活き活きと描かれている。文明開化時に特徴的な「ちぐはぐ」さが面白い。そして自由主義的な中村正直校長の後、二代目校長・福羽美静(ふくばびせい)の国粋主義時代になると、女高師もお太鼓帯の着物姿になり、さらに鹿鳴館時代には慣れぬ洋装になり、と時代に流されていく。明治初期のウサギの流行、西郷どんの大人気、列強の植民地主義へのインテリ女性の憤懣(ふんまん)などが描かれる。

千世は松江出身の森田竜之助と結婚し、四人の子を生む。その三番目の次女が菊栄で、菊の花の香る頃に生まれたのであった。隣に住んでいる水戸弘道館教授だった祖父・延寿は、兄と姉に漢文を教えるが、少し歳の離れた菊栄には教えてくれない。菊栄にはそれがとても悔しかったようである。

菊栄の父・森田竜之助は、菊栄の自伝では「派手なことが好きな、はったりの多い発明家のような人で、母親は苦労した」という風に描かれており、自分勝手な人という印象を受ける。しかし調べてみると、彼は明治の初期に欧米で畜産業を学び、食肉加工業を手がけた技師であるらしい。写真で見るとなかなかの美男子だ。だが水戸藩の儒者の娘・千世とは生涯、合わなかった。父は不在がちでたまに帰ってくれば、派手なことが好きな性分から、子供をお祭りや縁日に連れ出すくらいで、この家は母方の祖父の方に重心が偏った母子家庭のようなものだった。

後半は菊栄自身のライフヒストリー。姉・松栄が母のように女高師をすんなり出て、女学校の教師になったのと対照的に、何事も自分で納得しなければ気がすまない菊栄は学校選びも迷走して、女子英学塾を出たのは二十二歳である。

母のことを語る時は、千世というプリズムを通しておおらかな遠い昔話となるところが、自分のこととなると、それはまぎれもない現実である。山川均と結婚してからの病苦と弾圧に抗しての生活史は淡々と語られて、いっそ迫力がある。

ファシズムに反対する勢力が、大きくまとまりそうでまとまり切れずに、力を失っていく時代、菊栄はどんな気持ちで過ごしていたのだろうか。

息子・振作の夫人美代の姪、岡部雅子は、昭和十八年（一九四三）に十二歳で、初めて叔母の姑である菊栄にあった。「母を訪（おとな）われた菊栄に、次々に身に迫る弾圧の中にある人に見られがちな、不安定で神経質にぴりぴりした表情や、逆にいなおったり、肩肘を張って力んだりといった姿はなく、落ち着いた奥深い人間味、緊張と和み、温かさや安定感と親しみも感じさせる、静かで地味なごく普通の女性を見たのだった」と書いている（『山川菊栄と過ごして』）。戦後、岡部雅子は教師の仕事を続けながら、山川夫妻のよき助手となった。

たくさんの同志が戦い半ばで倒れたことを菊栄は、まるで魯迅が教え子の頓死を悼むように書き続ける。関東大震災でなくなったハイカラな知識人の大杉、無邪気で乱暴な奥様の野枝、「近年は大杉氏もおいおい神話化して超人的な英雄、絶世の美男、ひと目で女を悩殺するドンファンとまで相場があがったそうですが、私の見た限りでは、あの妙な事件は、大杉氏に魅力がありすぎたのではなく、金がなさすぎたからのことにすぎなかったと思うのです」などという日蔭茶屋事件の評言は菊栄でなければ書けないものだろう（『おんな二代の記』）。ちなみに、山川均も自伝の中で「あらゆる方面に非凡な才能をもっていたさすがの大杉君も、歌を歌うことだけは非凡に下手だった」と述懐しているのが面白い。

天性の風来坊で山川家を助けてくれたが、大杉の復讐といって福田大将を狙撃未遂し、獄死した村木源次郎。車夫をしながら夫婦極貧の中でいたわりあった渡辺政太郎夫妻。高井戸の聖者、奇人の江渡狄嶺（えとてきれい）。「朝日新聞」の記者だったがロシアで行方不明となった大庭柯公（おおばかこう）。きょうのごはんは薄いオカユか、と嘆いた川合義虎、期待の星だったのに胸を病み、台湾で死んだ山口小静、彼女のことは繰り返し、書いている。彼女をしのぶ堺利彦の詩は山口に捧げられたものであるが、運動そのものの困難を示してもいるので、ここに掲げたい。

　また一つつぼみがおちた

立ちどまり
ふりかへり
いとほしむひまもない
われわれの道の歩み

戦後の山川菊栄

戦後、占領軍は思わぬ役目を山川菊栄にふる。広島県の疎開先から帰京、均も菊栄もさっそく活発な活動を始めた。菊栄は一九四七年四月、平林たい子、神近市子らと民主婦人協会を結成。そして、同年九月、労働省の初代婦人少年局長に任命されたのである。これは平塚らいてう、市川房枝、奥むめおはじめ、主だった婦人指導者が戦争に加担してしまった時、戦前から婦人の労働条件改善に関わり、しかも戦争協力をしなかった人は、菊栄くらいしかいなかったことによる。また当時、片山哲首相の初めての社会党内閣であったことや、GHQでケーディス率いる民政局のニューディール派が優勢だったことにもよる。

実力からしても適正な抜擢といえよう。菊栄は局長として、人材登用を行い、谷野せつ、高橋展子（たかはしのぶこ）、その他の人を部下とした。しかし旧弊な官僚たちからは煙たがられたし、

労働省婦人少年局長時代の山川菊栄

官庁にはちゃんとした女性用トイレさえなかったようである。

その頃の山川菊栄は、いかにも地味で気安げなおばさんで、白いブラウスにスーツ姿でどこにでも出かけた。二年半ほどで局長を辞任した後も、イギリスの労働党政府から招かれ、ヨーロッパを視察。そののちは夫の看病もあり、来訪する後進女性たちに講話をするなどして、あまり目立つ役職には就かなかった。それでも「婦人のこえ」を創刊。山川均は藤沢の家の庭にバラ園をつくるかたわら大きな机で執筆を続けたが、膵臓（すいぞう）がんにより一九五八年、七十八歳で死去。社会党葬が行われた。菊栄は同志でもあり、生涯の恋人でもある山川均と四十年あまりを添い遂げ、亡き後も藤沢で、親族の岡部雅子と独立自律の共同生活を続けた。

平塚らいてうは、戦時中を反省することはしなかった。というか後ろを振り向かないのも彼女の麗質かもしれない。共産党を支持したこともあって、共産党系の婦人団体で活躍し、国際民主婦人連盟副会長などを務め、いまも顕彰されている。いっぽう山川夫妻は社会党を支持したが、社会党は労働組合に基礎を置く党員の少ない政党で、その後の凋落もあって、山川菊栄の著作がその価値にふさわしいほどに読み継がれているとは言えない。

しかし『武家の女性』『わが住む村』『おんな二代の記』、そして晩年に書いた『覚書 幕末の水戸藩』の四作は、いまも比類ない生活史として燦然と光を放っている。

自宅にて

一人息子の振作は東京大学を卒業して生物学者となり、孫二人にも恵まれ、菊栄は一九八〇年、八十九歳で大往生を遂げた。地味ではあるが、ぶれのない、透徹した一生だった。

「大正十四年施行された治安維持法は治警法を何倍にもした悪法で、同年成立した普選を骨ぬきにし、革新勢力を根こそぎにするためのものだった。これにより非合法の共産党も、合法政党も、労働組織者も、進歩的な学者も十ぱひとからげに縛られた。（中略）あのころの日本、日夜悪夢にうなされていたような警察国家日本は私たち国民にとっては自分の国でありながら自分の国ではなかった。国全体がろう獄のようだった。『ものいえば唇寒し』、安全にくらすためには見ざる、聞かざる、いわざるに越すことはないというので、国民の多くはまことに卑屈な臆病な利己主義者になり、政治的無関心においって軍部ファッショを増長させ、太平洋戦争を防ぐだけの民主的勢力を育てることができなかった」（『二十世紀をあゆむ』）

正確な反省だと思うが、同じ反省をしないですむようにしたい。

第三章

山本宣治

人生は短く、科学は長い

山本宣治

やまもと・せんじ

◆

1889年、京都生まれ。「山宣」の愛称で親しまれる。クリスチャンの両親のもと、幼少期を京都宇治の「花やしき」（いまの「花やしき浮舟園」）で過ごす。造園家を志し、大隈重信邸で園丁をつとめたのち、カナダのバンクーバーに留学。帰国後、生物学者を目指して東京帝国大学に進学。京都帝国大学、同志社大学の講師として生物学、性科学を研究するかたわら、女性の権利擁護としての「産児制限運動」に関わる。また、労働者への教育を行う労働学校などでも教鞭をとるなど、社会運動家としても活躍する。1928年、最初の普通選挙に労農党から立候補し、当選。国会議員として活動するが、1929年に治安維持法の改悪に反対したことを理由に、右翼に刺殺され、短い生涯を閉じた。

学生の頃、西口克己の「山宣」という小説を読んだ。

「山宣一人孤塁を守る。だが僕は淋しくない、背後には多くの大衆がいるから」。そう言って、昭和四年（一九二九）、治安維持法改悪に反対したかどで右翼に殺された国会議員・山本宣治はなんとなく社会党委員長・浅沼稲次郎のような、太った豪傑のような気がしていた。だから上記の伝記を元にした映画「武器なき斗（たたか）い」を大学で見た時、山本宣治を演じた下元勉がなんだか細くて頼りないような気がしたのを覚えている。

しかし実際の山本宣治の写真を見たら、丸眼鏡をかけた白皙（はくせき）のやさしそうな青年であった。殺されたときは四十に満たない。

山本薩夫（やまもとさつお）監督の「武器なき斗い」からして、「仁義なき戦い」を想像するようなタイトルなのだけど、この映画は山本の没後三十年を記念して、総評など労働組合の醵金（きょきん）で作られ、右翼・山口二矢（やまぐちおとや）による浅沼稲次郎の刺殺事件の直後に封切られた。よく考えれば、まさにタイトル通り、山本宣治は労働学校や小作争議の先頭に立ち、国会で民衆の立場を代弁し、武器ではなく弁論で闘った人である。

山本宣治がずっと気になっていた。物書きの伯母・近藤富枝が「いい男ってのは山宣だねえ」と何度も言っていたからである。当時のわたしには、髪を七三にわけたひよわそうな写真から「いい男」という表現は浮かばなかった。性科学者というのがどんな研究をするものかもよくわからなかった。いまとなると山本宣治はいい男だと思う。以下、親しみをこめて「山宣」と略す。

恵まれた家に育って、両親の支持もあったからではあろうが、山宣は右顧左眄せず、運動に突き進んでいった。このインテグリティ（首尾一貫性）ということは知識人にとって大切なことだ。

ある時、信州の別所温泉を歩いていて、山宣の碑というのに遭遇した。昭和四年三月一日に山本宣治は上小農民組合で記念講演を行い、その四日後に東京で右翼に暗殺されているのである。翌年、上田の別所温泉近くに土地を借りて農業をしていた山宣の親戚にあたる劇作家・社会運動家の高倉輝（筆名はタカクラ・テル）が庭先に山宣の石碑を建てた。しかし高倉本人が昭和八年に信州の教員赤化事件で検挙され、長野を追われる。警察はこの碑を破却するように命じたが、家主であった温泉旅館柏屋別荘の主人、斎藤房雄はこれを旅館の庭園に運び込み、庭石としてこれを守り通した。

しかし碑を見たわたしは、そんな複雑な背景があるとは知らず、なぜ別所に山宣の碑があるのだろうと、首を傾げた。

二〇一四年十一月、わたしは「紫式部文学賞」をいただいて授賞式に赴くことになった。その時に花やしき浮舟園なる宇治川を望む宿に泊めていただいた。源氏物語「宇治十帖」にちなんだいかにも風雅な宿であったが、翌日、ロビーに宿の歴史を記したパンフレットがあって驚いた。なんと、この宿は山宣の生家だというではないか。そして、「紫式部市民文化賞」の第一回の受賞者が、奇しくも山本宣治の長女・山本治子（やまもとはるこ）氏の歌集『清明の季』であることも知った。

いま山宣といっても知る人は少ないだろう。フロントで聞いたところ、奥の土蔵が記念館になっております、とのこと。現在のご主人は山宣の直系の子孫だそうである。旅館はいま、とりたてて左翼の社会運動家の先祖を看板にはしていない。さっそくわたしは土蔵に向かった。そこに殺された山宣の棺を担いで東京大学の赤門を出てくる油絵の本物がかかっていた。

花を植えて世の中を美しくしたい

山本宣治は明治二十二年（一八八九）に生まれた。父・山本亀松は京都麩屋（ふや）町の金庫商の三男。三男ゆえに活躍の場が得られず、若い頃は次兄の経営する東京神田の出店の集金を紅灯の巷で使い果たしたりしたという。三十歳の時、京都で安田多年（やすだたね）と出会う。多年の方は三条大橋の足袋屋「河内屋」の長女で、番頭と許嫁（いいなずけ）であったが、その人が詐欺師（さぎし）によって店の金を失い、琵琶湖に身を投げて死んだため、十八歳から自力で毛糸屋を経営していた。二十歳の彼女が教会でオルガンを弾いていたのを、三十歳の亀松が見初め、両親の反対を押し切って結婚、それから二人はクリスチャンの清潔で理想的な家庭を作ろうとした。

明治二十一年、新京極で二人は「ワンプライスショップ」という現金掛け値なしの商売を始める。その頃は値を高く付けておいて、客との交渉で値を下げるのが通例であった。神戸の商社から仕入れたリボンやハンカチ、留め金、櫛、化粧品などを市価よりずっと安い「正価」で売り、「まけぬといったらほんまにまけぬ」のキャッチコピーで大変に繁盛した。開店の翌年、長男誕生、亀松は自分を堕落から更正させてくれた宣教師の「宣」と、明治の「治」をとって宣治と名付けたという。

ハイカラな家に生まれたこの少年はかわいがられて育った。両親は一粒種の病弱な息子を環境のいいところで育てようと、京都郊外の宇治に六百坪の土地を求め、別荘「花やしき」を建てた。街中の商家は忙しく、宣治はここで庭師のじいやと身の回りの世話をする女中に守られて暮らした。両親は日曜ごとにやってきて宣治と遊び、西洋の珍しい花を植えるのだった。宣治は花々に囲まれて育った。やがて花やしきは宇治を訪れる人に茶菓を出す茶店となる。

この花やしきは、その後茶店から割烹旅館も営むようになり、現在の花やしき浮舟園へとつながっていく。割烹旅館となった花やしきは有島武郎や島村抱月、谷崎潤一郎や竹久夢二なども訪れる宇治の名所で、谷崎の随筆集『青春物語』などにも取り上げられているのだから華々しい。といっても主人夫婦はあくまで清遊の地として、芸者を入れなかった。猪口徳利の持ち帰り、園内の花や枝を折ること、他室ののぞき見、賭博、仲居への悪ふざけなど「堅くお断り」だった。

宣治は神戸中学に上がり神童といわれたが、小児結核にかかり、一年で退学を余儀なくされた。そのうちに「花を植えて世の中を美しくしたい」という思いを強く持ち、造園家を志すようになる。それからは宇治で花作りや養鶏にいそしんだ。十五歳の時、自ら進んで東京の興農園に見習い生として住み込み、本格的に園芸を学ぶ。しかし、そこの生活はひどかった。食事もひどく、休みは元旦のみ、家族の人品賤しく、奉公人を医者にも見せなかった。

その非を指摘した激烈な手紙を両親に書き、宣治は今度は早稲田の大隈重信伯爵の温室で園芸見習いとして働いた。実はわたしの曾祖母きんは、下町の娘だが、明治の一時期、大隈家の腰元をしていたという。時期はたぶん曾祖母の方が早いだろう。ここの待遇には山宣は不満がなかったようだし、大隈や巌本善治などと出会い、大隈には目をかけられた。

当時のワンプライスショップ。中央の少年が山本宣治

当時の花やしきの様子

その後、親戚の眼科医を頼って、本格的な造園術を学ぶためにカナダのバンクーバーに渡り、数年を過ごすこととなる。山宣が生物学者を志すようになったのはこのカナダ留学中である。カナダで出会った加藤秋真という進歩的な牧師との友情は、山宣の将来を大きく変えた。加藤の影響で社会主義や神学について学び、学者への道を歩むことを決意した。

二十歳の頃、年齢を三歳偽ってストラスコナ・スクールの「ハイフォース」（小学校の七、八年生にあたる）に編入、その後、高等学校で学ぶかたわら、富裕な家族のハウスワーク、日本語新聞の記者、鮭捕り漁師など職業を転々とした。

バンクーバーは海に面した美しい町である。山宣はその頃、英語でマルクスの『共産党宣言』、ダーウィン『種の起原』などを通読した。そんなわけで、山宣が生物学者になるまでには、相当の遠回りをしたと言える。

いまでこそ、カナダは世界一移民に寛容・平等な国と言われるが、当時は移民排斥運動が強かった。山本宣治は日本人教会の青年会に属しながら、こうしたヘイトスピーチをつぶさに見た。両親と同様にクリスチャンであったが、白人の宣教師が人種差別に加担する悲しい現実も見た。さらに「領事館派」と呼ばれる日本のキリスト教グループが、これに対抗し、日露戦争後の風潮も手伝って、国家主義的傾向を強めていったことへも山宣は批判的であった。

また、宣治は、滞在中に幸徳秋水らに対するでっち上げの大逆事件を知って憤慨している。これらの体験は、造園家を目指していた優しい青年だった山宣が、やがて社会運動へと乗り出していく大きなきっかけとなった。

ニコライ『戦争の生物学』とアインシュタイン

大正三年（一九一四）、帰国した宣治は、京都の同志社普通学校を卒業、このころ失恋をして一時遊蕩（ゆうとう）もしたようである。旧制三高に入る前、丸上千代と結婚する。千代は花やしきで働いていた従業員だった。兄・深蔵がワンプライスショップ京都店を手伝っていた関係で、千代も働くようになり、のち宇治の旅館・花やしきを手伝った。従業員というより家族同様の扱いを受けた美しい人であった。

二人の結婚は最初両親に猛反対を受けたが「できちゃった婚」でゴールイン。東京帝国大学に入ったのは二十八歳、すでに二人の子持ちだった。大学ではイモリの精子の発達をテーマにしながら、生命とは何かを考え続けた。同時に東大アカデミズムの旧態依

山宣と家族たち。写真右が妻の千代

然とした閉鎖性に疑問を抱き、金曜会という改革組織を立ち上げる活動も始めた。こうしたことは実家・花やしきが盛業だからこそできたことだろう。その頃の山本家は小石川林町六四番地にあったという。

大学に入るまでに曲折があったが、東京帝国大学を卒業してからの歩みは早かった。京都帝国大学の大学院に籍を置くかたわら、さっそく同志社大学の講師に迎えられる。まもなく京都帝国大学医学部の講師にもなった。ベルリン大学の生物学者ゲオルグ・F・ニコライの『戦争の生物学』の翻訳に着手したのもちょうどこの頃だった。

ニコライは第一次世界大戦にドイツが参戦した際に、アインシュタインとともにこれに反対して声明を出した。戦争を人類の進化の要因と考えるような俗流生物学を批判して、人類の平和の可能性を模索する『戦争の生物学』を執筆した。山宣は東大在学中にこの著書に出会って感銘を受け、卒業後すぐに翻訳を開始したという。

のちに大正十一年十二月になって、山宣は自ら訳した『戦争の生物学』の訳本（当時の邦題は『戦争進化之生物学的批判』）に、おりから来日中の物理学者アインシュタインの推薦文をもらいに行った。そして、自分の専門以外の本には序文や推薦は寄せない、とのアインシュタインを説得して、次のような推薦文を得たという。

「戦争は無意味であり、しかしてその戦争を防止するためのある国際組織が必要であるという信念を普及する事が、今日の政治的著述の最も重大なる任務であると私は考える。この見地よりして、私は衷心より本書の普及を悦ぶものである。本書がかかる問題に対して実に多方面な、かつ深刻な刺激を惹起し得るものであり、歴史によって累積したるしぶとい偏見を打破するに適した著述であるがために」（佐々木敏二『山本宣治』）

産児制限運動への参加

山宣は大学内での研究にとどまらず、社会活動に身を乗り出した。性教育の啓蒙活動を開始したのも同じ時期である。

その頃、性教育などという考えはなかった。また結婚は、恋愛どころか、見合いすらろくにせずに、親の決めたところに行かされるのが常であった。人口の多くを占めた農漁村では嫁にやるのが「口減らし」であり、「嫁を取る」のは労働力の確保に過ぎなかった。他に余暇を過ごす方法がないので、また避妊方法を知らないので、子供はたくさん生まれたが、たくさん死ぬ多産多死の時代であった。

当時の小説には、「お産で死ぬ妻」「産後の肥立ちが悪く死ぬ妻」「死産」などがよく描かれている。例えば生涯に五万首の歌を作った天才歌人・与謝野晶子は、十三人の子供を産み、そのうち双子が二組、一人が死産、一人は夭折。とうてい自分では育てられないので、下の方の女児四人は里子に出されている。

山宣はやがて、避妊方法を知らないための多産多死が大きな社会問題だと感じた。それで大正十一年（一九二二）、産児制限運動で有名なアメリカのマーガレット・サンガー女史が来日する際、京都での講演会の通訳を務めている。内務省はサンガー女史にビザを発給しない方針だったが、彼女の乗った大洋丸が横浜埠頭入港後、産児制限宣伝のための公開講演をしないことを条件に入国を認めた。さらに上陸後、さっそく彼女が持参した宣伝パンフ数万部を押収した。結局サンガー女史は先約のあった京都市医師会などで医師や薬剤師など専門家の前でのみ講演をした。山宣はサンガー女史に「私は元はクリスチャンですが、今は自由な思想家であり、マルキストです」と自己紹介したという（佐々木敏二『山本宣治』）。そして『山峨（サンガー）女史家族制限法批判』なる本を翌月発行した。紹介するのに「批判」と名付けなければならなかったのは、産児制限は当時の国策に逆行するものだったからである。表紙には「極秘」と刷られ、専門家のみを対象とした非売品の学術資料の体裁をとった。

日清日露の戦争を戦った日本は、富国強兵のためにたくさんの壮健な男子を産み育てることを国民に期待していた。「産めよ殖やせよ」というスローガンは昭和十六年（一九四二）に閣議決定された人口政策によるが、実際には明治政府の頃から変わっていない。江戸時代には例えば貧しくて育てられないものたちの間で、間引き（生まれた赤ちゃんを殺す）や堕胎（妊婦を冷たい池につけたり、ズイキで子宮の奥を突く）などは普通に行われていた。しかし近代に入るとすぐ堕胎禁止令（明治二年）が出され、明治十三年（一八八〇）には堕胎罪が制定される。

マーガレット・サンガーは一八七九年にニューヨーク州のアイルランド系の家に生まれた。カトリックの敬虔な信者だった母親が十八回も妊娠し、結核と子宮頸がんで死去したことに強い衝撃を受けた。自身も結核の恐怖を感じながら結婚し、子供も三人生んだが、一九一二年以降、マンハッタンの貧民街で看護師として活動するようになり、貧しい女性たちが望まぬ妊娠と出産で人生を失うのを見て、産児制限（受胎調節）と家族計画の啓蒙に乗り出した。

産児制限運動を主導したマーガレット・サンガー

サンガー女史来日の際は、彼女に共鳴した石本静枝男爵夫人が受け入れに奔走し、改造社の社長・山本実彦が招待の費用を持った。石本男爵夫人とは、のちの社会党代議士・加藤シヅエである。サンガー女史はロンドンで開かれる万国産児制限会議に出席する途上、太平洋を経由し、大正十一年三月から四月、日本に立ち寄ることとなった。

わたしは明治三十年生まれの加藤シヅエにじかに話を聞いたことがある。

「キリスト教では避妊をしてはいけないことになっているのですが、貧民街の母親たちは、酒飲みで、失業中だったりで暴力をふるう亭主の要求を拒むことができず、これ以上産んだらもう体が傷んで命が続かない、私が死んだらこの子たちはどうなるのでしょう、とサンガーさんに訴えていたのです。男の医者はそんな女たちの気持をちっとも分からない。

そこでサンガーさんは避妊の知識を刷ったパンフレットを十万部もつくったんですが、セックスに関連した内容の印刷物を送ってはならない、という法律（コムストック法）にひっかかってすぐ捕まって牢屋に入れられた。講演すれば制服の警官がどっと入ってくる。そんななかで勇敢に闘っていらした。ですけれどお会いしてみたら、いわゆる女闘士ではなくて、声も鈴を振るような、美しい方でした」

（拙著『恋は決断力　明治生れの13人の女たち』）

加藤シヅエは夫・石本恵吉が技師として三井三池炭鉱に赴任したことから、見聞きしたおかみさんたちの姿をそれに重ねた。

「妻が夫の性的欲求を断るなんて怪しからぬ、という時代でした。だからしょっちゅう妊娠する。すると姑にまた孕（はら）んだのかと嫌な顔をされるので、妊娠を隠してギリギリま

で野良で働く。産婆を呼ぶとお金がかかるからって自分で産む。日本の女たちもそれで命を縮めていました」（同前）

これは山本宣治も同じ思いであっただろう。

戦争と婦人運動

さて、サンガー女史の来日を当時の婦人活動家が語っていないわけがないと思い、平塚らいてうの全集を見てみたが、まったく言及がない。大正十一年（一九二二）のらいてうの文章は短いものが三つだけである。その前年、婦人参政権を巡る新婦人協会での市川房枝や山内みなとの確執など、らいてうは運動にくたびれ切っていた年でもあったのだろう。ただ、別の年に産児制限に関する文章はいくつか書いている。

もともとらいてうは自由恋愛を主張するいっぽう、子供を持つことを畏れており、実際に子供を持ってからは変わったが、それでも「無意識に、無責任に劣等な子供を多産する代わりに、質の良い子供を少なく産むように自然なるはず」（「母性の主張について」）「無知、無教養な下層社会において生殖の事業がいかに無思慮と不用意の中に行われているかは想像することができます」（「産児数制限の問題」）などと述べ、人種改良学や優生学を学ぶべきと考えていた。

また花柳病（梅毒や淋病）を夫からうつされて苦しむ妻たちを多く見たらいてうらは、大正八年、花柳病男子の結婚を制限する請願を提出した。それは「本人同士の自由意志による結婚」という個人の自由を標榜してきたらいてうが、結婚の国家管理を望むという矛盾であった。さらに「精神病、癩病（ハンセン病）、癲癇などの遺伝病患者の結婚も禁止する」ことを主張しているが、これらを遺伝病とするのは間違いであることは現在は明らかだ。「結核患者、花柳病患者、大酒家などの結婚を禁止する」（「我が現行法上の婦人」）とも言っている。

らいてうは官僚の娘で山の手の屋敷で何不自由なく育ち、お茶の水高女から日本女子大を出た当時のインテリ女性で、書くものにはいつも尊大さが窺える。「女工」に対して「憐れむべき婦人」「無知なる彼女ら」と言い、いっぽうで「女中」が払底して自分の知的生活が脅かされると言っている。つまり、らいてうは他の女性のシャドウ・ワーク（影の仕事）に頼って、自分は婦人解放運動を続けたのである。昭和十四年（一九三九）の「戦争と産児」では母性保護を主張するあまり、「母性をかえりみないで、不妊に陥らせたり、せっかく産んでも、生存の資格のないような虚弱児で、自然のままでは、生きていかれないような者を医療その他の人工的なさまざまな手段で、ようやく生かし、育てていくというのでは、なるほど統計上の死亡数は減りますけれど、一方、いわゆる自然淘汰が行われないだけ、かえって国民の体位は低下し、民族の退化という逆結果にならないものでもありません」と述べている。

戦時下のらいてうについては、鈴木裕子氏らたくさんの批判があるが、らいてう研究家の米田佐代子氏はこれらを「告発型」だとして、戦争経験者を「みせしめ」にするのではない「再生と共有型」の論議を望んでいる（『平塚らいてう　近代日本のデモクラシーとジェンダー』）。

しかし明治末期から婦人運動の指導者であった当の平塚らいてうが、まったく戦前戦中の発言に責任も感じず、それを不問にして戦後再び婦人運動のリーダーになったことなど、これは日本の特殊ケースとしか思われない。人種主義に加担することになったとも言われるサンガー女史のその後を見ても、産児制限を提唱する人が、なぜ優生主義にいきつくのか、もっと深く検討する必要があろう。

山本宣治は花やしきという実家のすねをかじり、勉学時代から家庭や子供を持つ、という恵まれた人であったが、カナダでの数年間は、「劣った人種」日本人として差別され、排斥された経験を持っていた。花柳病も貧乏人の子だくさんも、女性解放家の被害者意識のみでなく、男女ともが協力して解決せねばならない問題と考えていた。

私は山宣を「治安維持法に反対して殺された無産政党の議員」というだけでなく、その背景となる思想や活動においても見ておきたい。現在は少子化で、「国力を上げるために子供を産む」ことが奨励されている。いっぽう収入の少ない、失業率も高い若い世代では、結婚したくてもできない、子どもが欲しくても産めない人も多い。望まぬ妊娠に心と体を傷める女性、生まれたものの親の虐待や無理心中によって命を落とす子どももいる。

人生のための科学

山宣はもともと自分も体が弱かったが、庭仕事の時はいつもほがらかに大きな声で賛美歌を歌っていたという。そんな心やさしい青年がカナダで苦労して働き、日本に帰って、人より十年くらい遅れて東京大学を出て生物学者になった。アカデミズムの中で純粋培養されたような研究者と違い、人の涙も汗もよく知っていた。

そんな山宣がイモリの精子の研究から、「人生のための科学」（山宣の同志社大学での講義は、人生をより良くするために、という意味をこめて「人生生物学」と名付けられていた）に方向を変えたのは、彼自身が大正九年（一九二〇）に腸チフスで死にかけたことと、翌年生まれた長女に先天的な肢体の障害があったことが大きいだろう。プライバシーにはあまり触れたくはないのだが、山宣の思想を考える上で、これは避けて通れないことである。

宣治は、千代が妊娠中に腸チフスにかかった自分を看病したことに原因があるのではないかと思い、苦しんだ。産婆はこの子を闇に葬ることを慫慂（しょうよう）したが、山本夫妻は慈しみ育てることを選んだ。この時、宣治は男女の性の営み、そこから子供が生まれるということ、先天的なものや後天的な性質についても、人間として、生物学者として深く考えたのだろう。

このことについて、宣治のいとこの医師、安田徳太郎は次のように語っている。

「この事件を契機に山宣の前に新しい世界が展開されはじめた。悲しむことをやめよ、この世の中には自分よりもっと不幸な人間があるという認識が、山宣の不幸を転回せしめた。このとき以来山宣はすべての人に非常にやさしい人になった。極度に同情深い人になった」（佐々木敏二『山本宣治』）

山宣が産児制限運動に深く関わりながらも、平塚らいてうのように「性と出産の国家管理」にもとらわれず、優生学に基づく障害者排除へも向かわなかったのには、こうした背景があるのではなかろうか。

産児制限は彼にとって、あくまで「無産階級の生活防衛闘争」であり、「産む、産まないは自分で決める」という「市民的自由の獲得運動」なのであった（松尾尊兊『わが近代日本人物誌』）。いまで言う「リプロダクティブ・ヘルス／ライツ」（性と生殖に関する健康・権利）の問題に取り組んだのである。性について何も知らないで結婚したり、夫の知識がないために遊廓や花柳界で性病に感染し、それをまた妻にうつしたりする悲劇は後を絶たなかった。また教育の機会を奪われた貧しい家庭で、避妊の知識がなく、たくさん

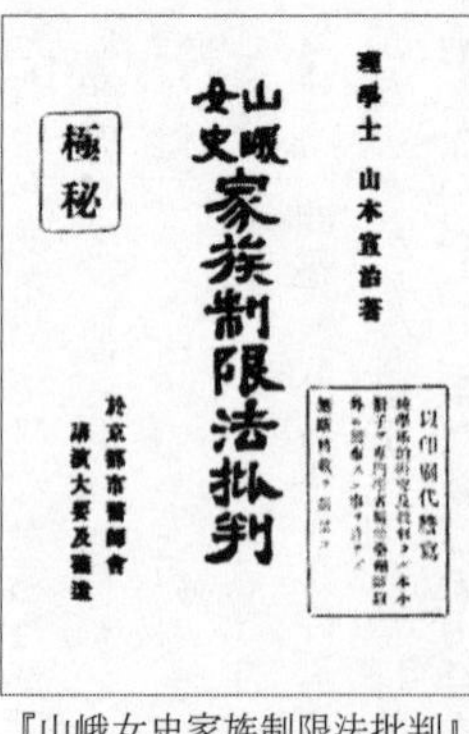

『山峨女史家族制限法批判』。表紙には「極秘」と書かれている

産んだが育てられないということも多かった。いっぽうで、この運動は「避妊は国力を弱める」という批判にさらされ続けた。

先ほども触れた、大正十一年のサンガー女史の来日に合わせて山宣が頒布した『山峨女史家族制限法批判』の内容は、サンガーの著作の完訳に山宣が序文と批判・注をつけたものである。性交中絶（射精しない）、コンドームやペッサリーの利用、膣内挿入座薬などの具体的な避妊法の説明と、その効果について具体的に述べていた。最初、東京と京都の帝国大学の医学と経済学の教授に贈呈し、後は印刷実費で医師や薬剤師に売った。労働組合運動の活動家であった三田村四郎と九津見房子夫妻が、労働者にこそこれを読ませたいと、山宣に乞うてその普及版を作り、数年のうちに五万部を普及した。

その頃から山宣は一般雑誌にもたくさんの寄稿を始め、性教育の講演も行った。大学教授らの保身に失望し、もはや大学の中で研究をしている段階ではないと、無産大衆に望みを託した。

山宣は大学の授業や講演会などで、当時の人々が悩んでいた様々な疑問に応えている。

その言葉を要約すると以下のようである。

処女性には価値があるのか？

「ない。男子の自分勝手な要求によるものである」

自瀆（マスターベーション）は害悪か？

「ある期間これを行うことは害にならないのみならず、むしろ必要な方法だ。自瀆といわず、自慰と表現したい」

性交は繁殖のためだけのものであるべきか？

「結婚の唯一の目的を産児と見るならば、いかにも種馬、種牛の掛け合わせになってしまう」

快楽としての性交を認めるべきか？

「人間である以上、恋愛の自由、結婚の自由を主張し、性を楽しむのは当然である」

避妊、堕胎、間引き、子殺し、何が認められ、何が認められないのか？

「子殺し、間引きなどの悲劇を生まないためにも、堕胎で女性の体を傷つけないためにも、正しい避妊は必要である。精子と卵子の間に障壁を作ればよい」

現在では常識となったこれらの性知識も、当時の時勢においては当たり前のことではなく、大変進歩的なものだった。山本宣治は大正十三年、キンゼイ報告（アメリカの性科学者アルフレッド・キンゼイが行った人間の性行動に関する報告書）より二十四年も前に、男子学生を被験者に性行動の実態調査も行っている。これによると早稲田、東大、同志社などの学生五百十七人のうち、性交体験者は二十一歳で約半数。その相手は年長者五十一パーセント、既婚者四パーセント、妻一・六パーセントである。相手の職業のうち、娼婦三十二・一パーセント、女中十一・六パーセント、女学生九・六パーセント、看護婦四・一パーセント（山本直英『性のタブーに挑んだ男たち』）。

この数字を見る限り、当時の男性は結婚前に性病を持つ可能性は高かったと言えるだろう。こうした中で山宣は三田村四郎、九津見房子夫妻らとともに「産児制限研究会」を組織することとなる。

京大、同志社大の職を立て続けに失う

大正十二年（一九二三）九月、関東大震災。東京周辺ではこの機に乗じたとしか思われない大杉栄や平沢計七ら社会主義者、朝鮮人の虐殺事件が起こった。山宣も身の危険を感じ、しばらく「神妙に数学のおさらい」などをして過ごしたという。だが翌大正十三年の一月からは、信南自由大学や賀川豊彦らが設立した大阪労働学校などで講師を務めるようになる。見かけによらず雄弁で、京都の町っ子らしい諧謔に富み、ざっくばらんな話し方で聴衆に人気があったという。残っている演説を見ても、比喩が上手であり、皮肉も利いている。三月には京都労働学校の校長にも就任した。

大阪労働学校の教壇に立つ山宣

軍隊から帰って京都労働学校の講師をつとめた住谷悦治は、山宣の労働運動や組合員啓蒙に対する熱意の強いことに驚いた。「宣治さんは太い厚味のある声で、『赤旗』の歌の最後の一節『卑怯もの、去らば去れ、われらは赤旗をまもる』という結びを歌うときは、とても歌声に迫力があって、並んで側で歌っていてもその気迫に圧倒されるようであった」（住谷悦治「序に代えて　山本宣治さんと労働組合との関係はいつ出来たか」）。山宣は自分が自営業者の息子で、プロレタリアートでないことをよく自覚していたが、大衆運動に乗り出してからは、決して後退しなかったし、泣き言もいわなかった。

「我々の今日までの生い立ちは、今更母の胎内に逆戻りせぬ限り、根底より叩き直し難いのだから、むしろその弱点を素直に承認して不絶(しじゅう)それに陥らぬように努力する事を誓う方が、我等としてなすべき事であろう」（山本宣治「産児調整評論・性と社会へ」）

こうした発言を見るに、山宣も知識人としての自分の役割と限界に自覚的であったと言えるだろう。

大正十三年四月、鳥取の水脈社主催の産児制限講習会で弁士中止を喰らい、警官に壇上から引き摺(ず)り下ろされる。山宣はこれが原因で、京大医学部の講師を五月末にやめることになった。このことからも、当時の山宣の啓蒙活動が、いかに自分の研究者としての地位を危うくする先鋭的なものだったかがよくわかる。しかし山宣はすでに研究室をとび出していた。

当時、鳥取では、小作や日雇いの貧しい女性たちが、堕胎手術を受けたかどで三ヶ月の求刑を受けていた。日本で堕胎（人工妊娠中絶）が条件付きで公認されたのは戦後の優生保護法（一九四八年）以降である。世界的にも、例えば、カトリック教国のフランスでは一九四三年、二十六人の堕胎を手伝ったとして、ノルマンディーの主婦マリー＝ルイーズ・ジローがギロチンで処刑されている（この事件は本にも書かれ、映画化もされた。クロード・シャブロル「主婦マリーがしたこと」）。フランスで中絶法（ヴェイユ法）が通ったのは一九七五年のことである。

それからは、建設者同盟、水平社、日農（日本農民組合）などの講演会に東奔西走の日々が続く。旅の最中でも山宣は家族への手紙を欠かさなかった。「ハルコチャン、オテテワナオリマシタカ。おーい子供達、オルガンはちっとうまくなったかい、ＡＢＣＤＥＦ……英習字を勉強せよ」（九月十六日付妻千代宛）。

谷口善太郎も京都労働学校校長としての山宣に敬服していた一人である。山宣はあるとき労働者に「精虫（精子）を持って来い」と言い、それを顕微鏡で見せた。「これがもし卵子に合えれば一匹一匹人間になる」と言う山宣は「センチになるな」と釘をさした。次の週には花山の天文台に連れていき、望遠鏡で土星を見せる。そしてまた言った。「センチになったらあかんでえ」。山宣の科学的精神を示す言葉である（佐々木敏二『山本宣治』）。谷口は戦後、京都で共産党から六期、衆議院議員をつとめた。

大正十四年二月には雑誌「産児調節評論」を発行。これは九号から「性と社会」と改題したが一年とは続かなかった。

大正十五年は大正の末年である。この年一月、京都学連事件のため、河上肇（かわかみはじめ）とともに警察の家宅捜索を受けた。これは軍事教練に反対し、無産者の教育活動の中心となっていた京大や同志社大の社会科学研究会などの学生たち三十八名を、当局が出版法違反・不敬罪で一斉検挙した事件である。日本内地では最初の治安維持法適用事件であった。

「国体を変革し、および私有財産を否定せんとする結社や運動」を禁止する法律で、前年の四月に成立していた。学連事件の被告人に岩田義道、野呂栄太郎、鈴木安蔵、石田英一郎などがいる。

この時、山宣の妻・千代が抱きかかえて当局にわたそうとしなかった小箱があるという。そこには山宣が研究用に集めたコンドームが入っていた。この事件がきっかけで山宣は京大に続き、同志社大学の職も失うこととなる。ともに家宅捜索された河上肇は京都帝国大学教授で『貧乏物語』を書き、『資本論』の翻訳もしているが、彼もやがて京大の職を辞すに至る。

山宣の運動は、産児制限から始まって、小作争議の指導、入会権の擁護、議会解散請願などに広がっていった。そして労農党の中心的理論家として、ついに昭和二年一月三十一日、山本宣治は衆議院京都一区予定候補となる。また共産党の合法機関誌「インタナショナル」の発行兼印刷人となった。この頃から山本宣治は親しみを込めて周囲に「山宣」と呼ばれるようになる。

闘う政治家「山宣」の誕生

山宣は同じ年の五月、衆院京都第五区の補欠選挙に立候補するが、四百八十九票で落選してしまう。この選挙は投票が売買されるなどの不正があったとされている。もちろん女性は参政権を持っていないし、男子も納税額三円以上の資格制限選挙である。

この年八月、宣治を支えた父・亀松が老人性肝硬変で亡くなった。政治仲間が花やしきの芝生で労働歌などを歌うと、「商売に差し支える」とたしなめた。それでも、花やしきに金を落とすな、という会社や官庁の経済封鎖に耐え、息子を支持した父である。宣治は花やしきを継ぐことを述べ、「先代の偏屈に更に近代科学のシンニュウを掛けた変人ですが、何卒この偏屈第二世にも『蛙の子は蛙』と先代なみに御了承を仰ぎ、幾重にもお許しお引き立てをお願い申します」という面白い挨拶状を出している（佐々木敏二ほか編『山本宣治写真集』）。

十二月には労農党の京都府連執行委員長に選ばれた。しかしこの頃、左肺湿潤のために喀血している。もとより強健な体ではなかった。

昭和三年（一九二八）一月、第一回普通選挙に京都第二区から立候補、一万四千四百十一票で当選した。病軀（びょうく）をおしての大変な選挙であったが、日本で初めての普通選挙で、男性であれば労働者や農民、学生も投票権を持っていたからこその勝利であった。社会民衆党の安部磯雄、革新党の大竹貫一、京都では労農党の水谷長三郎と山本宣治、大阪で社会民衆党の鈴木文治と西尾末広、兵庫で日本労農党の河上丈太郎、福岡で九州民憲党の浅原健三、社会民衆党の亀井貫一郎などが当選した。

しかし、右翼団体・建国会や国粋会は常に彼らに辞職を勧告し、官憲は山宣の選挙事務局長の半谷玉三を共産党との関係を理由に検挙し、山宣をも演説会場から検束するなど、あらゆるいやがらせをやめなかった。

この後、いわゆる三・一五の弾圧事件が起こる。これは普通選挙によって山宣ら無産政党の議員が誕生したこと、共産党が「赤旗」を創刊し、徳田球一や山本懸蔵らを労農党から立候補させたことに、不安と恐怖を感じた当局が行った、共産主義者の一斉検挙事件であった。四月、労農党、評議会、無産青年同盟などに解散命令が出される。水谷長三郎らは合法無産政党・労農大衆党を、山宣らは大山郁夫や細迫兼光(ほそさこかねみつ)らと政治的自由獲得労農同盟を作って闘った。

昭和天皇の即位の礼に出席する無産政党の代議士ら。左端が山宣

七月、無理がたたって座骨神経痛になった山宣は、病気治療のため信州の上林温泉に行き、ニコライの『戦争の生物学』下巻の翻訳を始めた。上林温泉はのちに林芙美子が疎開してくる一軒宿の温泉である。

病が癒えた山宣は三・一五弾圧の救援活動に奔走し、同時に官憲の弾圧を糾弾する。

十一月から十二月には東北や北海道を遊説して歩いた。十一月の昭和天皇の即位式には燕尾（えんび）服をきて議員として参列。「無産党代議士こそは将来の参考のために毛嫌いせずに支配階級のやることは何でも見物しておかねばならぬ」と言い切ったのは彼らしい（佐々木敏二『山本宣治』）。

山宣一人、孤塁を守る

そして山本宣治最後の年、昭和四年（一九二九）である。

この年も初めから忙しかった。一月十四日、全国農民団体第八回会議に出席、その後、日農（日本農民組合）が強いため弾圧も厳しかった香川奪還闘争（香川の農民の救援運動）の代表として、遊説して歩いた。その時期の山宣の気持ちをよく伝える文章が残されている。「帝大新聞」に掲載された「議会の一角より若き友へ」がそれである。

「試験管と顕微鏡を相手にしていた私が、どうした運命の戯れか、六法全書のオバケみたいな連中のただ中に、七、八（ママ）年後私自身を発見した。バイロンの言い草ではないが、一朝私はめざめた、そして私は××党正統系の唯一議員として反動の十字火の中心にいたのだ」（「帝大新聞」昭和三年一月二十八日）

一生物学者が、いつの間にか社会運動の先頭に立っている。「どうした運命の戯れか」

という述懐は、山宣の正直な気持ちだと思う。売れない詩人バイロンが、『チャイルド・ハロルドの巡礼』によって突然有名になったことを「ある朝目覚めたら、僕は有名になっていた」と言ったように、山宣も「ある朝目覚めたら」いつの間にか政治のまっただ中にいる自分を発見したのだった。政治的には無欲であった山宣が議員になったのは、その人柄や学識への民衆的人気と時代の要請であったといってよい。

この頃、山宣は「第五十六議会に際して」という文章も「労働農民新聞」に寄せている。当時の田中義一内閣は、山東省での日本の権益確保を目的に中国に派兵していた（山東出兵）。第五十六議会では年度予算の大半を軍事費に充てること、そして前年に緊急勅令という形で一方的に公布された治安維持法の改悪に対する議会の事後承認についても審議されようとしていた。山宣は「帝国主義戦争反対」をスローガンにこれと闘う覚悟だった。

二月八日、山宣は衆議院予備委員会で、三・一五弾圧の「不法検束、不法勾留、拷問」について質問を行う。「この現代社会における、九十七パーセントを占めるところの無産階級の政治的自由、これを獲得するために、こうした暗澹たるこの裏面には、犠牲者と、血と、涙と、生命までを尽くしている」（宇治山宣会編『民衆とともに歩んだ山本宣治（やません）』）といった山宣の最後の質問は、あたかもその後の彼自身を予言するかのようであった。

それから運命の三月五日までの一ヶ月、山宣は大変な勢いで全国を駆け巡った。東京市議会議員選挙の応援、三月一日、長野県上小農民組合第二大会で講演、三月三日、京都福知山で講演。三月四日には全国農民組合大会で挨拶したが、途中で弁士中止を命ぜられる。

「われわれの戦闘は日に日に激しくなり、今まで味方として左翼的言辞を弄していた人まで日に日に退却し、われわれの頼みとなると思っていた人達まで、われわれの運動から没落していった。（中略）明日は死刑法治安維持法が上程される。私はその反対のために今夜東上する。反対演説もやるつもりだが質問打ち切りのため、やれなくなるだろう。実に今や階級的立場を守るものは唯一人だ。だが僕は淋しくない。山宣一人孤塁を守る。しかし、背後には多数の同志が……（ここで弁士中止）」（同前）

三月五日、山宣は衆議院で治安維持法改悪に反対して演説する予定であった。しかし、これは予想通り討論打ち切りとなり、発言の機会を与えられず、最高刑を死刑とまでする改悪は論議もないままに承認されてしまった。

山宣はこの日の夜、東京市議会議員候補・中村高一の応援演説をすませ、神田神保町の光榮館に疲れきって戻った。ここは無産政党に好意ある主人がいて定宿にしていた。午後九時半、山宣が風呂に入り、食事をとろうとしたところへ、黒田保久二（くろだほくじ）なる男が面会を乞うた。自身を「労働者」と名乗り、無理やり二階の部屋にあがりこんだ右翼団体・

七生義団のこの男は、いきなり山宣の心臓に刃物を突き刺し、頸動脈を切った。二人は二階から組んずほぐれず階段を転げおち、階下に達した時、山宣はすでに絶命していたという。

山宣の葬列

山宣は二日前、京都を出る時に「今度は殺されるかもしれない」と長男に言っている。なぜ仲間は山宣を一人で帰したのか？　山宣はなぜ黒田を部屋にあげたのか？　誰も阻止できなかったのか？　悔やんであまりあることである。犯人は間もなく自首した。旅館の主人の通報を受け、労農党委員長・大山郁夫らが旅館に駆けつけた。母・多年には夜二十二時頃、新聞社からの電話があった。多年は相談して「デスマスクを取るように、遺骸は赤旗で包んで欲しい」と伝えた。

翌六日の新聞は警察の発表を鵜呑みにして、凶行時、山宣はビールを飲んでいたとか、二十分くらい黒田と口論したとか、山宣が摑みかかったので黒田は正当防衛から刺したとか、書いてあった。これはまったくのでっち上げである。しかし議会開会中に代議士が刺殺されるとは。無所属議員として山宣と同じ会派にいた尾崎行雄は、宣治の死を「立憲制度ののどに白刃を擬するもの」と弔辞を述べた。さすがに「憲政の神様」といわれた長老である。

五日、六日と通夜が行われ、遺体は東京帝国大学医学部に運ばれて、司法解剖をされた。山宣の脳は漱石の千四百二十五グラム、桂太郎の千六百グラムを超え千七百十六グラムもあって重かったという。当時の新聞ではこのことが話題になったらしく「医学界では非常に驚いている」との報道がみられる（本庄豊『山本宣治　人が輝くとき』）。重さと頭脳の優秀さの相関関係があるのかどうかはわからないが。

解剖を終えた遺体は棺に納められ、本郷の赤門を出た。棺は高倉輝や水谷長三郎が担いだが、私が花やしきの蔵で見た大月源二の絵では水谷は描かれていない。彼は弁護士でもあるのに三・一五弾圧の被害者たちを弁護せず、反共の立場から治安維持法についても山宣と袂をわかったから、画家はわざと省いたのである。

プロレタリア芸術同盟の作家・鈴木賢二が製作した山宣のデスマスク

三月七日夜、棺は母・多年の希望通り赤旗に包まれ、帝大基督（キリスト）教青年会館講堂にて、通夜が行われた。基督教青年会館はいまも存在する。ここで吉野作造が大正デモクラシーの記念碑的論文を書き、戦後は木下順二や森有正が住んだ場所である。

本郷通りを行く山宣の葬列

三月八日、本郷通りを行く棺の列を写した写真がある。本郷三丁目近くの帝大仏教青年会館で告別式が行われた。葬儀委員長には大山郁夫、河上肇などがいて、親族の男性たちも上京し、当日の警備は物々しかった。河上肇の弔辞はすぐに弁士中止と遮られた。

三月九日、茶毘(だび)に付された山宣の骨を宇治で迎えた時、母・多年と妻・千代は涙を見せなかったという。山宣の信念への理解とともに、やがて白色テロに倒れるかもしれないという覚悟を、二人とも持っていたからだろう。京都駅前には千五百人を超す人々が集まった。三月十五日には東京の青山斎場と京都の三条会館で、前年台湾の基隆(キールン)で自殺した渡辺政之輔との合同労農葬が行われた。しかし葬列は許されず、挨拶も弔辞も弁士中止で阻まれ、参加者の検束も行われた。この葬式は多年の出資により、プロキノ(日本プロレタリア映画同盟）の技術者によって撮影され、いまも残っているという。

家族の語る山宣の肖像

その後も難は続いた。山宣の墓を建てようとして、背面に大山郁夫が山宣の最後の演説から取って書いた「山宣ひとり孤塁を守る　だが私は淋しくない　背後には大衆が支持してゐるから」という碑文が彫られていたために、これを塗りつぶせという再三の警察の申し入れがあった。結局、「山本宣治の墓」と刻まれていた墓の表側は「花屋敷山本家の墓」と書き直され、碑文もセメントで塗りつぶされた。そのセメントは人々によって何度もはぎとられ、また何度も塗りつぶされる、という繰り返しだったという。

昭和四年（一九二九）には三・一五に続き、四・一六大弾圧が行われ、民衆の運動は息の根を止められていく。昭和七年、政治学者で労農党の委員長・大山郁夫もアメリカへ亡命せざるを得なくなった。

こんな中、母・多年は息子の遺志を受け継ぎ、谷口善太郎など同志の生活を援助し、花やしきは彼らの拠点となっていた。戦後、日本の政治はＧＨＱの指示に従い、軍国主義から民主主義に何の反省もないまま、いともたやすく転換した。

一九四六年九月、多年は七十八歳で共産党に入党、九十六歳までを山宣の母として生き抜いた。母はこのように詠んだ。

かくすればかくなることと知りながら
遂に逝きにし君をしぞ思ふ

山宣の子供たちもそれぞれに父を理解している。長男・英治は花やしきを受け継ぎ、宇治では人望が厚かった。次男で医師となった浩治は「父とレコード音楽」と題して、アメリカ製の蓄音機が家に来た時「これはみんなのものだ。蓄音機というものだョ。さあ集まって音を聴こう」と喜んだ姿を回想集（『山本宣治写真集』）に書いている。

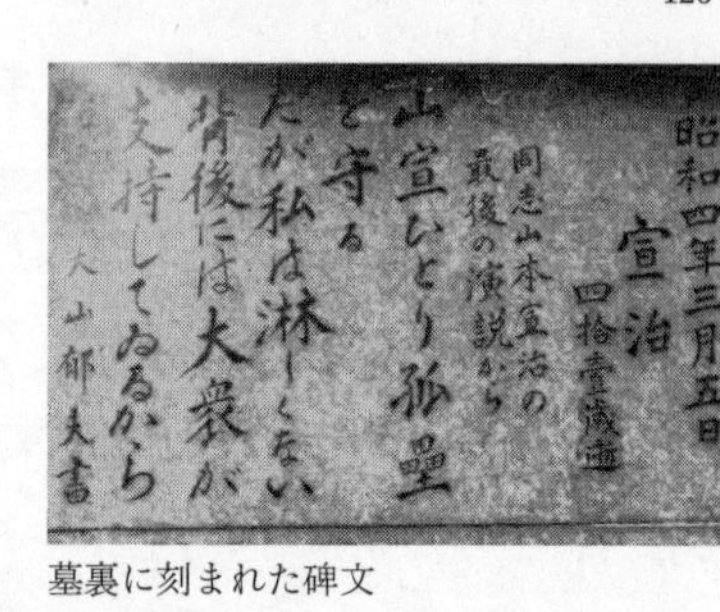

墓裏に刻まれた碑文

千代の兄の浜田家の養子となった三男・繁治は、電力会社の社員となったが、労働組合運動にも参加した。「山宣の子供であることは、常に心のベースであり、どんな場合にも社会正義と弱者への味方という立脚点は保持したつもりでおります」と語っている。

長女の治子は祖母・多年が宣治について「あれだけの人」と言ったのを記憶している。さ回想集には『宣治はまだまだしたい事があったのに、あれだけになってしまった』という、自嘲、痛恨、母親らしい後悔の少しこもった言葉だろうか」と書いている。
次女の美代は、信州の酒蔵の三男で政治家・井出一太郎、評論家・丸岡秀子、作家・井出孫六らの兄弟・井出武三郎と結婚。武三郎は共同通信の論説委員長を務め、吉野作造や六〇年安保に関する著作がある。美代は三月三日、家族で最後の朝ご飯の時、父の膝に乗って議員章を「みいちゃんに頂戴」といったことを歌っている。

議員章欲しとねだりて困らせし
ことを最後に父と別れぬ

スナップ写真に
残るおもかげことごとく
微笑せる父すこし反っ歯にて

美代は母・千代のえくぼが魅力的で、お客にティーポットに入れた紅茶を入れ「レモンにしまひょか、それともミルクどすか」というもてなし上手だったことも述べている。

父の才も

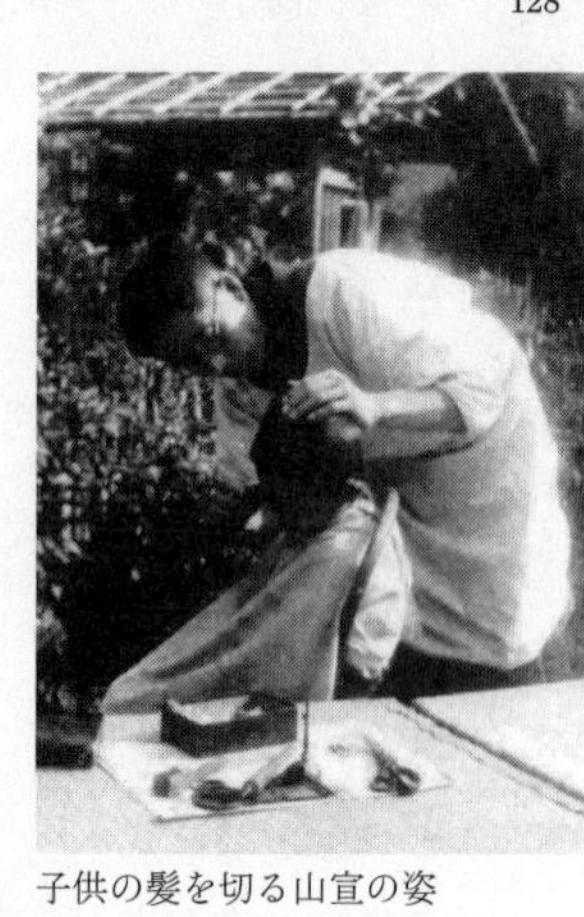
子供の髪を切る山宣の姿

母のえくぼもうけつがず
ひとりの女五十をすぎぬ

人生は短く、科学は長い

さて殺人犯の黒田は元巡査で、自首して「殺す気はなかった」と正当防衛を主張し、裁判は異例の早さで行われ、十二年の懲役が確定した。しかし六年ほどで出所、満州の特務機関で働き、戦後、精神病院で生涯を終えた。彼は死を前に「えらい人から頼まれた。成功すれば報酬といい身分を約束されたのに、戦後は門前払いを食った」と言い残している。「特高上がりで戦後代議士になった」という彼の話から、山宣暗殺を使嗾した「えらい人」とは、三・一五事件などで共産党員の大量検挙の指揮をした警察官僚・大久保留次郎ではないかと推測されている（本庄豊『テロルの時代　山宣暗殺者・黒田保久二とその黒幕』）。

家族と写した写真では、山宣はいつもとても楽しそうに笑っている。子供と一緒にピクニックをしたり、子供の髪を割烹着を着て刈り上げたりしている山宣。そこには家父長的な夫の姿はない。妻として対等に遇され、愛された千代もまた幸福な姿を残している。当時としては稀有な家庭ではなかったろうか。

彼の生涯をたどる時、思想や運動の自由が、どのようにして息の根を止められていくのか、その手口がよくわかる。だが、山宣のような政治家はいまいるだろうか。政治的には無欲なのに、時代の中で政治家に押し出され、専門用語を声高にしゃべらず、いつも大衆のわかる比喩を用い、過激に跳ね上がらず、しかし原則的で妥協せず、常に弱いものの味方であった山本宣治。「今のブルジョワ学者は学問の売り惜しみをするからいけない、僕は学問の大安売り主義だ」と山宣は言った（青柿善一郎の弔辞による）。

わたしが信州の別所温泉で遭遇した山宣の碑には次のように記されていた。

VITA BREVIS, SCIENTIA LONGA
（人生は短く、科学は長い）

山宣の座右の銘だった。最後の十年の山宣の胸をすくような活動、やっぱり伯母が惚れるような「いい男」である。

第四章

竹久夢二

アメリカで恐慌を、ベルリンでナチスの台頭を見た

竹久夢二
たけひさ・ゆめじ

◆

1884年、岡山県生まれ。17歳の頃に上京し、早稲田実業学校に入学。在学中から独学で絵を勉強し、雑誌や新聞に風刺画やコマ絵、スケッチなどを投稿する。22歳の頃、作品「筒井筒」が「中学世界」に1等入選し、「竹久夢二」の筆名を名乗るようになる。平民社の同人となり、平民社の新聞で風刺画などを多数発表。また、「夢二式美人画」と言われる儚げで美しい美人画の様式を確立し、一躍売れっ子となる。本の装丁やデザインなども数多く手がけている。1931年から1933年までアメリカ、ヨーロッパ諸国に外遊し、展覧会を開催。帰国後、結核を患い1934年に逝去した。

竹久夢二については、四十年以上前にも『日本の女　戦前編』に「夢二の三人の女たち」と題して、他万喜、彦乃、お葉について書いたことがある（『明治快女伝　わたしはわたしよ』）。岸他万喜は夢二が二十四歳の時に結婚した女性で、夢二の息子たち虹之助、不二彦、草一の母親である。笠井彦乃は呉服橋の紙問屋の娘で、女子美の学生で、夢二のファンだった。その彦乃は親の反対で夢二と引き離され、肺結核に侵され、二十五歳で順天堂病院で亡くなる。その時はもう、夢二は本郷菊富士ホテルで別の女お葉、本名・永井（佐々木）兼代と暮らしていた。

それを書いたのちにもいろいろなことがわかった。例えば、彦乃の死後、産まれた異母妹・笠井千代さんが文京区にお住まいで、その方は夢二の次男・不二彦さんの晩年に親交があったという。うつし世で添えなかった夢二の子と彦乃の妹に、温かい交流があったことは少しの慰めになる。

またアナキストの望月百合子さんは文京区千石在住で夢二の友人だったが、わたしは晩年の彼女に「夢二は優しい人だった」「菊富士ホテルに行った時、まるで夢二の絵にそっくりな美人が出てきた」と聞いた。その美人お葉は洋画家・藤島武二、浮世絵師・伊藤晴雨のモデルにもなったが、生まれ育った悲惨な境遇から脱出して、寛容な医師の夫と添い遂げたという。この辺は金森敦子『お葉というモデルがいた』という評伝で知った。

お葉と別れるきっかけになったのは、夢二が大正十四年（一九二五）に出会った山田順子と関係したからだ。この女性は自分が作家としてのし上がるのに徳田秋聲はじめ男を徹底的に利用したとしか見えない。

ともかく竹久夢二は「大正の歌麿」などと言われ、「夢二式美人画」を描いて一世を風靡した人、女性遍歴のイメージで語られている。鈴木清順監督の映画「夢二」では当代きっての色気のあった沢田研二が夢二を演じた。たしかに色恋沙汰のない人物に人はなかなか興味を持たない。しかし故・秋山清の『竹久夢二　夢と郷愁の詩人』などを読むとまた違う夢二像が浮かんで来る。

夢二と社会主義者たち

夢二は岡山県の本庄村の造り酒屋に明治十七年（一八八四）に生まれた。本名は茂次郎。この名前を本人は嫌い、藤島武二に憧れたことからのちに「夢二」の雅号を用いることになる。松香という七つ年上の姉と栄という三つ年下の妹がいた。

叔父の家に身を寄せ、山本宣治と同じ神戸一中に半年ほど学んでいる。諸外国のものが入って来る港町神戸のエキゾティックな文化やハイカラな気質に夢二は影響を受けたのではないか。のちに開く絵草紙屋はその名も港屋であり、切支丹伴天連やランプ、キセル、などの絵をよく描いた。それが不思議に着物姿の女性とよくマッチした。

その頃、家が傾き、明治三十三年、父・菊蔵は一家をあげて、福岡県遠賀郡八幡町大字枝光九三一番地に転居、折しも開業する官営八幡製鉄所での人夫調達稼業を企てた。夢二も同行し、一時、工場の製図描きになる。

明治三十四年、十七歳で上京した夢二は早稲田実業に入学、人力車夫や牛乳配達をし、東京の底辺を見た。同時に安部磯雄や内村鑑三の影響を受けた。最初は投書青年だったが、二十一歳の時に友人・荒畑寒村の紹介で平民社の新聞「直言」にコマ絵が載る。この頃雑司ヶ谷に荒畑や岡栄次郎とともに自炊生活。彼の弱いもの、虐げられたものへの共感という基本的な思想はこの時代に形作られた。

「直言」（明治38年6月18日）に掲載された夢二のコマ絵

明治四十年からの『夢二日記』がある。これを見ると、「法律新聞から足尾銅山騒擾事件の想像画を画いてくれと言って」という残欠に始まっている。田中正造らが真実を明らかにしようとした明治最大の公害事件と夢二は関わっていた。また、明治四十年八月十八日付の、夢二から幸徳秋水宛の絵を描いたハガキも残っている。差出人住所は谷中初音町四丁目一一〇番地となっている。藍染川に沿った庶民の町にその時、夢二は住んでいたのらしい。

やがて「読売新聞」「中学世界」「早稲田文学」「女学世界」「文章世界」などに夢二は寄稿するようになった。時に川柳や短歌も作った。

早稲田鶴巻町に絵葉書店・鶴屋を開業した岸他万喜という、目の大きな美しい女性と出会い、結婚、離婚、同棲を繰り返したのはこの頃だ。

右端が若き日の竹久夢二、中央が他万喜

多くの評者は、他万喜を夢二より二歳上の姉さん女房であり、日本画家の未亡人であったと、ことさら書いている。夢二より一回り年下の彦乃、二十年下のお葉との年の差には言及しないのに、他万喜が年上の妻なので、夢二が嫌ったように書くのは、解せないことである。夢二はたくさんの女と情を交わし、常に女の愛を独占しなければやまなかった。大変なやきもちやきだった。女の身体というよりは、恋の進行、女と交わす心の綾、それが醸し出す抒情を、苦しみも含めて愛したのだ。
他万喜は気の強いところがあって、夫婦喧嘩は絶えなかった。日記にも「不快で不快でなぐった」などの記述が見え、いまで言うドメスティック・バイオレンスを示している。いったん協議離婚したが、それでも一緒に富士登山をしたり、一緒に暮らしたりしている。夢二自身がのちに日記に「女性と男性との間のことはどうしてもわからない」（大正四年四月三日）と書いている通りだ。

明治四十三年、正月の日記に夢二はこう書いた。「新しき時代の青年は勇しく、古きものを壊さざるべからず。勇しく新しき時代を建設せざるべからず」。いっぽう、「暁、夢のうちに軍隊の足音をきく、百万の兵我を囲みて攻めよせるに似て、おそろし」（同年一月五日）ともある。決意の裏に不安がある。二十六歳の夢二は幸徳秋水らの大逆事件への関与を疑われ、二日間勾留されている。その夏、房総に旅し、「おしまさん」という女性と出会い、「宵待草」を作詞した。マツヨイグサ、とは言うが宵待草とは言わない。夢二の造語で、これは月見草のことである。

夢二と大逆事件

明治四十四年（一九一一）一月十八日、「秋水一派の公判があるとやらで僕にも犬がついて歩く、洛陽堂へゆく道すがらスリのような奴がついてくるので、馬鹿らしくてたまらない」。十九日、「今日も刑事が外に立っている、おれの髪が長いからだと言うにいたりては日本の為政者も言語道断だ」。一月二十四日から二十五日、幸徳秋水、管野スガら処刑。

この頃九州出身の神近市子が竹久家に居候して女子英学塾（いまの津田塾大学）に通っていたが、夫婦喧嘩が絶えなかったこと、夢二の発案で大逆事件の通夜をしたことを書き留めている。しかし夢二はやはり職業革命家や社会主義の理論家になるべき人ではなかった。

絵筆折りてゴールキーの手をとらんには
あまりに細き我腕かな
（堺利彦編『社会主義の詩』）

この夏、上野不忍池のほとり上野倶楽部に一人で住む。洋風のハイカラアパートだった。明治四十五年の夏には佃島（つくだしま）の海水館に止宿する、どうも夢二は水のあるところが好きだ。浅草の十二階下で女を買ったりした。それでも必ず他万喜の元へ戻るのだった。

子供等のねむりしあとにさしむかい
話もなくて夕刊を見る
（明治四十五年六月二十四日）

大正に入ると、夢二は「秀才文壇」「少女」などに挿絵を描くようになり、人気が上がる。この頃、夢二は京都を訪れている。大正元年（一九一二）十一月二十三日から十二月二日にかけて、京都岡崎の府立図書館で「第一回夢二作品展覧会」が開催されたためだ。当時の湯浅半月というクリスチャンの館長が自由人で、こうした企画に場所を提供したのだという。毎日千人もの人が詰めかけ、同じ頃開催された文展よりも、よほど入場者が多いと評判になった。この武田五一設計の図書館はいまも残っている。

この展覧会で夢二は神戸一中の後輩の山本宣治とも初めて出会った。山宣が展覧会に夢二の絵を見にやってきたのである。その後、対照的な二人は次第に親交を深め、夢二は山宣の実家の「花やしき」を訪れたり、彼の妻の千代のスケッチを残したりもしている。山宣は夢二の絵について「ほんとうに民衆の心をつかんだ夢二さんの画(え)は、五十年、百年あとになっても残り、時代がたつほどすばらしくなるだろう」という言葉を残している（佐々木敏二『山本宣治写真集』）。

この頃、夢二は洋行の夢を持ち、友人たちもそれを叶えようと尽力したが、折しもヨーロッパでは第一次大戦が勃発し、叶わなかったという。しかし、袖井林二郎氏によれば、竹越三叉(たけごしさんさ)、岡田三郎助、島村抱月などが画会を開いて集めたお金を、夢二が浪費して行けなくなったのが真相だという（『夢二　異国への旅』）。

大正三年、日本橋の呉服町に絵草紙屋「港屋」を開店。夢二のファンとなった女子美の学生、笠井彦乃と知り合い、翌年五月に結ばれる。「逢(あ)っているときも、思っているときも、私には一種の苦行である」（大正三年某日）「男と女は永久に相交わらぬ平行線で

夢二のミューズ笠井彦乃

ある」（大正四年四月三日）。夢二にとっては恋の過程こそがスリリングであった。

青麦の青きが中をふみわけて
逢いにくる子とおもえば哀し
（同年五月十八日）

彦乃は女子美の学生であるだけに、絵について話し合うことができた。夢二はこんなことを書いている。

「怪物（モンスター）のような日本銀行の建物も、岸の柳も、並蔵も、城の石垣もいつかは土にかえるであろう。しかしながら、かしこの橋の欄干（らんかん）によった宵のやわらかな別れの抱擁、かしこの電車路を過（よぎ）ってくるひとのうつくしいあざやかなものごし、またある宵のやさしいつつましいわかれを惜んだキッス。それは私の感能から、記憶から、死の後まで霊とともに残されるであろう」（大正三年九月某日）

二人はニコライ堂や湯島、池の端を静かに歩いた。夢二は東京の家庭がいやになり、恋人との脱出願望を持った。

ボヘミアン夢二

大正五年（一九一六）には盲目の詩人・エロシェンコとエスペランティスト秋田雨雀と三人で水戸に講演に行く。なかなか面白いメンバーだ。竹久夢二は社会主義者というよりはボヘミアンであり、自由恋愛を求める元祖ヒッピーのようなものだ。

エロシェンコは中村屋（いまの新宿中村屋）の庇護を受け、中村屋にピロシキやロシア風の衣装ルバシカを伝えた。中村彝や鶴田吾郎が肖像画を書いたことでも知られるが、本来は詩人であり童話作家であった。この後、タイとインドに旅行するのを、夢二は東京駅に送っている。わたしは望月百合子さんから、エロシェンコは神近市子に恋していたと聞いたことがある。エロシェンコはいったん日本に戻るが、大正十二年にロシア（ソ連）に帰国した。

その神近が愛していたのはアナキストの大杉栄であった。大杉にはすでに堀柴山の妹の保子という妻がいた。津田を出て「青鞜」に関わったことから女学校教師の職を追われた「東京日日新聞」記者の神近市子とも恋愛し、また「青鞜」を平塚らいてうから譲り受けて編集していた伊藤野枝とも関係ができていた。男はフリーラブを主張する。お互い束縛はやめよう。あなたたちも好きな男と自由につきあいなさいという。しかし女たちは大杉一人しか愛せない。そして嫉妬が渦巻き、大正五年十一月、神近の金で伊藤野枝と旅行していた大杉を、神近は葉山の日蔭茶屋で刺すのである。

この一件はそうでなくても旗色の悪い社会主義、およびアナキスト陣営に大きなダメージを与えた。荒畑寒村や宮嶋資夫は大杉と袂（たもと）を分かった。同じようなことが自分にも起きるのではないかと恐れたのは竹久夢二である。すでに夢二は他万喜を刃物で傷つけていた。他万喜の狂乱が、自分や彦乃に向かわないとはいえない。

同年、夢二は京都へ逃げた。最初は御所西の友人・堀内正の家に世話になる。富士登山で知り合った人だそうだ。どうでもいいことであるが、この人はどうもわが祖父と同じ頃の東京歯科医専の学生らしい。のちにイリノイ大学に学び、歯科医になった。

翌年二月一日、次男の不二彦と共に清水の二年坂の下に越す。そこをわたしが探してみると、いまはすっかり観光地になった坂下に夢二の便箋（びんせん）やハンカチなど売っている店があって、その店先に「夢二旧居」の石碑が建っていた。六月、笠井彦乃もようやく追ってきて「高台寺の南門鳥居わき」に住んだと年譜にいう。彦乃の手紙。

「まちついでに、もすこしまってちょうだい、あたしもずいぶんくろうしたんですもの」

（大正六年三月二十九日）

この二ヶ所の家を見つけるのには、山本宣治が協力したようで、山宣夫人の千代は女中を片付けによこしたり、夢二に寿司を届けたりと細やかな気遣いを見せている。わたしは高台寺辺りも探索してみたが、はっきりどことはわからなかった。八坂の塔のすぐ上の二階屋で、景色が良かったという。

「八坂の塔！　空間をかくも占領し、そして時間を思わせるこの偉大なる作品！　しっかりと土から建てられたもの」　（同年五月十三日）

しめし合わせての出奔に、彦乃が「やま」、夢二は「かわ」という暗号を用いもした。彦乃は六月八日に到着。夢二は片時も離さなかった。

「友達のところへもたよりを書きたいために、ひとりの時間を持ちたいのであろうけれど、私にはそれさえねたましいほど、いっしょに居たいのだ。京へやまが来てからというもの食事もねおきも、半時もいっしょに居ないことはないのだった。そのようにこれからも私のたまった仕事の傍にいてもらいたいのだ」（同年六月十三日）

うう、鬱陶しい。彦乃には夢二の前にも恋人がいた。自分でも絵を書いて院展に応募するような自立した女性であった。この恋は、もし彦乃が病気にならなかったとしても早晩、にっちもさっちもいかなくなったであろう。

たくさんの友人がこの家を訪ね、夢二と不二彦と彦乃のなんとも不思議な聖家族ぶりを回想している。夢二は中肉中背で、顔色は良くなかったが、どこやらぼおっと抜けたところがあるのが親しみやすかった。黒いびろうどの服を着てボヘミアン風の大きなえり飾りをして、もしゃもしゃの長髪だったとその頃を知る人はいう。

彦乃の死

ひとところには収まらない夢二は、不二彦と彦乃を連れて石川県の粟津温泉や湯涌温泉に出かけた。行った先で不二彦が疫痢にかかり、夢二はあわてた。その療養費のため金沢で小品の展覧会を開いたこともある。夢二は彦乃を「しの」とも呼んだ。彦乃の母は継母で、父親は彦乃を溺愛していた。大正七年（一九一八）三月、彦乃の父・笠井宗重が彦乃を迎えに入洛。そして同年四月十一日から二十日まで、岡崎の府立図書館で夢二の第二回の個展が行われた。

相変わらずこの年も、神戸、長崎と夢二は旅をする。というか、美術学校を出て教授になったり、画塾を開いたりできた著名な絵描きでもないかぎり、昔から絵師は旅をして、その土地土地の顧客の求めによって、その場で絵を描いたり、展覧会をしたりした。

これを再び追った彦乃は大分の別府で喀血、入院する。夢二はともかく、病身の若い娘が、愛のためとは言いながら、よくも親の目をくらまし、旅から旅を続けたものだ。しかも幼い不二彦の世話をしながら。愛の狂騒とはそうしたものなのであろう。

おしのよ。おまえとつれそってから

私はおまえの若い夢をたべてしまった。
またおまえの涙をのみほしてしまった。
それでもおしのようどうからうらまないでくれ。
（大正七年十月十七日）

彦乃の写真を見てみると、たしかに美しい人だが、内に秘めた強い意志を感じる。恋の逃避行は情熱を高めたに違いないが、彼女は夢二に寄り添い、言いなりになるだけではなく、夢二に対してははっきりとした自己主張もしていた。それは夢二が日記に書き留めた彦乃の言葉からも歴然としている。

この秋に、彦乃は父親に奪還される。そして京都の病院から御茶ノ水の順天堂病院に移された。絶望した夢二が身を寄せたのは、弟分である恩地孝四郎の家で、この人は美術学校を出て、のちに装丁などで大きな仕事をすることになる。恩地の妻のノブは彦乃の女子美の先輩でもあった。とにかく恩地はその時、中野にいた。そこから彦乃に近いところ、あわよくば彦乃に会いたいと思い、夢二は駿河台の龍名館に移る。この旅館はいまもホテルになって存在する。さらに本郷菊富士ホテルに移った。しかし彦乃にはなかなか会えなかった。

大正八年、夢二は永井兼代をモデルとして雇う。兼代を「お葉」と名付け、いつしか男女の関係となった。菊富士ホテルは明治の末から岐阜出身の羽田夫妻が本郷菊坂の高台に始めた高級下宿で、さまざまな人々が住んでいたことは近藤富枝の同名のノンフィクションで知られる。

近くの順天堂に彦乃が病んで横たわっているのに、お葉と同棲するとは、夢二の誠実さが疑われる。男とはそのようなものなのであろうか。すでに夢二は彦乃を諦めたのだろうか。それほど寂しがりなのだろうか。この頃、夢二は春草会という短歌の会に属していた。三月、春草会は『山へよする』という夢二の歌集の出版記念会を万世橋駅上ミカドで開いてくれた。「山」とはもちろん笠井彦乃のことである。

大正九年、彦乃死去。本郷区駒込蓬萊町高林寺に葬られた。この寺には緒方洪庵の墓もあり、森鷗外も訪れた場所である。

関東大震災と夢二

彦乃が死んだのと同じ年の五月二日、日本で最初のメーデーが行われた。労働者の祝日である。日本においては、それは警察の弾圧をもって始まった。たくさんの労働者が検束された。この日、夢二はメーデーの行進をどこかで見たはずである。

この頃、革命後のソ連から前衛芸術家たちが日本にきた。秋、ロシアの未来派美術展が京橋の星製薬ビルで開催された。星製薬は星一(ほしはじめ)が創立した薬品会社である。彫刻家の戸田海笛と中澤霊泉が夢二を連れてきて、普門暁が未来派の芸術家ダヴィド・ブルリュークとヴィクトール・パリモフに夢二を紹介したという。

大正前期が夢二の全盛で、谷崎潤一郎、小山内薫、吉井勇、長田幹彦などの本の装丁も手がけた。同じ頃、白樺派の理想主義も全盛だったが、志賀直哉などは彼を絵葉書屋か挿絵屋くらいにしか見ていなかった。最後まで夢二を支持した有島生馬は「一体どの程度志賀は夢二の作品を知っているのだろう」と言う（「夢二追憶」）。一品ものの油絵（いわゆるタブロー）、水彩画、版画、それよりも挿絵や装丁は下に見られていた。

大正十年（一九二一）の夢二は冴えず、東北の雪を見たくて酒田を訪れた。夢二は日本海側の女に弱い。他万喜の出身は金沢、お葉は秋田、山田順子も秋田である。秋には菊富士ホテルを出て、田端のお葉の母親の家に同居する。怠惰な日々を過ごし、女に拘泥する。

竹久夢二の子供の絵や図案には惹かれながら、わたしは、「夢二式美人」にはずっと違和を感じてきた。細くうなだれたうなじ、折れそうな細い腰、あるかなきかの鼻、それは戦後の高度成長期に育ったわたしには馴染めなかった。その頃はバービー人形のような、メリハリのきいた体、健康な大きな腰、高い鼻、自立を目指し公然と目を上げて歩く女が賞揚される時代であった。同じ挿絵でも中原淳一の洋装の少女に憧れた。

そういうわけでわたしは、竹久夢二自身について、ふしだらで身勝手でボヘミアンと

夢二式美人画。この絵のモデルはお葉だとされている

いう以上のイメージを持っていなかった。「彼は成功につれて昔のことなどは都合よく忘れてしまった」。そうかっての友人・荒畑寒村は言った（『寒村自伝』）。果たしてそうだったのだろうか。

いま思えば、夢二が活躍したのはみんなが貧しい大正の時代、次々肺結核やスペイン風邪で人が死んでいく時代であった。夢二に目をかけた英文学者・島村抱月はスペイン風邪の流行で死に、松井須磨子は後を追い、夢二の恋人、彦乃は結核で死に、その仲立ちとなって尽力してくれた女性日本画家・栗原玉葉も大正十一年に死ぬ。夢二は芸者や娼妓やカフェーの女、一見華やかな嘘を生きているようだけれど、実は社会の底辺で苦しんでいる女性たちを描いたといえる。

そうして、大正十二年九月一日、関東大震災。この時、夢二の中に眠っていたものが突然動き出した。夢二は毎日のように、被災した町々を歩き、焼けた、壊れた東京の街をスケッチし続けた。このときの夢二の言葉はわたしを驚かせた。

「弁慶橋を取り壊すとか、不忍の池を埋めるとか、二重橋の空き地へビルディングを建てるとかいう話をよくきいたものだった。この度の震災がなくて、今十年もしたら、東京の町は煙突とビルディングと電気と瓦斯と鉄と石炭とで覆われていたかもしれない。邪魔者にした上野の森や不忍の池や宮城の壕や芝や愛宕の山がどれだけ火事を防いでくれたか。次の東京は、緑の都市でなくてはならない。と言ったところで、今よりどれだけよくなるのか私は知らない」（「変災雑記」）

意外に骨太であり、正しい意見だ、と驚いたのを覚えている。わたしが、不忍池の地下にガスタンクを抱えるような、地下駐車場計画に反対していた頃のことである。過度な乱開発に夢二は警鐘を鳴らし、「緑の都市」を提案している。これは当時一世を風靡したエベネザー・ハワードの田園都市論の影響もあるかもしれない。それによっていまもロンドンの近郊にはグリーンベルトと呼ばれる、ウォーキングに最適な緑地帯が残っている。

資本主義の歪みがあらわになったいまではなく、夢二が二十世紀初頭にこう述べた先見性にも驚く。これから近代化、都市化という時に、石炭や電気などの新エネルギーを用いた近代化の果てをこれほど見抜いた人はいたか？

当時はまだ石油の時代ではなかったが、その後の世界では、化石燃料による地球温暖化が進み、その代替エネルギーとして「クリーンで安全な原子力発電」を生み出した。チェルノブイリの事故による死者は三十キロ圏内の高度汚染区域では四千人とされるが、ヨーロッパ全体で見ると一万六千人、いやそれよりずっと多いという説もある。そして、二〇一一年、日本でもその事故がたくさんの人の故郷を奪ったのである。
夢二の被災地ルポ「変災雑記」が掲載された「改造」は「中央公論」と並んで当時の論壇の中心にあり、かなりリベラルな雑誌であった。関東大震災の頃の夢二の日記にはこうある。

自然が人間との約束をすっかり解除した。
それだのに人間はまだその約束を反故(ほご)にしないようにしようとしている。

人間同士の約束もまた——、
空き地、うらのあきち、
そこに幾家族が避難して命を助かったか。
(中略)
金庫をもてる少女殺さる。
町内のもめごと　オペラにげる。
金の指環と金の入歯。
うつくしく着かざった女をなぐること。

しかしうつくしいものを最も要する時ではないか。
（中略）
にぎりめしをばくはつだんと　まちがえてなぐられる。
人間が　目のまえしか見えない。

夜間通行禁止は間違い
　　　　陸軍省
本夜二時から四時の間
本所業平橋改修のため
工兵隊がばくはつします。
　　　　麻布連隊司令部

　藤村氏
江戸はなくなったね、
　　　　　　　　　　（大正十二年九月某日）

　藤村氏とは島崎藤村のことだろう。彼は信州馬籠（まごめ）生まれだが、子供の時から銀座の泰明小学校に通い、湯島に住んだ江戸っ子でもあった。

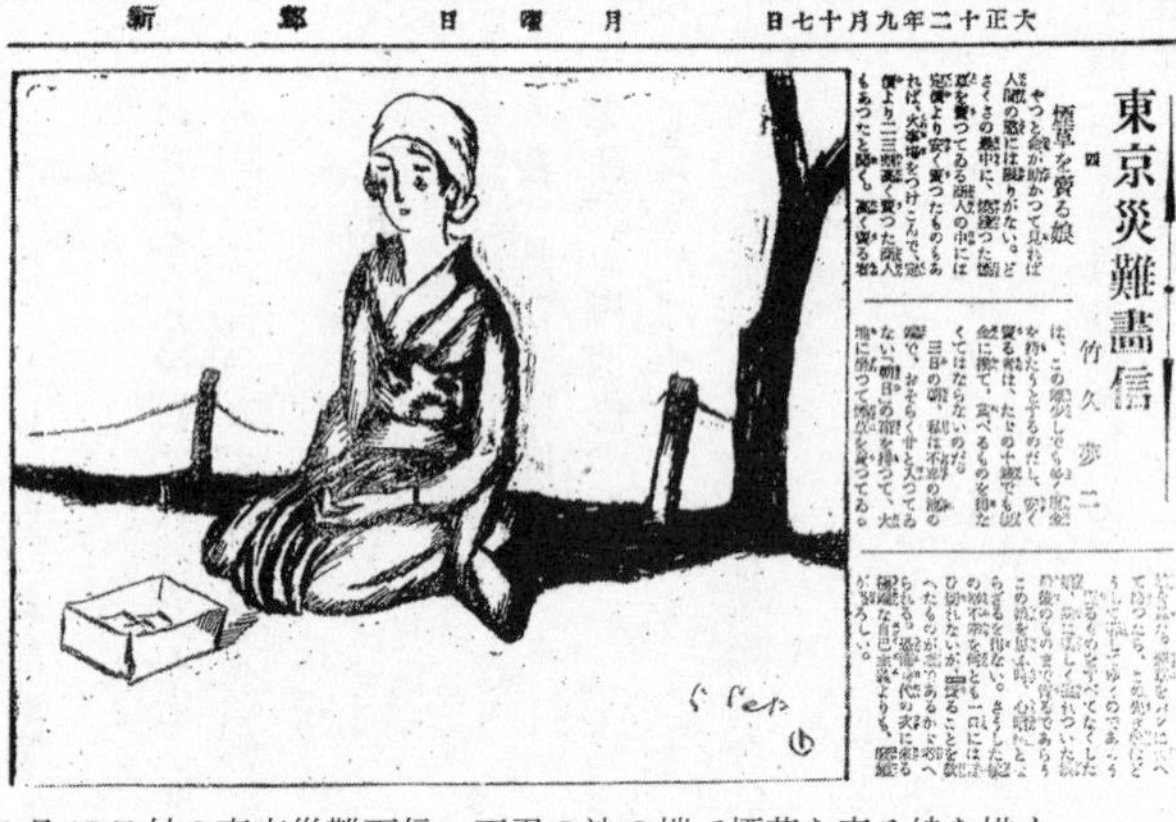
大正十二年九月十七日　月曜日　都新

東京災難畫信

（四）竹久夢二

煙草を賣る娘

やつと命が助かつて見れば人間の慾には限りがない。どさくさの最中に、[illegible]煙草を賣つてゐる商人の中には定價より安く賣つたものもあれば、大事件をつけこんで、定價より二三錢高く賣つた商人もあつたと聞く。高く賣る者は、この際少しでも多く[illegible]を得たうとするのだし、安く賣る者は、たゞの十錢でも現金に換て、食べるものを得なくてはならないのだ。

三日の朝、私は不忍の池の端で、おそらく廿と入つてゐない「朝日」の箱を持つて、大地に坐つて煙草を賣つてゐる

9月17日付の東京災難画信。不忍の池の端で煙草を売る娘を描く

震災の時、夢二はお葉と中渋谷宇田川八五七番地にいて無事だった。しかし恩地孝四郎らと計画していたどんたく図案社（「あらゆる図案、文案、美術装飾」を請け負うための会社）は本所の印刷所が焼け、企画ごと頓挫。九月十四日から一ヶ月間、「都新聞」に「東京災難画信」を連載した。これは夢二が震災後の瓦礫と化した東京を歩きまわり、見聞きした事柄をスケッチと文章で記したルポルタージュだった。「電車も通らない東京市中をよくもあんなに方々歩きまわり昼夜となく写生出来たものと、超人的な努力に夢二のこの天変地異の感動がいかに大きかったか推察出来る」（有島生馬「夢二追憶」）

この時の夢二のスケッチはあの「夢二式美人」の夢二ではない。平民社の挿絵画家時代の夢二を思い出させるものだ。

四万人近くが焼死した本所被服廠(ひふくしょう)の死体の海を九月二日に見た夢二は、十六日にも訪ねている。

「この絵は、最後の死体を焼いている十六日に写生したものだ。市はこの空き地をどう利用するつもりか知らないが、何か愉快な寺でも建て、この空き地をはじめ両国のあたり川岸一体に柳でも植えて、せめて死者のために、工場の煙の来ない緑の楽土にしてほしい。昔の事は知らないが、柳橋に柳が沢山植えてあったり、緑町が文字通り緑であっ

「東京災難画信」での「自警団遊び」に興じる子供たちのスケッチ

「東京災難画信」での被災地の風景スケッチ。被災者の死体を焼く人々

たら、こんなことも或いは免れたのかもしれない」　（「東京災難画信」）

このように夢二の震災後の発言は都市の緑地の役割を強調するもので、現代にも通用する。被服廠跡は横網公園となり、伊東忠太設計の震災記念堂が建てられ、現在は昭和二十年（一九四五）三月十日未明の東京大空襲の身元不明の骨も納めて東京都慰霊堂となっている。場内には震災での朝鮮人犠牲者追悼碑もある。

「命だけ持った人、破れた鍋をさげた女、子供を負った母、老婆を車にのせた子、何処(どこ)から何処へゆくのか知らない。ただ慌しく黙々として歩いてゆく。おそらく彼等自身も、何処(どこ)へゆけばよいのか知らないのであろう」　（同前）

被災地で焼け残った煙草を売る美しい娘。その姿を見て夢二は「煙草をパンに代えてしまったら、この先娘はどうして暮らしていくのであろう」と心を痛めた。

「（被災地で）売るものをすべてなくした娘、殊(こと)に美しく生れついた娘、最後のものまで売るであろう。

この娘を思う時、心暗然とならざるを得ない。そうした娘の幸不幸を何とも一口には言い切れないが、売ることを教えたものが誰であるかが考えられる。恐怖時代の次に来る極端な自己主義(エゴイズム)よりも、廃頽が恐ろしい」　（同前）

大人たちの真似をして「自警団遊び」に興じる子供たちの姿を見た夢二は書く。「子供は戦争が好きなものだが、当節は、大人までが巡査の真似や軍人の真似をしていい気になって棒切れを振りまわして」いる。「子供達よ。棒切れを持って自警団ごっこをするのは、もう止めましょう」(同前)。震災時に結成された自警団の暴走によって、朝鮮人や沖縄の人々が虐殺・排斥された事件はいまではよく知られている。

夢二は「東京災難画信」の中で、被災した人々の苦しみや貧しさ、弱さを描こうとした。

夢二、アメリカへ

明けて大正十三年(一九二四)十二月二十八日、東京府下下荏原郡松沢村松原七九〇番地に自ら設計した新居が完成、お葉とともに移る。少年山荘、または山帰来荘と呼ぶ。翌年、文学的野心を持つ山田順子が出現し、そのためにお葉は去って戻らなかった。お葉こと永井兼代は翌年、藤島武二の名作「芳蕙」のモデルとなる。いっぽう、山田順子と夢二は二ヶ月もしないで破局した。

昭和に入り、夢二はそれなりに、作品を出版したり展覧会を催したりしている。雪坊こと岸本雪江や博文館の女性編集者・小出秀子との交情もあった。四十代に入ってまだ女を口説いては、成功している。というか女がいると世界がドラマタイズされるのだろう。日記には夢二が作り上げた二人の夢のような世界がつづられている。

やっぱりぼくが死んじまったらいいのかな。

そんなことといや。

だって秀子は年は若いし、これからいくらだって幸福が町角〳〵でまっているんだよね。

（中略）

ぼくなんぞフォードの古手でハンドルのきかない車のようなものだ。

「のるわよ。

「こわれます、フォードのような実用ならいいがね。（昭和四年十一月二十一日）

再びは放たじものと抱きし手に
泣きてまろびしあはれ秀子は（同年十月二十二日）

昭和六年（一九三一）、四十六歳の夢二が外遊するのを助けるという人が現れた。「週刊朝日」の編集部員だった翁久允（おきなきゅういん）で、彼は十九歳で単身アメリカへ渡り、十八年滞在して邦字新聞「日米」の主任などを務めた。いまでは知る人は少ないが、彼はこう書いている。

「私が夢二と初めてあったのが昭和の初め頃で、その頃の夢二はジャーナリズムから指弾されていたので、一時夢二式美人などと言われた声名もがた落ちになっていた。しかし私は在米時代から夢二に憧れていたから、幸い週刊朝日の編集をやるようになると何とかして彼の声名をもう一度復活さしてやりたいという熱情に燃えていた。いろんなことがあったが、私として、また週刊朝日として何か催しをやるときには必ずと言っていいほど彼を参加さした」（「夢二と私」）

一読して、恩着せがましい書きぶりである。翁は夢二より四歳も年下で、夢二はすでに著名な画家なのに、どうしたことか。

鵜呑みにはできないが、翁によれば、夢二の松原の家も雨漏りがし、子供も離反、仲間で榛名に行った時に、そこに一万坪の土地をもらって、夢二は農民とともにある榛名山美術研究所を夢想したという（それがいまある竹久夢二伊香保記念館の由来のようだ）。

「彼はその時既に都落ちを覚悟し、絵では飯が食えないから田舎の農民相手に人形づくりでもやろうと考えていた」。翁は「哀れに思い」、ちょうど「週刊朝日」をやめてアメリカ、ヨーロッパから中央アラビアを突破して、父の菩提を弔うためにインドの仏跡を巡礼する計画を立てていたので、「君はフランスへ行ってもう一度君の絵を復活させる希望がないか」と切り出した、という（同前）。

軸や扇子を大量に持っていき、まずアメリカで滞米二十年来の友達に絵を売って、その金で二年くらい夢二にフランスで遊ばせてやろう、というのが翁の計画だった。夢二は有頂天になった。翁はまずは上野の松坂屋と銀座の三越で個展を開かせた。その売り上げは、しかし夢二の借金の穴埋めに消えた。それで旅券やら、船の切符やらは一切、翁が立て替え、後で精算することにして、昭和六年の五月七日、横浜港から秩父丸でまずホノルルへ旅立ったという。

夢二のアメリカ日記

この時の渡米の様子を『夢二日記』とともに見てみよう。この日の日記には「Farewell Japon（さよなら日本）」と記され、さらに翌日の日記にはこんな詩も残している。

ゆく春や
おもたき船の歩みかな
（昭和六年五月八日）

夢二は全財産だと翁の前に財布を投げ出したが、その中には三百円ほどのバラ銭しか入っていなかった（夢二の日記によれば、二百九十五円六十五銭）。相当の落魄（らくはく）である。ハワイでの講演会や展覧会ののち、六月三日、龍田丸でサンフランシスコへ着いた。

ワイキキの森に小鳥と遊ぶめり
聖フランシスに我があらねども
（同年五月十七日）

夢二の乗ったアメリカ行きの船には、舞踏家の伊藤道郎、映画俳優の早川雪洲、尾崎行雄夫人テオドラと令嬢たちも同船していて、メディアの注目はむしろそちらに集まったという。日記に記されたサンフランシスコの感想にはこうある。「アメリカには自然なし。人工と人事のみ」（同年六月六日）

サンフランシスコで翁の旧知の人々に歓迎され、夢二は最初せっせと絵を描いた。また邦字新聞「日米」「新世界」などにスケッチと文章を載せた。翁は言う。「夢二はモデルがいないと描けないというから、英字新聞に募集広告を出したら二、三人の女がやって来た。その一人に夢二は日本式なチョッカイをかけたためにアメリカ娘にブンなぐられ、そのためオジャンになった」（「夢二と私」）。ちなみに、袖井林二郎氏は『夢二日記』の次の詩を引いて「このときの歌であろうか」と言っている（『夢二　異国への旅』）。

さにづらう紅をつけたるシガレット
モデル娘の今日は来ずめり
（同年六月某日）

そのうち、何かこじれたように描かない日が続く。やがて日米新聞社でストライキが始まり、夢二と翁は袂を分かったのだと翁は言う。「日米」はかつて翁が主任を務めた新聞である。その時のことは「夢二日記」では次のように書かれている。

翁「君達は自分のためにストライキをやっているんだ」
（夢二）「そりゃ言い方が違っているよ、自分の仕事と生活の援護のためだよ」

（同年八月四日）

資料によれば、夢二は労働者の側につき、翁は社長の側に立って、この件を収めようとしたという。夢二は怒って、約束した美人画の顔をみんな翁の似顔絵にしてしまう。これはそばにいた寺田竹雄も証言している（「サンフランシスコの竹久夢二」）。翁は仕方なくそれを三、四十本もらって夢二と手を切り、予定を変更し帰国した。夢二の言い分では、翁は紙や絵の具・絵筆は画家の経費として出費せず、滞在中の食費も払おうとしなかった。つまり損をしたのは自分の方だという。お互いの言い分は平行線をたどり妥協を見なかった。

夢二はサンフランシスコの街中の物質文明になじまなかった。

「ここへきて思いついたことは、私の足の痛みはアメリカのセメントの道のせいでした。耳鳴りがするのも機械の金属的音響が、乾いた空気を伝わる波動の影響だとわかりました。理性とメカニズムを理解していながら、私の肉体はそれに堪え得ないように見えます。なんにしてもポイント・ロボスへきてほっと息をついた感じです」（同年八月九日）

チャップリンの映画「モダン・タイムス」と同じ感懐と言えようか。貧血を起こした夢二は、八月から十一月までポイント・ロボスの農園に厄介になった。これは房州千倉出身の小谷兄弟がアワビ缶詰工場を開いた場所で、アワビを食べる習慣はそれまでアメリカになかった。ここには尾崎行雄一家も来て厄介になったのだが、夢二がいたのは美しい岬にあるゲストハウスの方らしい。カーメル湾に沿った風光明媚な土地であった。ここで知り合ったのは秋田出身の小川金次の一家だった。夢二はそこの三女、ナズモに想いを寄せ、彼女を絵に描いたりしていたらしい。

アメリカで恐慌の余波を感じる

この頃の夢二の日記には「たべるものがあり余って食えないアメリカ」（昭和六年八月二十四日）と記されている。折しも昭和六年は一九三一年、一九二九年十月のウォール街の株式大暴落とそれに続く恐慌の二年後だった。カーメルでも個展を開いたが、「すこしゅううつなり、一毛もうれない」(同年九月三十日)。絵が売れる時代ではなかった。「不景気。アメリカで、人間はひものになる。日本ではくさる」(同年九月某日)
日本から来た人間に「自分の社会主義思想を監視に来たのではないか」という警戒心を抱いたりした。アメリカでの夢二は、夢にうなされ、「寂しい」を繰り返す、すでに初老の男だった。でもこんな元気の出るすてきな詩も作っている。

靴よ
土のついた
靴よ
さあ　歩こうぜ
あの山を越せば
すぐ　さうてるだ
びっこのジョナサンが
火の傍で　また独立戦争の
話をくり返すために
まっているだろう

(同年十二月二日)

十一月にロサンゼルスに移動。翌昭和七年にも夢二はカリフォルニア大学ロサンゼルス分校や、オリンピックホテルで個展を開いた。この時、夢二が世話になったのはＯＫナーセリー（農場）の橋本昌彦という人で、その妻の橋本道子は、カリフォルニア大学ロサンゼルス分校の卒業生だった。しかし、夢二はこの人とは合わなかったようだ。日記の中で夢二は橋本道子（Mrs. OK）との会話を記している。

「日米戦争がはじまったらどうするかという。『革命でも起こって世の中はいくらかよくなるだろう』と言ったのでMrs. OKのげきりんに触れる。『メキシコへでも逃げて生死を共にしますよ』というと『社会主義なんかと生死を共にしない』と仰言る」

（昭和七年二月二十五日）

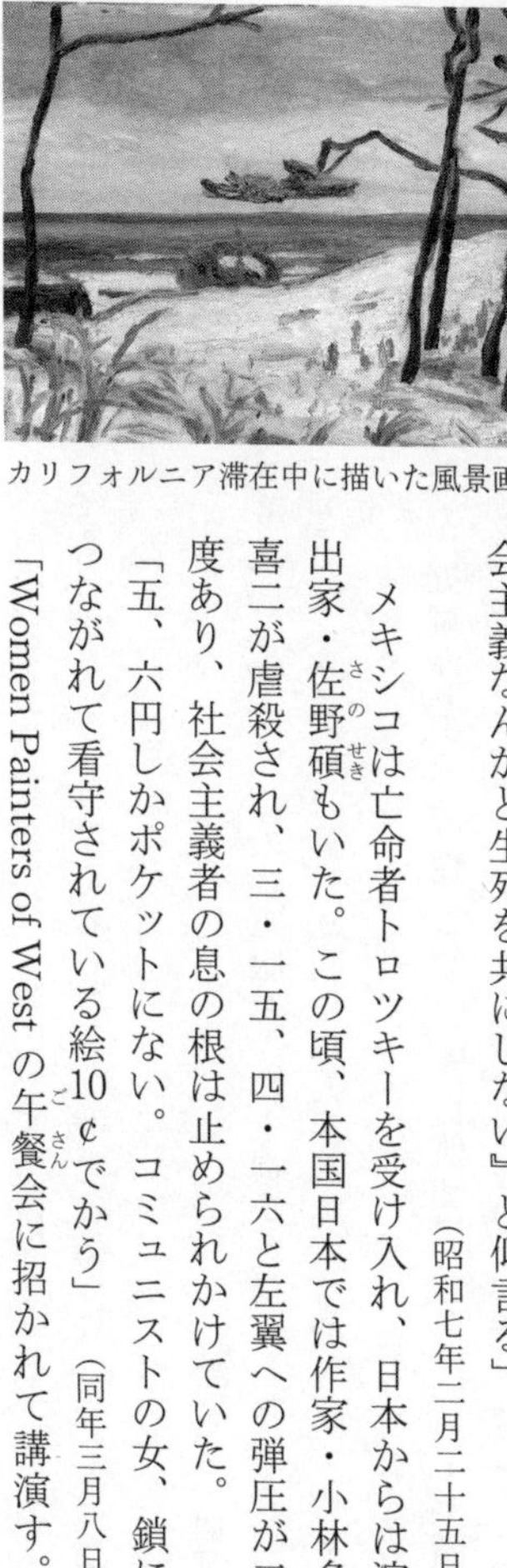

カリフォルニア滞在中に描いた風景画

メキシコは亡命者トロツキーを受け入れ、日本からは演出家・佐野碩もいた。この頃、本国日本では作家・小林多喜二が虐殺され、三・一五、四・一六と左翼への弾圧が二度あり、社会主義者の息の根は止められかけていた。

「五、六円しかポケットにない。コミュニストの女、鎖につながれて看守されている絵10￠でかう」（同年三月八日）

「Women Painters of West の午餐会に招かれて講演す。

会衆七、八十人。女多し。〃日本が領土を拡げたのなら、日本国民は苦労を増したのだ。我々artistは美の領土をいくら拡げても一兵卒も殺さない。我々に敵はない！〃ここで非常にかっさいをうける」

(同年五月十四日)

「朝の食卓で東京の家を売りたいと話す。この日軍服をきた士官が首相と三井三菱銀行をそげきした号外を見る。とにかく昔大杉を殺した同じ軍人が資本ばつの人間を殺すのはゆかいだ」

(同年五月十五日)

これは犬養毅を殺した五・一五事件と、その後に起こった血盟団による三井の大番頭・團琢磨暗殺事件を指している。ちなみに、ポイント・ロボス滞在中に、夢二は「ミヤギ君」なる人物と交流を持っていたようだが、鶴谷壽氏によれば、これはのちにゾルゲ事件で九津見房子とともに逮捕され獄死した、アメリカ共産党員の宮城與徳に間違いないようだ（『夢二の見たアメリカ』）。宮城はもともと画家だったというが、アメリカで夢二と親交があったというのは意外である。

八月、ロサンゼルスオリンピックを見た。このカリフォルニア時代にも、夢二はたくさんの人に会った。亡命してきていた早大教授で労農党の指導者・大山郁夫、苦学生として南カリフォルニア大学にいた後の総理大臣・三木武夫とも。人々の記憶を総合すると、アメリカでの夢二はわがまま勝手で、周囲に迷惑をかけっぱなしだったようだ。

ベルリンでナチスの台頭を見る

ようやく欧州へ発ったのは昭和七年(一九三二)も秋の九月十日。ドイツ船タコマ号の船中で夢二は、一年半滞在したアメリカに別れを告げ、ビール箱の板に「FAREWELL AMERICA(さよならアメリカ)」という絵を描いた。船上では一日五回食事が出、プールがあり、船員たちはデッキで蓄音機を聴きながらビールを飲んでいた。

「私の涙は塩辛くなったものだ。エレサレムへゆくか、ソビエトロシアへゆくか」(昭和七年十月九日)

タコマ号甲板上の夢二

十月十日、パナマ運河経由でハンブルクに着き、そこからベルリン、プラハ、ウィーン、インスブルック、パリ……約一年、ヨーロッパを経巡(へめぐ)った。金もないのに女もたびたび買った。

ベルリンでは、

「メニューが書いたやつで一向わからない、いきなり上の方と中ほど二品注文すると、スープと鳥のもつを煮てあげたようなものがくる。こいつは実に当を得た注文でなかなかおつなものだった。小皿に芋はむろん独逸らしく、今一つの小皿は何か小梅のようなもののつけたのだ。これもうまい。カフェーはというとカフェーはない、ヴァッサー（水）だという」（同年十月十八日）

やるじゃないか。水しかない店は、夢二の財布から正直に十セントを八つ半取っただけである。ベルリンは夢二の気に入ったようだ。日記には「伯林の街。しずかだ。電車も音がない。しずかに見て食って笑っている」（同年十月二十日）と記している。

十一月八日パリに着く。しかし、憧れのパリと夢二は合わなかった。手持ちの十ドルも尽きようとしていた。十日で移動。「ウィーンにゆこうかしら。パリはあんまり明るく大きく、深く。いつでも人間をのむだろう。セーヌ河へ入水した男や女の話も人事ではない」（同年十一月九日）。十一月十九日リヨン着。ここでも夢二は「特色のない町だ」と淡白である。

十一月二十四日、夢二はジュネーブに到着する。ここには国際連盟があり、折しも前年に勃発した柳条湖事件に端を発する満州事変を批判する国際世論で、代表の松岡洋右が苦境に立たされていた。国際連盟成立時には、事務局次長に新渡戸稲造がいて人種差別撤廃に闘った日々を思うと、日本の地位低下は明らかであった。夢二は再びベルリンへ向かう。

わが捨てし煙草を拾うこの男
われにまさりて貧しとおもわず
つまつまとぱんに鰯（いわし）を添えてくう
伯林（ベルリン）にわれ年を越えつつ

（昭和八年一月二十日）

夢二がベルリンを過ごした昭和八年、つまり一九三三年はまさにヒトラーがドイツ国首相に任命され、全権委任法で憲法を停止し、独裁体制を確立した時期だった。夢二はベルリンでナチスが政権を取るところに居合わせたのだ。そこで夢二は金のない旅人をして都市の底を放浪する。しかし、夢二はエルサレムに行こうかと思ったほど、故郷を失って世界中に広がったユダヤ人に共感を持っていた。

夢二の描いたベルリンの公園の風景

夢二は日記に当時の様子をこう記している。

「ウクライナのボルシュをのみにいったが二マルク八十片とられる。猶太（ユダヤ）人の橄欖（かんらん）（オリーヴ）の葉を入れたボルシュもう食えない。ナチに追われて店をしめていったのであろう。避雷針のついた鉄兜(てつかぶと)をきたヒトラーが何をしでかすか、日本といい、心がかりではある」（同年三月二十一日）

「明日からナチは猶太人の店に貼り紙をするという。不買同盟だ」（同年三月三十日）

ベルリンでの夢二はイッテン・シューレで絵を教える。イッテン・シューレは、バウハウスで教鞭をとっていたヨハネス・イッテンがベルリンに設立した美術学校である。しかし、この学校も、夢二がヨーロッパを発った後、ナチスによって閉鎖に追い込まれることとなる。

同年八月十九日、体を壊し、夢二はナポリから靖国丸に乗船し、ヨーロッパを後にした。

ウィーンには詩がある。
伯林には博士論文。
巴里には洒落。
ヴェニスには鳩。
リガにはやさしい女。（同年四月三日）

夢二は彷徨(ほうこう)した町を一言で語っている。九月十八日、神戸着。それなのに疲れきった体で十一月に台湾講演旅行に出かけ、その時には肺疾が相当悪くなっていた。

夢二、逝く

翌昭和九年（一九三四）一月十九日、夢二は友人・正木不如丘（まさきふじょきゅう）の経営する信州の富士見高原療養所に入院する。「これは年老の肺病で、病気の方もカンタンだしカラダもすこぶるカンマンで熱も出ない」（昭和九年一月二十二日）。正木はここの院長でもあり、推理小説作家でもあった。夢二を友人として特等室に遇し、看護師たちも手厚く看護した。二月四日付の小沢武雄宛の手紙では「防寒のための毛布一張ほし」「いやでも腹がへり食うことばかり考えています」と餅やリンゴが食べたいことも書いている（小沢武雄「晩年の夢二と」）。

しかし夢二はこの時にはもう、生への意欲をなくしていた。形見分けをし、姉の名をあげ、「知らせる人―それだけ。外に一人、アリシマ」（同年五月十七日）。画家・有島生馬は作家・有島武郎の弟で裕福な家に生まれた人だが、夢二を生涯かばい抜いた。夢二は病院を訪ねた息子とも会わなかった。

九月一日、「ありがとう」の言葉を残して永眠。九月五日に葬儀が行われ、十九日、雑司ヶ谷霊園に埋葬された。これらを執り行ったのは有島生馬で「夢二を埋む」と彼が書いた小さな自然石の石がいまもある。

病院関係者によれば、妻の岸他万喜が半年ほどのちに「夢二が世話になったから」とやってきて、雑役婦をしたことがあるという（岡崎まこと『竹久夢二正伝』）。また三男の草一は新派の河合武雄の養子となり、栄二郎と改名したが、ニューギニアで戦死している。

詩人・秋山清は夢二の中に次のような者を見ている。「画家としての凝視と現実への社会的批判の態度、それを根底とするユートピア的思考、自由を抑止する権力への不同調、愛する者たちへの忘我の生き方、それと裏はらな冷酷なまでの自我、孤独、放浪的な好みと求愛の激しさ、古き伝統への憧れと新しい者への貪らんな触手」（『竹久夢二　夢と郷愁の詩人』）。これらがまったくの矛盾でありながら、矛盾のままに包摂して、庶民の哀感を描き残したのだと。

わたしの出会った新内節の（四代目）岡本文弥さんは夢二を好きだった。文弥さんは明治二十八年（一八九五）生まれだから夢二と十歳くらいしか違わない。「新内というのは色街の不品行なものと思う人が多いですが、実は世間の最底辺で生き、体を傷めて早く死んだ遊女の嘆きを歌うものです」と何度も繰り返し語った。そこに抵抗を込めたのだ、という（拙著『長生きも芸のうち　岡本文弥百歳』）。

文弥さんは「私の社会主義は、威張る奴は嫌いだ、隣の人が困っていたら助けなければならない、というただそんな単純なものですよ」ともおっしゃった。大正時代、「秀才文壇」の編集者でありアナキストでもあった文弥さんと夢二も、気分の上では通ずるものが多いに違いない。なんと、『夢二日記』の大正十四年（一九二五）二月一日に「新内岡本文弥ふしづけして久松町にて語るとて、お葉床よりいでおこそずきんかぶりておしづをつれて出かく」とあるのを見つけた。

一時、ドイツ滞在中の竹久夢二がユダヤ人救出に尽力したと、新聞に大きく出たことがある。これは映画監督の藤林伸治の説で、藤林氏はそれを裏付けるための取材も続けていた。しかし時期的にも、残された資料や証言からも、そう断定するのは無理なようである。とはいえ、すでに述べたように、夢二は自分にはユダヤ人の血が流れているというくらい共感を持っていたし、エルサレムに行きたいとも日記に書いている。その彼がナチスが政権を取り、ユダヤ人ボイコットが行われる異郷ベルリンでどんな思いでいたか。

「ひるめしをボエームに食いにゆく道々、店のガラス窓に不審紙にいろいろすったものが貼りつけた。ドクトルの名札にも、Judeとか✡のマークをガラスへペンキで描いたところもある。殆んど気の利いた店はみんなそれだ。チコチンの家はといって見るとこも赤紙だ。展覧会はとてもおじゃんであろう。それはとまれ、世界の世論がどう動くか。どこか猶太人の住む土地はないか。猶太国の建設が見たい。ぞろと街を歩く人のぶきみさ。葬列よりも重く寂しい。思い上がったナチスの若者の、鉄兜の銭入れをがちゃ

つかせてゆく勇ましさも何か寂しい
別にユダヤ人救出に関わらなくても、夢二は、夢二なのである。

（昭和八年四月一日）

第五章

九津見房子

戸惑いながら懸命に生きたミス・ソシアリスト

九津見房子

くつみ・ふさこ

◆

1890年、岡山県生まれ。幼いころからキリスト教と人道主義の影響を強く受けて育つ。16歳のときに座間止水の講演会を聞き、山川均と知り合う。岡山高女在学中に無断で家出をし、福田英子宅に居候。社会主義運動に奔走する。1913年、大阪のキリスト者・高田集蔵と同居し、翌年に長女・一燈子が生まれる（高田とはのちに別居）。1921年、堺真柄、仲宗根貞代らと婦人団体「赤瀾会」を設立する。1922年、社会主義活動家の三田村四郎と結婚。三田村とともに山本宣治の産児制限運動に協力するなどの様々な活動を行うが、1928年の三・一五弾圧で逮捕される。出獄後、ゾルゲ事件に関わり、1941年に再逮捕。波乱万丈の人生を歩むが、戦後は多くを語らなかった。1980年没。

　ここまで書いてきてわたしはふと、女性は山川菊栄しか取り上げていないことに気が付いた。もう一人誰か書きたい。その時、山川と同い年の九津見房子を思い出した。九津見は山本宣治に協力して、当時の夫・三田村四郎とともに産児制限運動の宣伝隊を務めている。戦前、戦中を通じて弾圧と闘い続けた人である。しかし山川のように、戦後、活躍する舞台は九津見にはなかった。

　それは一つには夫の三田村四郎が戦後、反共路線に転じ、それに最後まで随伴・献身したことからかつての仲間たちから厳しい評価を受けたこともあるだろう。もう一つは彼女がゾルゲ事件に関わったことによって「ソ連のスパイ」というレッテルが貼られ続けたからではないだろうか。革命後からスターリンらの行った気が遠くなるほどの粛清で、ソ連には暗い印象が付きまとった。

　と思っていた時に、明治大学のある会で、九津見房子の孫にあたる方に久しぶりに出会った。

「わたしを育ててくれたのは、祖母の九津見房子です。岡山の家老の家に生まれた人ですから、それは厳格な明治の女でした」

　九津見房子には二人の女児がいる。上の娘が画家の妻・大竹一燈子（おおたけひとこ）で、わたしは二十年ほど前に国立のお宅をお訪ねしたことがあった。その時は録音もしなかったのだが、「九津見房子を小説に書こうとした作家がいましたが、あまりにも色恋沙汰ばかりに注目するので困りました。母は岡山の家老の家に生まれ、こわいくらいにまじめでぴしっとした人でした」と言っておられたことを覚えている。

十六歳のミス・ソシアリスト

九津見房子は明治二十三年（一八九〇）に岡山に生まれた。母うたは岡山の医学校の附属看護学校に入って産婆の免許を取った。明治二十年代に、女が仕事を持つということがどんなに大変であったか。家庭との両立はならず、うたは離婚した。うたは看護婦として日清戦争に従軍して広島まで行った。そうして一人娘の房子は祖母はるに育てられる。九津見家は備中勝山藩三浦家の家老を務めた家柄であった。三浦家の江戸邸は谷中真島町にあった。

牧瀬菊枝が九津見房子に聞き書きした『九津見房子の暦（こよみ） 明治社会主義からゾルゲ事件へ』という本がある。九津見房子は戦後も極端に沈黙を守り通したため、自伝や発言録はほとんどなく、本人の肉声が留められている貴重な資料がこの本である。したがって、以下の九津見房子の半生や発言の多くは、この本と娘・大竹一燈子の『母と私 九津見房子との日々』によっている。

さて、『九津見房子の暦』で、牧瀬の「九津見さんの八〇年の思想をつちかった土壌というものは、なんでしょうか」という問いに房子は「まず第一にクリスト教ですね」と答えている。房子が幼い頃、生まれ育った岡山市弓之町の士族の町に、カトリック教会の附属のペンキ塗りの女学校が建った。房子は数え年五つの頃からここに通ったという。七つの時、赤痢にかかった房子を、修道女が「もうすぐ死ぬのだから洗礼を受けさせるように」と主張した。しかし、仏教と神道でコチコチの祖母が「とんでもない、耶蘇の天国に行ってしまったら極楽で会えなくなる」と追い返し、房子の最初のキリスト教との出会いは絶たれた。

この祖母はるは武芸に長じ、二刀流の剣術を使い、柔道もできたそうだ。一人娘の母うたもきつい人で夫を追い出し、産婆を開業した。一人娘の房子もまた、しっかりした気性で自分の考えを通す女性になったと言ってよい。

その後、岡山師範附属小学校から岡山高等女学校に進んだというのは、当時としては恵まれたコースである。小学生の房子は同級生の代表でいつも学校と掛け合った。「九津見さん、行ってきて」と同級生に頼まれたそうだ。

もう一人、岡山から女性の自由民権家・福田英子が出たということも思想の土台づくりに関わった。女学生になると親戚の青年が部落の手伝いをしていたので、房子もそこを訪ねるようになったという。明治三十九年、女学校の帰りに「社会主義講演会」の張り紙を見て、社会主義の伝道をしていた座間止水の講演を初めて聞いた。女の聴衆は房子一人だった。

翌日、座間を訪ねた房子は、山川均から「都合で座間さんは早くたったから、今後、林源十郎支店へ連絡して下さい。ミス・ソシアリストへ」という置手紙を受け取った。女学生がこんな置手紙をもらったら、ちょっと興奮するに違いない。社会主義がなんだかまだ知らない。でも社会の不平等には敏感なまっすぐな少女。

こうして房子は講演会を主催した山川均を知った。山川は当時二十五歳で、不敬罪で捕まり、三年半の刑期を終えて、縞の着物に前掛けで、姉の嫁ぎ先、倉敷の薬問屋・林源十郎商店の岡山支店の采配を振るっていた。それからは、十六歳の房子はちょくちょく山川に会いに行った。早熟であるが、この年齢が一番よく知識を吸収する。そのうち山川は幸徳秋水に呼ばれて東京に出ることになった。

「これからは東京に出て働かねばダメだ」と山川が言うので、房子は気に染まぬ結婚話から逃れるためもあって十二月、家出をして上京、同じ岡山出身であった福田英子の家に住み込む。大竹一燈子の『母と私』によれば、家出をしたときの房子は「紫の絣(かすり)の銘仙の着物と羽織、えび茶の袴に白足袋、それに下駄という姿で、母うたには学校へゆくと思わせ」それきり戻らなかったのだという。

福田は明治の自由民権運動の頃、大阪事件（明治十八年、李氏朝鮮の独立党を支援し、立憲革命を起こそうと計画した日本の民権運動家が多数逮捕された事件）で検挙され、「東洋のジャンヌ・

ダルク」と言われた闘士であった。この頃は四十代に入り、内縁のまま一子をなした大井憲太郎と別れ、三人の子をなした夫・福田友作とは死別、年下の恋人・石川三四郎がいた。石川が「(山川と)一緒に来たのはなんか関係があるだろう」と山川との仲を疑ったことに、房子は「大人って、なんていやなことを言うのだろう」と反発している。石川は魅力的な男ではあるが、女性に大変興味もあった人だと、何人かの人に聞いた。

房子が見た福田英子は「きれいな方」である。「福田さんはわたしにはよくしてくれましたが、子どもはあるし、生活も苦しかったせいか、お顔もきついんですよ。女中が気にいらなくなると、外へひきずり出して、なぐったりしました」。差別に反対するはずの女性社会主義者も、女中を雇って暴力を振るったのである。

山川菊栄『日本婦人運動小史』では、『あの女はバカさ』と大杉栄は、英子のことを一言のもとにいいすてました」「山川均は英子を、決してバカではないが、粗雑な性格だったといっていました」などの評を紹介している。房子は石川と福田の関係についてもよく聞かれるが「子どもですから、全然わかりませんね」とも語っている。英子の身の回りの世話をし、「世界婦人」の編集の手伝いをした。

家出をした九津見房子が同居した同郷の社会運動家の福田英子

まだ明治四十一年、赤旗事件も明治四十三年の大逆事件も起こる前で、石川三四郎、堺利彦、幸徳秋水、荒畑寒村、管野スガなどにじかに会うことができた。この時期、内村鑑三や徳冨蘆花(とくとみろか)とも交流があったらしい。

「管野さんは男には魅力があるでしょうけれど、女が見ると、きついんですよ」。房子より九歳年上の管野スガが年下の恋人・荒畑寒村の入獄中、幸徳秋水の恋人になったのは有名な事件である。そのために幸徳の方も妻・師岡千代子を捨てた。

当時の女性社会主義者は、多くは男性から自立していたとは言いがたいし、同志である男の要求を拒めなかった。また著名な運動家の愛人となることで、運動内部で自分を際立たせることもありえた。今日まで続く根深い問題である。房子は福田の家に翌年の三月末までいたが、実父の死により、岡山に帰ることになる。福田英子は「いにしえは社会主義者じゃったが、今はダメになった、といわれんようにして、つかあさい」と最後に釘を刺した。

社会主義、冬の時代

明治四十四年(一九一一)一月、房子が二十歳の時、大逆事件の判決によって先輩である幸徳秋水、管野ら十二人が処刑された。これは非常に複雑な事件である。宮下太吉、新村忠雄、古河力作、管野スガらが爆弾による明治天皇暗殺を夢想した。幸徳もそれを知っていたかもしれない。

　宮下は単独で信州明科(あかしな)で幼稚な爆弾を製造し、爆発実験を河原で行い、彼が捕まったことから、これを根拠に一挙に関係者の逮捕、裁判が進む。天皇暗殺の計画がどこまで具体性のあるものだったかは定かではないが、百歩譲って上記数人が当時の不敬罪に問われるとしても、この事件の「関係者」として逮捕されたその他の人々は、そもそもまったく計画とは関係がなかった。

　幸徳は管野の愛人であるから、大石誠之助は幸徳の友人であるから、と連鎖的に検挙され、処刑された（大石誠之助は第八章で取り上げる西村伊作の叔父である）。他にも真宗大谷派僧侶・高木顕明(たかぎけんみょう)も獄中で自殺したが、最近になって真宗大谷派は高木の無実を認め、僧籍復帰の名誉回復がなされた。

　全国各地で数百人もの検挙者を出し、十二人が処刑されたこの事件は、社会主義者を一網打尽にしようとした当時の桂太郎政権によるもので、フレームアップ（でっち上げ）であったことは、今日では明白である。先に起きた赤旗事件で獄中にあった山川均、堺利彦、大杉栄、荒畑寒村などはアリバイがあったため、検挙を逃れ、大正時代に社会主義者、あるいはアナキストとして活躍することになる。しかし多くの同志が捕らえられ、その他大勢は萎縮して運動を離れ、社会主義は「冬の時代」を迎える。

知識人はこの事件の意味に暗澹とし、勇気ある者はそれぞれの仕方でこの事件に抗議した。高級官僚であった森鷗外は小説「沈黙の塔」「食堂」を書き、大逆事件の弁護士・平出修に社会主義について教示した。石川啄木は評論「時代閉塞の現状」を、木下杢太郎は戯曲「和泉屋染物店」を書いた。徳冨蘆花は兄・蘇峰を通じて、死刑撤回の嘆願を政府に出したが受け入れられなかった。一高（旧制第一高等学校）弁論部の河上丈太郎、森戸辰男の依頼によって一高で講演した「謀叛論」は重要である。これは明治維新も幕府から見れば謀叛であった。新しいものは常に謀叛とみなされるが、謀叛を恐れてはならない、と。一高生であった芥川龍之介、久米正雄、菊池寛らがこれを聞いたと思われる。大石と親交のあった与謝野鉄幹・晶子夫妻もこの事件にまつわる詩や和歌を残した。

余談だが、幸徳と管野が捕まった湯河原の天野屋は夏目漱石や東郷平八郎の泊まった宿としても知られている。登録文化財として残っていたが近年壊された。管野スガは早くから結核を患い、湯河原にも療養のために来ていたらしく、天皇暗殺を実行する体力気力があったかどうかは疑わしい。スガの墓は渋谷の正春寺にある。

赤瀾会の創立

さて、いったん故郷に帰った房子には、山川とのつながりや福田の家にいたことから、

「特別甲号要視察人」とされ、尾行が付いていた。大逆事件のあったのと同じ年、母うたが腎臓炎で亡くなり、社会主義かぶれの房子をアメリカにやってしまおう、という縁談を進められるのに抗って、大阪のキリスト教者・高田集蔵と同居する。

高田はもともと大阪の教会に属していたが、仏教も入り混じり、「自分で苦労して働くのではなく、神のおぼしめしで自然に『生かされる』という思想だった。この頃の高田は、アッシジの聖フランチェスコに憧れていたというから、遊行の聖者のつもりでいたのだろう。それに惹かれて、房子は彼の元へ「巡礼」したのだった。高田はその頃三十六歳、備中勝山の大きな商家の出身で、房子とは親戚筋であった。しかし、高田には別居中の夫人があり、房子との関係は内縁である。

写真中央が房子。房子が抱いているのが長女の一燈子。その右が高田集蔵

　高田は大阪の郊外で「村落通信」を出しており、ここに中里介山、大本教の教祖の一人・出口王仁三郎（でぐちおにさぶろう）、預言者の宮崎虎之助、放浪の詩人・宮崎安右衛門、高田博厚（たかだひろあつ）などの風変わりな人も訪ねてきた。一灯園の西田天香（にしだてんこう）とも友人だったらしい。ここで房子はまた印刷と編集の仕事を続ける。二十四歳で一燈子を、二十六歳で慈雨子（じうこ）を産む。しかし高田はまっ

たく生活力がなかった。高田はキリスト教伝道のためにあちこち放浪して家を顧(かえり)みず、愛人も作った。

高田から「お前は社会主義者なんだから、夫に生活費を要求するのでなく、雇い主と戦え」「男を天とすべきで、女は自分の考えで動くべきではない」と言われたことで、関係は壊れた。「お布施による生活はずるい」と、切羽詰まった房子は二人の子を連れて上京する。子供を託児所に預けて、松屋呉服店に勤めたり、雑誌の編集に携わったりして働く。

高田は、観念に生きる、男尊女卑の当時の運動家の典型に思えるが、娘の大竹一燈子は父の生き方を「天なる神の国に向かって翼なしに羽ばたくような道」をたどった人として認めている。房子は高田との内縁関係に終止符を打ち、その後、売文社の堺利彦を頼って、筆耕などの仕事を得、また新橋の貿易商で働いた。

東京で房子が子供たちと世話になったのは飯森正芳、彼は日露戦争に反対して海軍の中佐をやめ、大本教に入った人だった。ここで暁烏敏(あけがらすはや)など東本願寺系の革新派の僧侶たちや、高津正道など暁民会(ぎょうみんかい)の人々、盲目の詩人エロシェンコなどとの出会いもあった。

大正十年（一九二一）四月、房子は日本で初めてできた婦人の社会主義団体・赤瀾会の創立メンバーにもなっている。この会の世話人は九津見房子、堺真柄(さかいまがら)、橋浦はる子、秋月静枝、仲宗根貞代の五人であった。房子が最年長の三十歳で、橋浦は二十二歳、堺は十八歳。顧問格であった山川菊栄と伊藤野枝の名前がこの会に関しては強く印象されるが、発起したのがこれら若い無名な女性たちであることは忘れたくない。

そう言っても橋浦はる子は橋浦泰雄・時雄の妹、堺真柄は堺利彦の娘、秋月静枝は中名生幸力の妻、仲宗根貞代は仲宗根源和の妻、山川は山川均の妻、伊藤は大杉の妻、社会主義者の妻や妹がほとんどで、男性の影響で運動に入ってきた人であり、そういう意味では、この時点で誰の妻でも妹でもなかった九津見房子はユニークな存在である。

赤瀾会という会の名前を提案したのは房子、宣言を書いたのは堺真柄だという。五月一日、第二回メーデーに黒地に赤の文字、レッド・ウェーブの旗を掲げて、初めて女性たちは街頭に出た。これはまだ治安警察法五条一項（女性の結社の禁止）の修正が通る前なので、違法である。女性は政治結社や集会に出席する権利は当時なかった。この有名な旗は橋浦泰雄の妹はる子が縫った。はる子が検束される有名な写真が残っている。それを見ると、胸を張って、堂々とした姿である。橋浦も房子も、袖を捉えられないように前夜、着物の袖を切って筒そでに縫い直した。

このメーデーで、房子は上野山下のドブに蹴落とされ、車坂署に連行された。牧瀬菊枝は橋浦はる子の聞き書きもとっていて、それによればこちらは不忍の池で捕まり、谷中署に連行された。「谷中署では乱暴されるかと思ったが何もしません。誰か労働者がタマゴを六つ差し入れてくれました」というのにホッとしたという。いまここは上野桜

メーデーで検束される橋浦はる子

木署として残っている。

六月十一日には、ビラまきで捕まった同志を救うために演説会（婦人問題講演会）を企画。山川菊栄や伊藤野枝、堺真柄などに加えて、石川三四郎や秋田雨雀も登壇した。この頃、大杉栄の労働運動社の仕事を手伝うが、十二月に大阪へ移った。そのことは「大阪にも女の社会主義者が出来た」とマスコミが騒いだようだ。そのため房子は、翌々年の関東大震災には遭っていない。大杉栄と伊藤野枝は震災のどさくさに甘粕正彦率いる憲兵隊によって虐殺された。

大阪に行くまでは房子もアナキストであったが、その翌年からボルシェビズムの陣営に入っていった。

房子は、堺利彦については「為子夫人よりもむしろ明るく、暖かに迎えてくれました」、大杉については「一言でいえば親切な方ですね」と回想している。ビラまき事件で房子が証人として呼ばれた時、大杉は「余計なことをいうんじゃないよ。ああいうところへ行ったら『知らない』と『忘れた』という以外にいってはダメだ」と忠告したそうだ。その教訓はその後の房子の役に立った。

ちなみに、房子が大杉の労働運動社で働いていた頃、「大杉さんがわたしのことを『おばさん』というから、『それなら、あんたはおじさんでしょう』」と言ったというエピソードがある。『九津見房子の暦』を読むと、堺真柄をはじめとして、皆が房子のことを「おばさん」と読んでいる。このあだ名の「言い出しっぺ」は大杉なのかもしれない。三十代前半で「おばさん」はちょっとひどいと思う。伊藤野枝について房子は多くを語っていない。直接に見た人の評価は貴重であり、語らないところにも房子の微妙な気持ちを感じ取ることができる。

産児制限運動と労働運動に奔走する

その頃、房子は堺利彦から『共産党宣言』のガリ切りの仕事を持ってきた六歳年下の三田村四郎と結婚する。三田村は石川県出身で、巡査や車引き、行商などを経て暁民会、社会主義同盟に参加した。二人はお互いに連れ子がいたので、三田村の娘は大本教の出口王仁三郎に預けることとなった。房子と三田村との間に男子が産まれたが、すぐに貰われていったことを娘・一燈子は書いている。

房子三十三歳、神戸の賀川豊彦の印刷工場で文選を習い、印刷労働組合を組織。家出をして福田英子のもとにいた頃に、徳冨蘆花に「本当に社会主義の勉強をするなら工場へ行って働きなさい」と言われたのを「本当にそうだ」と房子は思ったのだという。文選工の仕事は女でも一日に二円三十五銭もらえるいい仕事であった。いっぽう、岡山県藤田農場争議や浜松楽器争議の支援にも行った。

このため、長女・一燈子は堺利彦に預けられたりした。「子どもたちにすまなかった」と後で房子は述懐している。一燈子はある夜、世話になった家で「世のため、人のため言うてやったはるそうやけど、自分の腹いためた子ォも育てんと、そんなん通りまへんわなァ」という会話を聞いている。

この辺の労働組合運動や無産政治運動の組織と人の流れは重要であるが、ここで触れるにはあまりに複雑である。ストライキを指導するストライキマンとか、争議があると飛んでいってガチャガチャやる「ガチャバイ」といわれる若い連中もいた。

産児制限運動に関わったきっかけを房子は「やはり自分自身の必要からです」と述べている。たしかに、運動を続けるために、これ以上子供を産むことは不可能だっただろう。この経緯は興味深い。大正十一年（一九二二）のサンガー女史の来日の際、通訳をしたのは山本宣治である。翌年、三田村、房子たちは宇治の花やしきに山宣を訪ね、労働組合の活動家が珍しかった山本は「宇治に時々遊びにいらっしゃい」と言ったという。房子たちは大阪に総同盟の労働学校を作り、山宣を大阪に呼んで毎週講義をしてもらった。いっぽう山宣も房子らに近づいてメーデーにも出るようになった。

『山蛾（サンガー）女史家族制限法批判』というパンフレットを山宣が普及したことは前に述べたが、

これを三田村と九津見房子は増し刷りして配った。山宣の資料には出てこないことを九津見房子は言っている。房子らは山宣とともに産児制限研究会を作り、「子ども五人以上の人と特殊な病気の人」を入会資格とし、申し込みがたくさんあったのだという。そこを訪ねてみると「裏長屋で、これなら困るだろうと思われる人が大勢いました」「ゴムのペッサリーを売りました。神戸のダンロップという会社でつくっていました」ということだった。

同時に九津見房子は、労働組合評議会内に婦人部を作ろうとして、三田村ら男性幹部に反対された。男たちは「産前産後、血の道か」と揶揄したが、房子が一番考えたのは「男女の同一労働同一賃金」のことであった。

写真左が三田村四郎。その隣が房子、一燈子

当時、労働運動に関わる女性は少なかった。女工といえばメリヤスか、紡績しかなかったからである。ストライキに参加しても、結婚などですぐいなくなってしまう。そんな中で、カフェーで働く女性が運動に入ってきて、そのカフェーが溜まり場になったりした。

また活動家の妻には、生命保険の外交員などの仕事で収入を得る人もいた。わたしは経済学者・櫛田民蔵の妻・櫛田ふきさんが、夫を若く亡くしてのち、保険の外交員をやったという話を聞いたことがある。「わたしを見てごらんなさい。掛けておくものよ」と言えば相当の成果を上げたという。

とにかく弾圧と貧乏暮らしの中で、早く亡くなる活動家やその妻は多く、残された方も大変な思いをした。この頃の房子を「きれいな人だった」という証言は写真からも裏付けができる。文筆の才能もあったがそれは活かされなかった。房子について「もうあの方はみんなの苦労をまとめて、一人でしょったような人ね」と述べた小宮山富恵も「女性改造」の記者を務めたのちに高橋貞樹と結婚し、夫に早く死なれてから八千代生命の保険の外交員になった。

治安維持法による女性逮捕者第一号

大正十一年（一九二二）七月十五日にコミンテルンの指導によって結成された第一次共産党には、山川均、堺利彦、荒畑寒村、佐野学、野坂参三、赤松克麿などさまざまな思想を持つ参加者があり、サークルの連合のようで組織の体をなさなかったため、一斉検挙を受け、二年ほどで解党した。そして大正十五年十二月四日に第二次共産党が山形県の五色温泉で結成された。これは上海にあったコミンテルン極東ビューローに行って指導を受けた渡辺政之輔、徳田球一と「結合の前の分離」（大衆と結合する前に、前衛エリートを育て上げること）を唱える福本和夫を中軸にしたもので、堺、山川、荒畑らは参加しなかった。福本は東京帝大卒で文部省の留学生として独仏英で学び、原語でマルクスを読み、帰国後、それを引用して数多くの論文を書き、山川イズムの労農主義や河上肇などを容赦なく批判した。それは大正の末、理論に飢えていた学生たちを熱狂させた。三田村四郎はこの第二次共産党の中央委員をつとめる。

昭和二年（一九二七）、上京して房子は三田村と非合法生活に入る。共産党の非合法活動用の住居を探すのが任務であった。しかしこの年、モスクワに渡辺、福本、徳田、佐野文夫らが召集され（山川は応ぜず）、七月に出た「27年テーゼ」は福本、山川の理論を両方とも否定し、佐野学を委員長に、鍋山貞親（なべやまさだちか）、渡辺政之輔、市川正一などを新執行部にするものだった。

昭和三年一月、房子は北海道にオルガナイザーとして渡る三田村四郎とともに長女を連れ、札幌に移り、そこで三・一五の弾圧で検挙され、札幌刑務所に収容されることとなる。これは治安維持法の適用を受けた女性逮捕者の第一号である。求刑五年。山本宣治は札幌に来て房子たちの受けた拷問の様子を聞いて憤慨し、これを第五十六帝国議会の衆議院予算委員会で暴露した。警察は裸にして調べ、竹刀でなぐり、体は紫色に腫れ上がり、ズロース（パンツ）を裂いたりしたという。同じ時に、警察は娘・一燈子にまで暴力を振るっている。

三・一五の第一次共産党弾圧では党員千六百名が検挙され、十月には渡辺政之輔が基隆（キールン）で官憲に追われ自殺した。翌昭和四年、四・一六の第二次共産党弾圧では、佐野、鍋山、市川、三田村はじめ主要な幹部も検挙され、党中央は壊滅した。地下共産党の支援する労農党から議員となった山本宣治もこの年三月五日、治安維持法改悪反対の国会質問を為そうとして果たせず、テロに倒れた。

未決を含めて五年三ヶ月獄にいた房子は、昭和八年六月二十四日に札幌刑務所を出獄した。さっそく上京して獄中の三田村に面会するが、彼は佐野学・鍋山貞親に次いで、すでに転向声明を出していた。転向者は裏切り者として組織の支援が受けられないので、房子は筆耕の仕事をしながら獄中転向者の救援を続けた。いっぽう「改造」に「獄窓に三田村四郎はかく語る」を九津見房子名で載せたり、木下郁編『日本共産党及びコミンターン批判　一国社会主義について』を出版し、国際連帯を裏切るものとして批判された。

ゾルゲ事件と房子の戦後

そして昭和十一年（一九三六）、九津見房子は山宣の親戚・高倉輝の紹介で、沖縄出身の画家でアメリカ共産党党員であった宮城與徳を知り、宮城の誘いでゾルゲ関係の仕事に参加することとなる。「宮城さんはまことに静かな人で、じいっと人を見透かすようなところがあって頼もしいという感じの人です」。仕事はドイツ人ジャーナリストで実はドイツ共産党員、コミンテルンの諜報部員であったリヒャルト・ゾルゲに「日本の対ソ参戦の可能性」などの情報を供与する仕事であったという。

ゾルゲの大叔父はカール・マルクスの秘書であり、母はロシア人。ゾルゲはベルリン大学、キール大学、ハンブルク大学で学び政治学の博士号を取得した。ゾルゲはフランクフルトの社会研究所の所員でもあり、ドイツ共産党員でもあった。「フランクフルター・ツァイトゥング」の記者という肩書きで、上海で諜報活動に従事していた。昭和八年の末、ゾルゲは宮城與徳と会い、さらに中国通のジャーナリスト尾崎秀実（おざきほつみ）とも連絡体制を作った。

リヒャルト・ゾルゲのポートレート

房子は筆耕の仕事を続けながらこの仕事に挺身したが、仕事の詳細については多くを語っていない。ただ、「どういうことからゾルゲ関係のお仕事に入っていかれるのですか」という牧瀬菊枝の質問に対して、自分が一役かって「当局が共産党を破壊しようとするのを助けた」「当時のいわゆる『転向時代』を出現させた」という責任があったということを明かしている。「いったん情報機関ということを聞かされた以上、こっちは断れないでしょう」。宮城與徳は、最後は「おばさん、ぼくもうやめたくなっちゃった。やめさしてもらって、絵が描きたい」と房子に言っていたという。

この仕事をした房子の思いは「とにかくソビエトは世界唯一の社会主義国だから、これは守らなければ」ということだった。革命当時、ソビエトは失業もなく一日六時間、週に五回働けばよい労働者の天国だと思われていた。しかし後では「わたしもコミンテルンの命令を至上命令と思ってやってきましたが、今日になって思えば、ソ連の国家的エゴイズムがあるとも思えますよ」と述べている。彼らが命をかけて守ろうとしたソビエトは、赤い貴族の跋扈する、人民を抑圧する国家となって、一九九三年に自壊した。

昭和十六年、十月十日、ゾルゲ事件の発覚によって宮城が特高（特別高等警察）に逮捕されたのを知らずに宮城を訪ね、房子も逮捕されて四谷署に連行される。宮城は一度、自殺を図ったが、死に切れず、それをきっかけになぜか供述を多くするようになったという。この他、「朝日新聞」記者・尾崎秀実、ブランコ・ド・ヴーケリッチ（ジャーナリスト）、マックス・クラウゼン（無線士）、キリスト者の北林トモなども捕まり、西園寺公一（西園寺公望の孫）、犬養健（犬養毅の子、政治家）、安田徳太郎（医師、山本宣治のいとこ）、高倉輝、ロベール・ギラン（ジャーナリスト）などまでも調べられた。この中でゾルゲと尾崎が死刑になった。

この事件は、ゾルゲがドイツ大使オイゲン・オットとも親しい、信頼されていたジャーナリストであり、尾崎秀実が近衛文麿のブレーンであったこともあって、社会に与えた衝撃は大きく、「国際諜報団」として大々的に報じられた。

ゾルゲ事件によって懲役八年の刑を受けた九津見房子は和歌山刑務所に入った。ここでのちに作家となる山代巴と知り合った。山代は「いつ見ても九津見さんは端座して、小さな食台に置いた本に目を落としていて、あたりをはらうような姿勢でした」と述べている（山代巴「九津見房子さんのこと」）。敗戦後の一九四五年十月に釈放。しかし関係ない人も含め多くが捕まり、宮城與徳、ヴーケリッチ、水野成、船越寿雄、河村好雄は獄死している。獄死がこんなに多いのは、よほど待遇が悪かったのか、精神的に追いつめられたのか、もっと別の理由があるのか。

戦後、生き延びて帰った東ドイツでマックス・クラウゼンは反ファシズム英雄として勲章をもらい、東ベルリンには「リヒャルト・ゾルゲ通り」もあるという。また、尾崎秀実『愛情はふる星のごとく』はベストセラーになり、反戦のジャーナリストとして評価されているのに、九津見房子については知られてもいないし、評価されてもいない。

房子は、自分が宮城に紹介した明峰美恵子や、そのいとこで尾崎秀実の秘書であった高橋ゆうが早く死んだこと、安田徳太郎医師に迷惑がかかったこと、同じ和歌山刑務所の日のあたらない部屋に入れられた年上の北林トモが、疥癬と栄養失調で仮釈放後すぐ亡くなったことなどに慚愧の念を感じ続けた。九津見房子が獄中に過ごした年月は実に十年近くにも及ぶ。

戦後について房子は沈黙を通した。それは夫・三田村四郎と暮らし、献身したことが大きかったのであろう。三田村は戦後、転向したことで日本共産党に拒まれ、山川均の民主人民戦線に参加。民主人民戦線は社会党と共産党との共闘を提唱したが、両党の対立が埋まらずに解消を余儀なくされる。三田村は、日本労働組合会議、職場防衛連絡協議会、民主労働者協会などの組合運動に関わりながら、次第に軸足を反共路線に移していき、最終的には資本側に立って先鋭的な組合運動を分裂させる側に回った。房子は彼と同居しながら、印刷屋を経営しつつ、孫たちの面倒を見続けた。一九六四年に亡くなった三田村の遺影を部屋に飾り、そこに花を供えて、九津見房子は八十九歳までを生きた。一九八〇年没。

まわりには共産党員から一八〇度転向して、資本主義の先頭に立った水野成夫（産経新聞社元社長）、南喜一（国策パルプ元会長）、労働運動をつぶす側に回った夫・三田村四郎、のちにGHQのエージェントだったことがわかった川合貞吉といった人々がいた。九津見房子はどのような気持ちで、三田村と別れずに過ごしたのであろう。三田村は美男で、弁舌さわやかで、オルグの才もあったとはいえ、女性関係もだらしなく、自己顕示欲も強すぎたというのが、かつての同志達の大方の意見である。

しかし、山代巴は「共産党が壊滅したのち、自分一人の判断で、この戦争をくいとめようとした九津見さんのやったことは大きなことです」と高く評価する（『九津見房子の暦』あとがき）。九津見がゾルゲ事件に関わった動機は、「ソ連を守る」ことだけではなく、日ソ間の戦争をくい止め、ひいては進行中の戦争を止めることにあった。山代は「ゾルゲ事件に参加した反戦活動家」として九津見を捉えている。

九津見自身は「自分の周囲にたくさんのものがいっぱいあって、そのどれも片づけなけりゃならない、手をかさなけりゃならない。そういうことで、わたしの性格は強くなってきましたね」「ほかの人から見たら、わたしは矛盾だらけです。やはり人道主義的なものの影響が一番強いでしょうね」と牧瀬菊枝に語っている。なんだかオロオロまごました、あまり得でない生き方だが、わたしはそんな九津見房子のことを人間らしいとも思うのである。牧瀬に対し、聞き書き原稿の発表は「死んでからにして下さいね。へいたな歩きかたしてきましたから」、そう言ったという。

付記・牧瀬菊枝について

聞き書き『九津見房子の暦』を残した牧瀬菊枝には、『丹野セツ　革命運動に生きる』や『聞き書　三里塚　土着するかあちゃんたち』『田中ウタ　ある無名戦士の墓標』『聞書ひたむきの女たち　無産運動のかげに』や鶴見和子と共編の『ひき裂かれて　母の戦争体験』など、オーラル・ヒストリーの先駆的労作がある。

また、彼女自身のライフ・ヒストリー『一九三〇年代を生きる』にも「暗い時代」と誠実に向かい合った一人の若い女性の姿が描かれている。

牧瀬菊枝は明治四十四年（一九一一）静岡県生まれ。実践女子専門学校に入学し、昭和七年（一九三二）、「袴をはいたままの学生が、特高につれ去られるという時期」に卒業した。国語教師の免状を取得していたが、『大学は出たけれど』の不況のさなか、中等教員国語科の免状をもらえても、教員の就職口はあるはずが」なかった。大学では国文科の主任教授に「（あなたは）思想傾向がわるいから、就職の世話は、いっさいしない」と言いわたされたという。

それを気の毒に思った英文科の主任教授のツテで、牧瀬は岩波書店の社長の岩波茂雄と出会うこととなる。父は他界し、弟たちもいたため、「中等教員の初任給が八十円だから、その半分の四十円か三十五円でいい」と言って、たった三十五円の月給で岩波書店に雇われた。牧瀬が「今も忘れられない」という岩波茂雄の言葉がある。

「治安維持法という法律こそが罪人をつくるのだ。ね、そうだろう。治安維持法さえなければ決して罪を犯すはずのない人たちを、この法律はみんなひっくくって、罪人にするのだ！」

岩波茂雄は、治安維持法違反で辞めさせられた教授や学生を編集部に何人も使っていた。また、地下共産党員のハウスキーパーをさせられた女性の職場復帰も認めた。この本には、編集者の目から見た羽仁五郎、豊島与志雄、三木清らの素顔も描かれているが、野上彌生子や宮本百合子など、戦争協力をしなかった女性作家の毅然とした姿も印象深い。彼女たちが若い菊枝にアドバイスした言葉はすばらしい。他方、尊敬していた岸田國士（きしだくにお）や高村光太郎の戦争賛美に失望した様子なども記されている。

「戦争がはげしくなった一九四〇（昭和十五）年十月、岸田さんが大政翼賛会文化部長となり、従軍作家たちの団長として陸軍の軍服を着て出発する写真が新聞にのったときは、この人までが、と目を疑うばかりだった」

「林芙美子の『漢口入城記』などで、作家、評論家、詩人らの戦争協力には、もう驚かなくなっていたが、日ごろ尊敬している高村さん、岸田さんの戦争賛美には全くものがいえなかった」

牧瀬菊枝の夫となる牧瀬恒二についてのエピソードもある。恒二は岡山の第六高等学校を経て、昭和七年に東京帝国大学に入学したが、その翌年に、京都帝国大学で滝川事件が起こった。滝川事件は、京大教授の滝川幸辰（たきがわゆきとき）が「危険思想」の持ち主だとされて、教授会の議決を経ないまま、文部省に一方的に休職処分にされたという事件である。当時の文部大臣は鳩山一郎であった。学問の自由が脅かされるこの思想統制に対して、京大では教授・学生らによる大きな反対運動が起こることとなったが、当時の東大生は、この滝川事件をどう受け止めたのだろうか。

六月二十一日、美濃部達吉の講義のさなか、一人の学生が立ち上がり、「この時間を滝川事件の弾圧に抗議する全学生大会にきりかえます」と宣言すると、美濃部教授はにこにこと承知した。この教室を警官が取りまき、学生多数が検挙された。滝川事件のおりで、東大生も五百名くらい捕まったという。この事実もあまり知られていないことである。

七月には京都帝国大学、東京帝国大学の学生らが全国に呼びかけて大学自由擁護連盟をつくり、滝川教授復職、鳩山文相辞職を決議した。これを弾圧した鳩山一郎は、戦後首相となった。滝川幸辰は戦後に京大総長として返り咲いたが、学生運動を弾圧する側に回った。

他方、当時の東京帝大の学生には、大学で教える学識を持ちながら、それを潔しとせず、民主商工会の事務員や町工場労働者などになった例があるという。ここにも、不器用ながら自分を貫いた人々がいる。牧瀬を励まし、こうした聞き書きや「小さきものの記録」を完成させた一人に「荷車の歌」の作家・山代巴がいるし、そして「思想の科学」の鶴見俊輔がいた。

第六章

斎藤雷太郎と立野正一

「土曜日」の人々と京都の喫茶店フランソア

立野正一
たての・しょういち

◆

1907年、山口県に生まれる。1915年より京都に移住。京都市立美術工芸高校（いまの京都市立銅駝美術工芸高等学校）に入学し、絵画や工芸を学ぶ。卒業後に社会主義の運動に関わり、河上肇の書生となるが、治安維持法違反で2年間投獄される。1934年に京都河原町に「フランソア喫茶室」を開業。斎藤雷太郎、中井正一らの新聞「土曜日」を支える重要な拠点となる。フランソアは現在も京都の人気喫茶店として営業中。1995年没。

斎藤雷太郎
さいとう・らいたろう

◆

1903年、神奈川県横浜市に生まれる。10歳の時に小学校を中退。以来、丁稚奉公や家具職人などをして生計を立てる。1930年に松竹下賀茂撮影所の大部屋俳優となり、スタジオの仲間たちとともに雑誌「サルタンバッグ」「京都スタヂオ通信」などのミニコミ誌を制作する。1936年、中井正一、能勢克男らとともに、文化新聞「土曜日」を創刊。民衆の生活に即した反ファシズムの新聞として多くの読者を得る。1997年没。

もう十年も前になる。京都かもがわ出版の三井隆典さんから「西木屋町四条にあるフランソアという喫茶店について書きませんか？　鶴見俊輔さんが、森さんが書いたらどうかと言っておられます」と頼まれた。そんな。京都は不案内なのに？

思い出したが、そのまた十年も前に鶴見さんと「思想の科学」で雑誌に関する対談をした後、帰りに「戦時中、森さんの『谷根千』みたいな地域雑誌の拠点になっていたところに行きましょう」と、タクシーを拾ってフランソアにつれていってもらったことがあった。

その高瀬川沿いの路地にある小さな喫茶店は、外観はスパニッシュ風の青灰色のモルタル塗りで、二階には手すり子があり、一階の窓にはステンドグラスがはまっている。木の扉を押すと、中はビロードのような赤い布張りの椅子で、手作りのこげ茶の木のテーブル、壁にはレオナルド・ダ・ヴィンチの「モナ・リザ」の複製画があり、ヨーロッパ調の古めかしいつくりだった。住所は正確には西木屋町四条下ル船頭町一八四番地である。

「この店は古い店なんだ。戦時中は『土曜日』という反ファシズム統一戦線の小さな新聞を出す斎藤雷太郎という人を支えていた。その頃治安維持法のもとでもそんな小さなメディアが喫茶店を通じてたくさんの人に読まれていたのは奇跡的ですよ。東京じゃなくて京都だからできたことでしょう。喫茶店をやった人は立野正一さんと言って元画学生ですよ。哲学者の中井正一と弁護士の能勢克男が巻頭言を書き続けた。わたしは東京育ちで、戦時中はアメリカにいたし、敗戦後しばらくしてこの店に来るようになっただけで、それ以前の京都のことは知らない。多田道太郎さんに聞けばもう少しわかるでしょう。あの人はずっと京都だから」

そう鶴見さんは語った。その後、三井さんが資料を探してくれ、一、二度、京都に行ってインタビューや取材をした。店は次女の今井香子さんが引き継いでおられた。多田道太郎さんはあまり多くを覚えておられず、その後、間もなく亡くなられた。

しかし、忙しいままに、書くべき場所を持たない書き下ろしの原稿は進まなかった。だが、その場に集まった人々はまさに一九三〇年代、四〇年代の「暗い時代」を生きた人々である。三井さんの了承も得て、いまのうちにわかることだけでもまとめておくことにしたい。

反ファシズムのモダンな喫茶店

フランソアのことは名曲喫茶としてメディアに断片的には取り上げられている。開店は昭和九年(一九三四)九月二十三日。店主の立野正一は二十代半ばだった。仲間と一緒に民家を改造して、店の内装を考えたそうだ。鶴見俊輔さんによれば、真ん中の丸天井は京大で教えていた「まだ、ファシズムにくくられていないイタリア人」の設計だという。ある資料によれば名はベンチベニ。他に高木四郎という人も参加した。昭和十四年に羽仁五郎の『クロオチェ　市民的哲学者』が出たことも鶴見さんは書き添えている。枢軸国であった日本、イタリア、ドイツにも、よく目を凝らせば、ファシズムに不同調の庶民や知識人はいた。「フランソアは軍国日本にのこっていた異国風の空間で、多くの男女がそこでかろうじて息をつけた」（鶴見俊輔「六十年そこにいる。」）

京都の名曲喫茶フランソア。ファシズムへの文化的抵抗の拠点となった

名前の由来は、画家で「落穂拾い」や「晩鐘」で有名な、ジャン＝フランソワ・ミレーにちなむ。スペルからすると「フランソワ」とすべきかもしれないが、店はこの名で定着している。創業者・立野正一はゴッホが子供の頃から好きだったが、そのゴッホが尊敬していたのがミレーだった。

正一自身が京都市立美術工芸学校（いまの京都市立銅駝美術工芸高等学校）で絵を学び、画家を目指したが、治安維持法改悪に反対しようとして殺された山本宣治の死（昭和四年）をきっかけに労働運動に目覚めた人だった。その昭和八年には東京で小林多喜二が虐殺されている。その後、経済学者で『貧乏物語』の著者、河上肇の書生兼護衛を務め、治安維持法違反で二年間投獄されていた。釈放後、運動費用を集めるために、店を開いたという。

　店内ではクラシック音楽を聴かせた。当時コーヒー一杯がふつう十銭の頃に十五銭したという。それでも三高生や京大生、同志社や立命館の学生たちでいっぱいだった。

　正一よりは十二歳年下で、十代の頃からフランソアで店員を務め、二十歳で結婚した妻・留志子は「あの頃、学生の娯楽は喫茶店かビリヤードくらいだったので、一日に二回も三回も来る人がいた。帰りの電車賃がなくなって十銭借りていく人もいました」と証言している（「京都新聞」一九九八年五月十二日）。

　フランソアには作家の室生犀星や、ダダイストの辻潤、画家の藤田嗣治も来たことがある。「作家の織田作之助さんはいつも着流し姿。一人でふらりと来て、だるそうにレコードを聞いてはった」（「京都新聞」一九九五年十月二十六日）

「京都ではじめて、シャンソンも流したんです。暗い日曜日、パリ祭。よき時代だったわ」と留志子は語っている（「大阪日日新聞」一九八五年十一月七日）。

当時のフランソアのメニュー。メニューのイラストを描いたのは画家の藤田嗣治

わたしはフランソアで古いメニューを見ることができた。「サロン・ド・テ・フランソア」と横文字で記され、珈琲が「十五」と書いてあるので戦前のメニューと思われる。そこには「京都最高を誇る英仏H・M・V盤、及び豊富な名曲、レコードコレクション」とあり、名曲レコードをかける時間は「昼の三～四時、夜は六～七時」と書いてある。蓄音機はアメリカのRCA社のもの。その頃はSPレコードの時代で、千枚ほどあり、毎日、今日はベートーヴェンの五番、今日はメンデルスゾーンのバイオリン協奏曲と企画してかけたという。

フランソアと「土曜日」

さて、フランソアが支えた新聞「土曜日」が創刊されたのは、開店二年後の昭和十一（一九三六）年七月、この年は二・二六事件の起きた年だ。「土曜日」は月に二回、第一と第三の土曜日に発行されたタブロイド判の新聞で、最盛期は八千部を売ったが、編集メンバーが逮捕される昭和十二年の十一月まで、一年五ヶ月しか続かなかった。発行人の斎藤雷太郎は松竹の大部屋俳優だった。

すでに治安維持法が通り、言論の自由がない時代に、それに抗するように、斎藤はあえて、映画や文学、美術、ファッションの記事を載せるタブロイド判のメディアを発行した。ルネ・クレールの映画「巴里の屋根の下」や「パリ祭」のこと、ニューヨークのブロードウェイ事情などが載っている。驚いたのは、淀川長治が「土曜日」の最も若い執筆者であったということだ。鶴見さんは、淀川長治がテレビに現れて「さよなら、さよならと笑顔を見せる時、六十年前の『土曜日』の気分がそこにある」とも書いている(「六十年そこにいる。」)。

「巴里の屋根の下」の主題歌は、昭和四年生まれ、浅草育ちのわたしの母もよく歌っていた。母は浅草でモガとモボの時代に育ち、「スミス都へ行く」などの映画を見ていた。「そんなのに憧れていたのに、急に鬼畜米英になるわけがないじゃないの」というのは母の意見だった。この気分は京都でも同じだと思う。

「土曜日」の復刻版を見ると、こうした映画やファッションの記事の間に、政治や社会の時事的な原稿が載せられている。紙面にはスペイン戦争やナチスの成立に怯える北欧のレポートなどがある。「理論や教条ではなく、感性と軽やかさを信条とした」と創刊メンバーの久野収(くのおさむ)は言っている。

現在、「週刊金曜日」という雑誌がある。反権力の論陣を張り、「ニューヨーク・タイムズ」東京支局長だったマーティン・ファクラー氏も「いまの日本でジャーナリズムと言えるのは、『日刊ゲンダイ』と『週刊金曜日』くらいのものだ」と評価している。現在の「金曜日」はおそらくフランス人民戦線の機関紙「ヴァンドルディ(金曜日)」を意識したものだろう。創刊編集委員の久野収は戦前「土曜日」を助けた人だし、「土曜日」は「ヴァンドルディ」のような雑誌を作ろうというコンセプトで創刊された雑誌だったのだから。

フランソアの立野マスターは、この新聞を必ず二百部は買い、店において持ち帰り自由にして、若者をはじめみんなが読めるようにした。十五銭のコーヒー代の中に「土曜日」の持ち帰りの代金も含まれていたのだ。そして毎号、五円の広告も出して、新聞を支えた。

妻・留志子は二〇〇九年に亡くなったが、生涯「土曜日」に協力できたことを誇りにしていた。彼女によれば『土曜日』を読むのを楽しみに、伏見の師団から将校もやってきて、けんけんごうごうの議論をしていましたということだ（「毎日新聞」一九九五年八月三日）。久野収は「当時、私は京都や大阪の喫茶店で〝本日『土曜日』出来〟という貼り出しをたびたび目にしたのを覚えている」と回想している（「文化新聞『土曜日』の復刻によせて」）。

日米開戦の後は敵性語ということで「フランソア」という店名も目の敵にされ、「神風」とか「桜」に変名しろ、と言われたという。それで一時は「都茶房」という名前でやっていた。

しかし、立野正一が治安維持法違反で検挙されたりしたため、喫茶は戦争末期の昭和

創刊號

土曜日

憩ひと想ひの午后

3セン

花は鐵路の盛り土の上にも咲く

「土曜日」創刊号

十九年に閉店。コーヒー豆や砂糖が入らなくなったこともある。閉店後は店の二階が常連の溜まり場になり、店主と「土曜日」の執筆者だった中井正一や能勢克男が二階で俳句の会をしたり、お酒を飲んだりした。フランス社会史の河野健二は「窮屈な時代、文化的な雰囲気に浸れるオアシスのような存在だった」と証言している。しかしいつまでお酒が手に入ったのだろうか?

やがて、立野家はテーブルや椅子を、来るべき再開の日のために伊谷賢蔵らの協力を得て疎開させ、家族で、中井正一の下鴨の家に住んだ。中井は故郷の尾道に疎開して、そこが空いていたのである。京都は幸いに空襲がなかった、とよく言われるが、そうとも言い切れない。梅棹忠夫さんの妹で、上京区千本中立売で暮らしていた田中ふき子さんはたちどころに、京都で爆弾が落とされた場所を数箇所あげてくださった。

戦後はもっと物がない時代が続き、多くの要望に応え、店を再開できたのは一九四八年のことであった。

「土曜日」の発行人・斎藤雷太郎

もう少し、「土曜日」の経緯を詳しく追ってみよう。一九七三年、わたしが大学で政治学を学ぼうとした頃に、哲学者の真下信一先生をお呼びして勉強会をしたことがある。真下先生はその頃、多摩美の学長をしておられたと思うが、穏やかで親しみやすい方だった。わたしは本当の学者は威張らないし、自慢もしないのだということだけ覚えた。

その時、真下先生から戦前京都で出ていたもう一つの雑誌「世界文化」の話を聞いたことがとても印象的だった。これは昭和八年（一九三三）の京都帝国大学滝川事件の弾圧の後、京都で中井正一、武谷三男、新村猛らが当時の欧州の人民戦線の現況を伝えるために出していた雑誌だ。その「世界文化」と人脈が重なりながら、また違う雰囲気を持っていた大衆紙が「土曜日」である。

先にも触れたように、「土曜日」を発行していたのは斎藤雷太郎である。美学者の中井正一や弁護士で同志社大で教えていた能勢克男が編集に関わっていたので、この雑誌の中心をこれらのインテリだとする資料もあるが間違いだ。実際にこの雑誌を企画し、金策に走り回り、広告をとり、雑誌を売り歩くという実務をしたのはまぎれもなく斎藤雷太郎である。

斎藤雷太郎は明治三十六年（一九〇三）、横浜に生まれた。九歳の時に両親が離婚し、母や姉と離れ、雑役夫の父と暮らした。公立の小学校から救貧的なキリスト教の学校に転校したが、十歳で家出をして中退した。一銭で焼き芋を買って食べ、着物は着た切り雀、ゴルフ場の球拾いや矢場の矢拾いで小遣いを稼いだ。その後、文房具屋の丁稚（でっち）、タンス作りの職人などを経て、京都で俳優となり、二十四年過ごした。履歴については高橋幸子さんの聞き書き『10才のとき』（福音館書店）が興味深い。

斎藤について最も詳しい本に伊藤俊也『幻の「スタヂオ通信」へ』がある。昭和十二年生まれで東映に入社、「女囚701号・サソリ」などを監督した著者が、斎藤に関心を持ち、自らのミニコミ「大泉スタヂオ通信」に連載したもののまとめであるが、著者その人の思想や屈折、映画界に関する膨大な知見が入り、やや読みにくい。

本書によると、都市の最底辺で生きた斎藤雷太郎は、丁稚という、人のいうことだけをきく生活を厭（いと）い、家具職人として腕を磨こうとしたが、それにも飽き足らなかった。新国劇の俳優から、関東大震災を機に西へ向かい、昭和五年、京都の松竹下加茂撮影所で大部屋俳優になる。この年はまだ、プロレタリア芸術運動全盛の頃である。

この撮影所は、下鴨宮崎町、下鴨小学校の近くにあり、鴨川の河川敷や下鴨神社を使って撮影が行われた。片岡千恵蔵や林長二郎（のちの長谷川一夫）などがスターだった。スターばかりに日があたり、通行人や駕籠（かご）かき、十手持ち、斬られ役ばかり演ずる大部屋俳優の斎藤の給料は四十円ほどで、鬱屈と不満がたまっていた。

「昭和六年九月十八日満州事変が起きてから、良心的な文化運動なども圧迫されがちで、軍国主義的色彩は強くなるばかりでした。『人権の尊重』『言論の自由』などを説くと、危険思想と言われた暗い時代でした」（斎藤雷太郎「善意を組織するために」）

斎藤は最初、撮影所の七、八人で、「サルタンバック」なる撮影所の回覧雑誌を始める。各自が思い思いの原稿を書いて、とじ合わせ表紙をつけて回覧する。月に一回くらい茶話会を開いて、批評をしあう。評判が良くてメンバーは二十人くらいまでに増えた。

この時までに斎藤にしっかりした人権・平和の思想があったことが窺える。回覧雑誌というのはすでに明治十年代に、松山中学にいた正岡子規が試み、彼はこれを第一高等中学校（のちの一高）でも夏目漱石らと試みている。お金がかからず、共感と仲間を組織し、お互い交流し、批評を加えるのに大変良い方法である。

「いままでお互いがバラバラでしたが、『サルタンバック』を中心に固まり、自分の中にあるかくれた良いものをひき出して、それを育て上げるようになりました」（同前）

斎藤の文章は、何十年たっても読みやすくわかりやすい。さらに斎藤は各撮影所の人々が仕事や生活の意見を書く場となり、働く人々の親睦と向上を支えるための雑誌として、昭和十年八月には「京都スタヂオ通信」を創刊した。タブロイド判四ページで一部五銭だったという。知り合いも組織されたメンバーもいなかったが、斎藤いわくハッタリで、各撮影所の宣伝部を回り、第一映画、千恵プロ、新興キネマ、日活などから広告をとることに成功した。「松竹は私（斎藤）が勤めていたので、広告を貰うと思うことが書けなくなる」（同前）と省いた。他に市内の喫茶店、おでんや、化粧品店など活動屋（映画関係者）に縁のありそうな店を回って広告を集めたという。

読者の書く新聞

「小学四年を中途退学の私が、新聞発行を計画するのは、非常に冒険と思いますが、名文的なものや、学問的なものは、それぞれ専門の先生の書いたものを読めばいいので、字や文章はまずくとも、お互いの気持ちや考え方をかざらないで、ありのままを書いて発表する、要するに読者の書く新聞を考えたのです」（同前）

ここを読んで、鶴見俊輔さんが「森さんの『谷根千』の先輩ですよ」と言ってわたしをフランソアに連れて行ってくれた意味がよくわかった。

わたしたちは一九八四年に地域雑誌「谷中・根津・千駄木」を町に住む若い母親三人で寄り集まって創刊したのだが、この時の気持ちとまるで同じである。少数の送り手のメッセージが、メディアという巨大な乗り物を通じて、多数の受け手に発される寡占化された新聞やテレビ番組に食傷していた。それでは決して受け手は送り手になることはない。少数の送り手は、時の政権や広告会社などの仕掛け人の意図で左右される。これは垂直のコミュニケーションである。

わたしたちはこれに対して、町の問題を話しあう、送り手が受け手でもあり、受け手が送り手にもなれる相互交流の水平的なコミュニケーションを作り出したかった。のちに鶴見さんは「森さんの文章は大学を出てない人みたいな文章ですね」と何度かおっしゃった。いまになるとそれは「斎藤みたいな生活の中から出てくる飾り気のない文章」という褒め言葉だったのだと思う。

「学校もろくに行かない人間が、少しでも幸福になるには、自己訓練と教養が大切と思い、新聞はそれに役立つように編集され、読者と新聞は固く結びつくようにする。そして将来は消費組合的な面も取り入れて、精神生活にも物質生活にも、大きな役割をするようになる」(同前) のが新聞発行の狙いだったと斎藤は語っている。

斎藤は自分のことを「学校もろくに行かない人間」と言っているが、同じように小学校六年の義務教育を受けられないで農漁業に従事し、あるいは都会に出て丁稚や職人の弟子になったものが多かった。

こうした不遇な生活の中で、斎藤は、無産者の側に立つことを自覚的に選んだのだろう。現在もアメリカやヨーロッパで「わたしたちは九十九パーセントだ」という運動が盛んである。世界の富の七割を七十人ほどの富豪が支配し、あるいは上位一パーセントの人々が世界の大半の富を独占している。わたしもあなたもみんな残りの「九十九パーセント」に属する。それなのに、いまだに彼ら富豪や大企業の利益を優先する政党に票を入れるのはどう見てもおかしい。

広告とりに成功した斎藤は、原稿を集めようと助監督や先行文化誌「リアル」「同志社派」の同人たちにも声をかけたが、原稿の集まりは悪かった。そこで、自分で埋め草を書いて目鼻をつけたという。当局には「撮影所の裏話やスターの噂」を書くだけだといって切り抜けた。

「一つの新聞が生まれるためには、カットを書いてくれた人、同人誌の経験を教えてくれた人、等々多くの人達の隠れた善意と協力がつみかさなっているのでした。私はこの人達の善意と協力を無駄にしないと心に固く誓いました」（同前）

これも謙虚で尊敬できる感慨である。本当にその通りで、わたしたちの「谷根千」も町の三百軒の置いてくれた店、広告をくれた店、これらの店を紹介してくれた友人、配ってくれた友人、時には間違いを取り消すステッカーを一緒に貼ってくれた子育て仲間、子供の面倒を見ていてくれた人、子供たちに夕食を食べさせてくれた人たちがいなければできなかった。

「あの人たちは〝思想〟がある」という非難に「思想のない連中に雑誌なんか作られてたまるか」と一喝してくれた町会長、「間違いが多い」という人に「具体的にどこが間違っているか言ってみなさい」と反論してくれた商店会長たちによって支えられてきたのである。雑誌を一人で作れると思ったら大間違いだ。

初めての印刷物ができあがった時、「自分にもこんな新聞を出せる力があったのかと、夢のような気持ちで誌面をながめました」(同前)と斎藤は回顧する。わたしたちも刷り上がった雑誌を眺めて同じような感慨にふけったものだ。いままでは活字を読む人間だったが、これからはわたしたちが活字を刷って広める側に回るのだ、と。

しかし、わたしたちとは異なり、斎藤の時代は出版法、新聞紙法などにより、検閲が行われ、共産主義や無政府主義の宣伝、扇動、皇室批判などは禁止されていた。斎藤は、組合運動、半ば非合法な運動を経験し、「どんな意志の固い人間でも限界があるし、自己犠牲の精神を何時までも維持することは困難」(同前)ということから、犬死にを防ぐためにも、「京都スタヂオ通信」は合法の範囲に留めた。それはあくまで労働者の教養を増し、自覚を促すものであった。斎藤自身、それ以前に労働運動や非合法運動にも関わり身にしみ

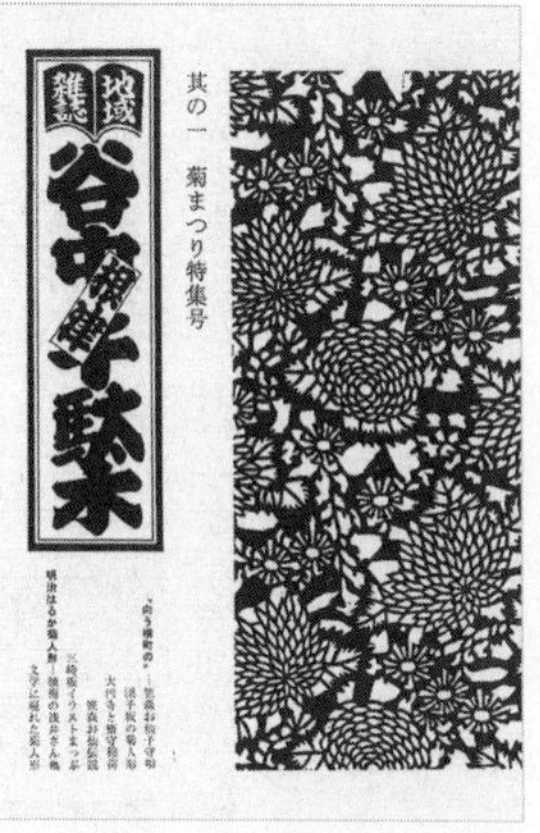

地域雑誌「谷根千」。1984～2009年まで25年間にわたり発刊された(写真は1984年の創刊号)

ていたことだからである。伊丹万作が執筆してくれたり、費用捻出のためにスターのサイン入り色紙をファンに売ったりした。

時事問題を書くためには金五百円なりの国債を保証金に出して「有保証」の新聞にする必要があった。なんと、大部屋俳優で四十円の給料しかもらえなかった斎藤はどうにかこの五百円を九ヶ月で工面してしまうのである。「現在の金に換算すると二百五十万円位」(同前)というからには、彼のもらっていた四十円の月給は二十万円くらいということになる。斎藤は「自分の値打ちの半分位の月給しか貰っていないので、仕事も半月か二十日位しか働かないことにしていた」と言っている(「『土曜日』について」)。これまた、強靭で誇り高い精神と言えよう。

「京都スタヂオ通信」から「土曜日」へ

昭和十一年(一九三六)四月、「京都スタヂオ通信」は有保証になり、斎藤は時事問題の書き手を探した。大胆かつ無手勝流である。「文藝春秋」の筆者紹介に住所のあった(いまでいえば何たる無防備)住谷悦治、大岩誠を訪ねた。住谷は京大を出た弁護士・能勢克男を紹介してくれた。能勢は同じく京大出身の美学者・中井正一を紹介してくれた。この二人が巻頭言を書くことになる。そして、彼らは斎藤に、ヨーロッパではフランス人民戦線の文化的機関紙「ヴァンドルディ（金曜日）」が燎原の火のように広がって影響力を持っており、反ファシズムの戦いに大きな貢献をしていると教えてくれた。彼らもそのような新聞を出したいと思っていたのである。

それで斎藤は「京都スタヂオ通信」をさっそく「土曜日」と改題した。だから「土曜日」は十二号から始まる。「土曜日」と改題したのは、また一から始めると手数がかかり、公安当局などに目をつけられる恐れがあったからである。当時出ていた文化雑誌「セルパン」をもっと大衆化したような新聞を出したいと斎藤は願っていた。ちなみに「ヴァンドルディ」の誌名の由来には、「週末の前日の憩いの日」という意味合いがあるが、当時の日本では土曜日もあくせくと働くことが普通だったため、「日曜日前日ののんびりした日」として「土曜日」の紙名が選ばれたのだという（ねずまさし「『土曜日』戦争前夜の娯楽新聞」）。

さて、残念なことに、「京都スタヂオ通信」の実物は、のちに押収されたこともあって、現在見ることはできないようだ。

原稿には能勢と中井が、経営は斎藤が責任を持ち、編集はこの三人でやることにした。しかしあくまで金主は斎藤なので、「土曜日」は斎藤の新聞といってよい。

「読者の目標は、小学卒から中学卒位までの一般庶民で、良い内容を平易に書いて、親しみやすいもの、そして学生やサラリーマンでも興味のもてるもの、これは私の希望でした。独善的な強がりや、先走ったことはさけ、良心的な商業紙としてのたてまえをとった」（「『土曜日』について」）

もう一つの希望は「〆切りを守ること」。全面的に賛成だ。わたしたちも編集部の自己主張は避け、必ず読者のインタビューやアンケートのかたちで、街の声を誌面に表した。働き疲れて帰って家で読むものだから、悪口などは書かずに気持ちよく読めるものにしたかった。文章は活字にする前にいつも朗読して、つっかえないように、一読して頭に入る文章を心がけた。こうした方針を斎藤は京大出身のインテリを相手に決して譲らなかった。斎藤は寄稿された原稿に手を入れて、わかりやすく直すことさえあったという。

題字はフランスの新聞「モンド」からヒントを得て、上部に横書きで「土曜日」と小栗美二（おぐりよしじ）が書いた。その上に「生活に対する勇気、精神の明晰、隔てなき友愛」と記されていた。中央部の絵は伊勢賢蔵、巻頭言は中井（時に能勢）、社会欄は能勢、文化欄は新村猛、文芸時評は辻部政太郎、映画欄は清水光、音楽欄は長広敏雄が重点的に書いた。林要、岡田正三、時に松山文雄が東京から漫画を送って参加した。

昭和十一年の七月四日、奇しくもアメリカの独立記念日に創刊号は発行された。タブロイド判で六ページ、定価は三銭（いまの金で五、六十円）と見積もっているところも斎藤の現実的な経営感覚を物語るだろう。

「『土曜日』発行について、誰からも金を貰わないし、また誰も金を出した人はいなかった。その必要がなかったのです。時事問題の書ける有保証の『京都スタヂオ通信』の基礎があるので、題字を『土曜日』とかえるだけでよかった。直接発行に必要な費用は、過去の蓄積が多少あったので、それで充分間にあった」（同前）

中井や能勢は格調の高い、垢抜けした紙面を考えたが、斎藤は小中学校卒くらいの一般庶民を基準にしたいと思ったため、「上等なお菓子を盛ったお皿に、駄菓子を混ぜた感じ」だったという。斎藤自ら「職場の作文」「床屋ろん談」「ロケ・バス」などの記事を書いた。「あの文章がのるなら、自分にも書けそうだと思わせる呼び水」だという（『幻の「スタヂオ通信」へ』）。これは卑下ではなく、文章のタイプであろう。

「本屋の店頭にかざられた『土曜日』を見た時、これで自分の念願したものへの第一歩が始まったと思った」と斎藤は言う。しかし二千部刷った創刊号は売れ行きが良くなかった。商売人の斎藤はこの事実を言うと士気を下げるとして秘め、宣伝を兼ねて喫茶店などに二、三十部ずつ無料進呈した。喫茶店の各テーブルに一部ずつ置き、お客に見せる。

「無料なら気まぐれに見ますし、読めばかならずついてくると思った。なかには持ってかえる客もいる」（「『土曜日』について」）

そのうちに喫茶店の主人も評判がわかり、百部一円五十銭でサービス用に買ってくれるように頼んだ。フランソアの主人・立野正一などは自分も思想運動に関わっていたので、喜んで買ってくれた。それを見て競争する他の喫茶店でも買った。という風にして「土曜日」は評判になり、部数は急速に伸びた。平均四千、多い時は七、八千、学生街の京都では、夏休み冬休みは学生の帰省で減った。帰省先に送ってくれと金を置いていく学生もあったという。

庶民感覚に満ちたおおらかなユーモア

「土曜日」の創刊号の巻頭言は中井正一の筆による。その巻頭言は「花は鉄路の盛り土の上にも咲く」と題されている。それは、軍靴の足音の響く暗い谷間の時代の中で、鉄道の冷たい線路の上にも花は咲く、その花は人々の日々の生活の中からこそ咲き誇る、と宣言したものだった。

「明日への望みは失われ、本当の智慧が傷つけられまじめな夢が消えてしまった。しかし、人々はそれでよいとは誰も思っていないのである。何かが欠けていることは知っている。(中略)我々の生きて此処に今いることをしっかりと手離さないこと、その批判を放棄しないことにおいて、はじめて、すべての灰色の路線を、花をもって埋めることが出来るのである。

『土曜日』は人々が自分たちの中に何が失われているかを想い出す午後であり、まじめな夢が瞼に描かれ、本当の智慧がお互いに語り合われ、明日のスケジュールが計画される夕である。はばかるところなき涙が涙ぐまれ、隔てなき微笑みが微笑まれる夜である」

（「土曜日」昭和十一年七月四日）

中井は別の号の巻頭言でも「生活の真実が、あらゆる無理な暴力に抵抗する」と書いている。これらの巻頭言は、斎藤の編集もあってか、難解な哲学や美学の論文を書いてきた中井の文章にしてはかなりわかりやすい。しかし、中井の文章にはそれでもどこか啓蒙的な肩肘をはった感じがある。例えば、

「人民が一日一日生きている姿は、それで立派に一つの批判である。この苦しさが、棄てようもない、立派な大きな批判である。何人も爽やかにこの批判の前に立つべきである。この現象自身の示す、行きすぎのとがめは、この批判は、『断』の一字ではなかなか解決しないし、そんな考え方がユートピアの考え方なのである。平凡な人間の声、愚民と考えられている人民の声の中に、真実は充ちている」（「土曜日」昭和十一年七月四日）

このような言葉を読むと、言いたいことはわからなくもないが、ちょっと堅苦しい、もってまわった言い草だなあ、と感じる。もちろん当局の監視があり用語にも注意が必要だった。でも、「べき」という言葉を使ったとたん、文章はこわばらないだろうか。

他方、斎藤の文章はもっとおおらかで庶民感覚にあふれている。例えば、近衛文麿内閣が成立した時に書いた「七円と九銭の弁当」という文章などにはその特徴がよく表れ

ている（「土曜日」の記事は基本的に無記名だが、伊藤俊也氏によれば、この記事は間違いなく斎藤の筆である）。当時、近衛内閣組閣の際に近衛は「社会正義」という、誰にも文句のつけようのない、美辞麗句による政策理念を掲げていた。しかし、この時、斎藤は近衛文麿の食べている弁当の値段に注目したのである。

「社会正義と言われて、それに反対する文化人はいないだろう。誠に結構なことである。（中略）農民の飯を食い、農民の借金を持ち、農民の着物を着ない人がいかに社会正義から農村を論じても、どうもぴったりしないのだ。そこで一つ近衛さんの地位をみたい。むつかしい理論ではない。端的な事実だ。近衛さんは組閣中に一食七円の弁当を食っている。八月一日からは京都西陣には栄養食配給所ができて織子さんたちに栄養食を配給するが、それは朝が五銭、午（ひる）と晩とが九銭見当で、一日二十三銭ということになっている。近衛さんは病弱で栄養の点を考えて材料に苦心したため一食七円かかったのだそうであるが、西陣の織子さんは、その七円があったら、三十日養われてまだ一銭のおつりが来るのである。

（中略）かように考えれば、近衛さんは日本のホープだと評判がよいけれども、ホープはホープでも、専売局から売り出す両切りのホープで、吸えば煙になるホープではあるまいか」（「土曜日」昭和十二年六月二十日）

なんともユーモラスな文章ではないか。当時、組閣したばかりの近衛文麿は大変な人気があり、国民の支持率が圧倒的に高かった。しかし、その近衛文麿のもとで国家総動員法が制定され、日中戦争の泥沼化を招く愚策がとられたことは、いまではよく知られている。斎藤は近衛内閣に大衆が「希望（ホープ）」を持ちすぎているということを、煙草のホープとかけて「ホープはホープでも、吸えば煙になる両切りのホープ」と言ったのだった。この頃にそんなことを、こんな庶民感覚で書いてしまう斎藤雷太郎というのは、やはりすごい。

七圓と九錢の辨當

近衛内閣と人民の生活

近衛さんは組閣の後まづ社會正義といふことを口にした。それで、大臣の人選にとかく噂がありながらも一應の明るさを感ぜさせてゐる。すくなくとも林さんの祭政一致よりは遙かに明るく感ぜられる。

社會正義と言はれて、それに反對する文化人はゐないだらう。誠に結構なことである。それに文句をつければ、つける方が間違ひだと言ふ人があるに決つてゐる。しかしそこにやはり問題がある。人は誰でもその立つ地位からしか立論し得ないものだ。私なんかのやうに農村に生れた人間は都會の知識人が農村を論する時に、何だか夢物語のやうに思はれて仕方がない。農民の飯を食ひ、農民の借金を持ち、農民の着物を着ない人がいかに社會正義から農村を論じても、どうもぴつたりしないのだ。そこで一つ近衛さんの地位をみたい。

むつかしい理論ではない。端的な事實だ。近衛さんは組閣中に一食七圓の辨當を食つてゐる。八月一日から京都西陣には榮養食配給所ができて織子さんたちに榮養食を配給するが、それは朝が五錢、午と晩とが九錢見當で、一日二十三錢三厘といふことになつてゐ

斎藤が執筆した記事「七円と九銭の弁当」

「土曜日」という雑誌のキャッチコピーは「憩いと想いの午后（ごご）」だった。この雑誌を読んでいた人は、こうした痛快な文章に触れて、どんなに心が安らいだだろうと思う。

わたしは何年か前、ある八ミリ映画を見せてもらったことがある。それは琵琶湖を貸切の遊覧船で遊び、甲板の上にインテリらしき男たちが何か談笑している映画だった。たくさんの家族がピクニックをし、フォークダンスに興じている映像である。昭和十二年（一九三七）に京都ではあんなことをしていたんだ、と驚いた。後でわかったことだが、巻頭言を書いていた能勢克男

が映画を撮るのが好きで、「土曜日」創刊一周年を祝う野外パーティの映像だった。「この映像を見る時は父は必ずジャズをかけていました」と能勢の息子は言っている。鶴見さんは「その頃、共産党は獄中にあって、その指導から離れた自由な市民運動として『土曜日』と『世界文化』は進められていた」と言う（「六十年そこにいる。」）。

戦中の共産党の反戦活動について、わたしは敬意を持っている。しかし、この人たちが前衛党の強力な指導下にあったのならば、戦時下に琵琶湖でピクニックをするなどという戦術は却下されたかもしれない。

「一九三七年のこの人たちは、すでにソ連の官製マルクス主義から離れ、アメリカで実験されていたルーズヴェルトのニューディールに共感を持っていた。だからこそ、ジャズがあり、アメリカ映画の批評があり、タウン誌があらわれたのである。進行中の戦争に対する不同調がこの若い執筆者と珈琲店の常連を結びつけた」とも鶴見さんは書いている（同前）。

反ファシズム運動で黒字を出す

しかし程なく弾圧はやってくる。この年十一月八日、中井、能勢、斎藤らが検挙され、「土曜日」は四十四号で終刊となった。

検挙の理由は「一部ずつ見ていればたいしたことはないが、続けて見ていると、反社会性の精神が流れているのがはっきりわかる」（「『土曜日』について」）ということだった。それでも斎藤の口は堅く、彼のために新たな検挙者が出ることはなかった。翌年「世界文化」関係者も検挙され、こうした京都人民戦線の抵抗はもろくも破られた。しかし、この人脈が戦後京都の革新運動を支えたこともまた明らかである。

「土曜日はすべて能率的であった。弾圧を喰うまでは、関係者の負担は思ったより軽くてすんだ。執筆者は期日までに原稿をとどけ、印刷所は期日どおり仕上げ、広告主は代金をすぐ支払ってくれた。まとめて送った先もすぐ送金してくれる。無駄手間は少くもなかった。小額だが何時も黒字で、印刷所をはじめ誰にも金の迷惑はかけなかった。とぼしいものではあるが、誠実な行動に裏づけられた、良心の成果であった」（同前）

敬服する。世の中には自分はいいことをしているのだからといって、人に迷惑をかけたり、支払いを遅らせたり、カンパを強要するような人が多い。わたしたちの「谷根千」もそれだけはしまいと努めた。「谷根千」は四号目からは黒字であり、多い時は一万六千部まで刷って売りさばいた。事務所も維持し、労働報酬さえ、多くはないが分配できた。「土曜日」の場合、ファシズム下で少しでも自分の考えを伝えたいと思った執筆者たちは、ただで原稿を書いただろう。編集の責任を負った中井正一や能勢克男も無償で働いただろう。検挙された彼らは半年から二年間勾留された。

「警察から帰った時、五百円也の保証金と週刊紙にするためにためた四百円也があった。この金はまた入用な時があると思い大切にしておいたが、戦争はきびしくなり、自分の仕事さがしに追われて、運動どころではなかった」(同前)と斎藤は言う。

わたしは脇坂さんという昭和十年生まれの方から手紙をいただいたことがある。それによれば、物心がついた時、斎藤雷太郎は自分の家に下宿しており、表には大八車を止めていたという。朗らかな人だった、懐かしい、と書いていらした。

斎藤は戦後、八百屋や古着屋をして生きた。その中で、「自分のかわりに運動する人の二人分」のお金を毎月革新政党に寄付したり、あかつき印刷所創立の費用として五千円を寄付したりした。これは「スタヂオ通信」と「土曜日」の関係者の「誠実な行動の成果」であるという。こうした心意気にも脱帽する。「世界文化」の関係者だった和田洋一(のち同志社大学教授)は「あの当時、反ファシズム運動をして、お金をもうけたというのは全く奇跡です」という。「世界文化」の方は「よい原稿を無料で書けばそれで終わり。どうしたら多くの人に読まれるかなどということは考えなかった」(中村勝「戦時下の京都で、タウン紙を発刊!」)。

それこそを斎藤は考えた。鶴見俊輔さんらの「思想の科学」の運営には斎藤雷太郎の考えが潜んでいる。だからこそ半世紀続いたのではないだろうか。「売れれば店にお金が入るようにした」「広告料でもとをとっていて、無限に再発行できる仕組みになって

いた」「売れ行きは問題でなかったが、売れるということは、読まれるということ」（同前）
雑誌経営者としての斎藤雷太郎は、実に有能で比類なく興味の尽きない人である。一九九七年、九三歳で没。

戦後のフランソア

さて、戦後のフランソアを見てみよう。伝説は多い。立野正一は店の片隅に左翼リベラルの本を売るミレー書房を設け、河上肇『貧乏物語』を復刊した。立命館大学の末川博など、河上肇を懐かしく思う人々の溜まり場になった。

京都はそれこそ山本宣治の伝統、戦前の滝川事件に題材をとった原節子主演の映画「わが青春に悔なし」にあるように、長い戦いの歴史を持っている。それをベースとして、戦後の革新運動があり、また京大や立命館では学生運動も激しかった。六〇年、七〇年安保の際もフランソアはデモや集会の後に集まる場所だった。

同時にフランソアは文化人の溜まり場でもあった。映画監督の溝口健二、吉村公三郎、今井正、山田洋次、脚本家・依田義賢（よだよしたか）なども出入りした。民藝の森雅之、宇野重吉、信（しん）欣三（きんぞう）、滝沢修、前進座の河原崎長一郎などの俳優たちも京都における劇団の拠点のように店を使っていた。

二〇〇〇年には殿山泰司を描いた映画「三文役者」のロケにも使われた。殿山は一時、京都である女性と同棲し、フランソアにもよく来た。監督の新藤兼人は高等小学校の修学旅行で京都を訪れた時に時代劇の撮影を見学したことがきっかけで、映画に夢中になったという。新藤と乙羽信子のデートの場所もフランソアだった。吉村公三郎は山本富士子や京マチ子を連れて来た。吉村が監督で藤村の「夜明け前」を撮影した際は、店の息子さんも出演した。

戦後、音楽家では黛敏郎、芥川也寸志、京都市交響楽団の指揮者・森正、山田一雄の姿もよく見られた。昭和四十年代の初めに、ピアニストのサンソン・フランソワが京都で演奏会をした時も、日仏会館の人とともにきた。彼のレコードをかけたら喜んで、ジャケットにサインしたという。さらにフランソアは瀬戸内晴美「家族物語」、今江祥智「袂のなかで」、辻井喬「終わりからの旅」などの小説にも登場する。

鶴見俊輔さんは、わたしにフランソアのことを書きなさい、と言ったけれど、ご自分でも何度か書いておられる。鶴見さんには久野収との共著『現代日本の思想』もある。ハーバード大学を若くして卒業後、日米捕虜交換船で姉の鶴見和子とともに帰ってきた人だ。京大、東工大の助教授となり、京都大学人文科学研究所で桑原武夫、河野健二らとともに『フランス百科全書の研究』や『ルソー研究』を、さらに思想の科学研究会で『共同研究 転向』などを刊行した。やがて同志社大学の教授となるが、学生運動をきっかけに同志社をやめて、雑誌「思想の科学」を出し続けながら、自由な思想家として二〇一五年までを生きた。

戦後、京都の岩倉に住んで、京都の人々と出会った時に、鶴見さんは彼らの戦中に興味を持ったのであろう。「敗戦後に私は、『思想の科学』をつくる時に武谷三男氏にであい、武谷さんをとおして、中井正一、久野収、和田洋一とであった。この人びとは、『世界文化』の同人であり、『土曜日』の執筆者だった。彼らは同時に、マルクス主義者としなかった。アメリカ哲学くらい、自分たちのほうでとり入れなくてはという気組み民主主義科学者協会（民科）の会員だったが、私に対してマルクス主義をおしつけようとしなかった。アメリカ哲学くらい、自分たちのほうでとり入れなくてはという気組みをもっていた」と言っている（「六十年そこにいる。」）。

店を引き継いだ香子さんは「父は店を、そこに行けばだれかに会えて、思想や芸術について話ができる場所にしたかったのだと思います」と述べている（「毎日新聞」一九九五年八月三日）。

センターとしての喫茶店の役割は大きい。東京の本郷には「ルオー」という喫茶店があって、戦後の学生運動の時などその二階が方針の検討、指令の場所となった。早稲田には「茶房早稲田文庫」という店があって、そこに行けば誰かに会えた。紫煙がもうもうとする中で歴史や哲学を論じた。京都には同志社大学の近くに写真家の甲斐扶佐義さんの「ほんやら洞」が最近まであって、世界中の人々はそこで出会って、様々な運動の結節点となった。そこが火災によって焼けたときには多くの人が衝撃を受けた。もちろんパリやロンドンやウィーンやプラハにも、そうした知識人の溜まり場となっていたカフェがある。

フランソア初代主人・立野正一は一九九五年六月六日に八十七歳で亡くなった。晩年はソ連の崩壊のテレビを食い入るように見ていたという。九日、店で行われた葬式には鶴見俊輔さんや、親友である京大名誉教授の井上清さんなども参列した。

二〇一六年四月、かつて取材半ばのまま原稿を進められずにいたわたしは、ようやくまた店に入る決心がついた。店には紺色のスマートな制服の美しい若い女性たちが働いていたが、前にお目にかかった香子さんはおられなかった。入口のそばに、まるで劇場の窓口のようなレジがあり、その奥には一九五六年のアンナ・パブロワの古いポスターがかかっている。

店の中は昔と変わらない。ステンドグラス、円形の天井、「モナ・リザ」の絵、司馬(しば)江漢(こうかん)の「七里が浜」はそのままだ。そこがいっぱいであれば、奥から回って明るい、暖炉のある禁煙席へ導かれる。

ブレンドコーヒーを頼むと「クリームのせますか」と聞かれる。あっさりと甘くないクリームが少しだけ乗ったコーヒーもブレンドと同じ五百八十円。これは宇野重吉が太鼓判をおした味という。

修学旅行らしき若者が入ってきて「六人です」と言った。お店の女性はすまなさそうに「ただいまいっぱいで」と断ったが、青年たちはきっと京都に行ったらフランソアに、と計画してきたに違いない。昔、わたしも高校時代、京都を旅し、この辺の店に入ったことを思い出した。わたしが出れば座れたのに、よい思い出になったのに、と反省しきりであった。

第七章

古在由重

ファシズムの嵐の中を航海した「唯物論研究」

古在由重

こざい・よししげ

◆

1901年、農芸化学者の古在由直と作家の清水紫琴の次男として東京に生まれる。マルクス主義哲学者。1932年に戸坂潤らが「唯物論研究会」と機関誌「唯物論研究」を発足。古在ものちにこれに加わり、中心メンバーのひとりとして会と雑誌を支えた。1933年、1938年の二度にわたり治安維持法違反で逮捕される。戦後は原水爆禁止運動などにも積極的に参加し、「民主主義科学者協会」のメンバーも務める。1984年に原水爆禁止運動の方針をめぐって共産党と対立し、除籍処分を受けた。1990年没。

戦時中、京都で反戦平和のために活動した「土曜日」「世界文化」そしてそれらの人々の溜まり場になった喫茶店「フランソア」などのことを書いているうち、ところで、東京にはそんな場や雑誌がなかったのか、と考えてみた。戸坂潤、古在由重らが関わっていた唯物論研究会はどうなのか。

とても懐かしい。古在さんには学生時代、新宿で行われた自主ゼミでいろんなことを教わった。先生とは呼ばせない雰囲気があった。その頃もう七十代で、髪の毛も頭頂に少ししかなかったと思うが、眼鏡をかけ、やや高い声で、意気軒昂に語られた。マルクス主義哲学者だということだったが、習ったのは大逆事件の時の徳冨蘆花の講演「謀叛(むほん)論」や三枝博音(さいぐさひろと)『三浦梅園の哲学』だった。どうでもいいことばかりを覚えている。わたしが駒込病院で生まれましたというと古在さんはこう言った。

「僕の育ったのは、駒込より外の上中里です。親父が西ヶ原の東大の農事試験場の場長をしていてあの辺はいいところでしたよ。平塚神社ってあるでしょ、あそこで遊び呆けていた。僕の通ったのは滝野川尋常小学校で、そこから中学に行ったのは二、三人。中学から一高に行ったのも僕一人。そのくらい上の学校へ行くのは難しかった」

調べてみると、古在由重は明治三十四年（一九〇一）の生まれ、そうすると、父方の祖母より三つ若いし、わたしが聞き書きの伝記を書いた新内の岡本文弥さんより六歳若い。この二人の年譜は頭に入っているので、古在さんの生きた時代も大体想像がつく。

父・古在由直と母・清水紫琴

父・古在由直は農芸化学者、のちに東大総長になるが、足尾銅山の鉱毒事件の被害者側に頼まれて、渡良瀬川への鉱毒の垂れ流しを公平に調査した。そして母は清水豊子といって、自由民権運動に関わり、中島湘烟や福田英子と交わった人で、清水紫琴の筆名で知られる。斎藤隆夫の章でも書いたように、清水紫琴は明治女学校で教えたこともある。弁護士と結婚のち離婚、大井憲太郎と恋人になって一児を産み、「女学雑誌」記者として活動、評論「泣いて愛する姉妹に告ぐ」、小説「こわれ指環」を書いたジャーナリストにして作家だった。

結婚、恋愛、出産などの過去を持つ女性に求愛して家庭を持った古在由直という人の大きさも大したものだが、結婚後、母・紫琴は筆を絶って、家事育児に専念した。由重の上に兄・由正がいて、実家の父や実家に残した子供の世話もかかってきたからとも考えられるが、断筆の真の理由は明らかではない。西ヶ原時代に、由重の下の弟妹が夭折し、紫琴はひどく悲しんだと伝わる。

最近になって、岩倉博『ある哲学者の軌跡　古在由重と仲間たち』という七百ページに及ぶ労作が出て、わたしは知らないことをたくさん知ることができた。古在由重は京北中学の出身だという。古在自身は「いわゆる有名校ではない」「西ヶ原の家からいちばん近かった」からだと述べているが、これは謙遜。東洋大学を創立した井上円了が開いた学校である。藤村操(ふじむらみさお)、阿部次郎、飯田蛇笏(いいだだこつ)、日夏耿之介(ひなつこうのすけ)、武田泰淳(たけだたいじゅん)、藤原義江などを輩出しており、当時は京華中学と並んで東大にたくさん進学した学校である。

古在の中学時代に、ロシア革命が起こり、翌年、米騒動が起こる。しかし、その頃の古在少年は運動といってもスポーツに夢中で、中学時代は「なにひとつ小説も読まなかった」という。野球同好会でピッチャーをしていた。ストックホルムのオリンピックに日本代表が出て負けた悔しさ、その頃飛行機の墜落事故が相次いだことが印象に強く、墜落しない飛行機を作りたいと思ったという。中学で「わかる数学全書」の秋山武太郎、のちに東京天文台長になる関口鯉吉に数学を習ったので、数学にも興味を持った。

三ヶ月勉強して、大正八年（一九一九）、運良く一高理科甲類に入学。家から近いと言っても全寮制、一部屋にいろんな専攻の学生が十二、三人いる中でさっそく、のちに同志となる粟田賢三と仲良くなった。

丸山眞男と古在由重

古在は『一哲学徒の苦難の道』で丸山眞男と対談している。丸山は周知のように日本の戦後を代表する政治学者、思想史家だが、若い頃に『現代哲学』を読んで、古在由重を尊敬していた。丸山はここで、「生きた本人に時代の知的状況を語ってもらいたい」「古在さんには前々から自伝を書きなさいとけしかけていた」と語っている。これは実に大事なことであるように思える。政治的行動の前に古在は類い稀なリベラルな家庭に育った。大正期になると、都市文化が花開き、演劇や映画を楽しむ場所ができ、また出版文化も花開いた。

丸山は著名なジャーナリスト丸山幹治の次男、古在より十三歳下の大正三年（一九一四）生まれ、読んだ本がまるで違うという。丸山が的確に述べている古在由重の青年時代とは「ちょうど第一次大戦後、哲学的には、とくに新カント派などの『方法論』的関心の台頭の時代、政治思潮としては、いわゆる大正デモクラシーと、国際平和主義、つまりアンチ・ミリタリズムが盛んになり、社会・労働運動では大杉（栄）などのアナルコ・サンディカリズム（革命的労働組合主義）が全盛になる時代」であった（『一哲学徒の苦難の道』）。

これに対して、古在は自分はむしろ、科学に興味があり、駒込富士前に第一次大戦中にできた理化学研究所での長岡半太郎や寺田寅彦、仁科芳雄などの研究に興味があったという。当時、古在は数学者になろうと考えていたようだ。この時に持っていた数学や科学への興味関心は、のちに唯物論哲学へ向かう際にも役に立った。理化学研究所も西ケ原と一高をつなぐ本郷通り（岩槻街道）から離れていない。しかし一高に入るとショーペンハウアー、デューイ、バートランド・ラッセルなどを読んでいる学生がいて、哲学に興味を持った。

ここで古在があげている本は次のようなものである。

田邊元『科学概論』、西田幾多郎『善の研究』。これら京都学派の著作の影響で、三木清や戸坂潤などのように一高から京大へ行くという伝統ができた。倉田百三『愛と認識との出発』、阿部次郎『三太郎の日記』。そして新しい世界として、ツルゲーネフ「初恋」「ルージン」、ドストエフスキー、チェーホフなどのロシア文学。そうしてみると古在より半世紀遅れて生まれたわたしの時代まで、この読書体験は重なっていることになる。一九七〇年代、全国大学生協連という組織が「読書のいずみ」という小冊子を出しており、わたしはそこに推薦されている古典を端から読んだものである。

一高時代の古在由重。写真中央

大正十一年、古在は東大の哲学科に入った。桑木厳翼が主任教授で、鹿子木員信の講義は一年間熱心に聞いたが、紀平正美についてはあまりの非合理さに失望して授業に出なかった。当時の古在はカント哲学に閉じこもって、あまり社会的な問題に関心を持たなかったという。しかし関東大震災後、国家という暴力はその姿をはっきりと現した。社会に関心を持つきっかけは「やはり朝鮮人の大量虐殺と大杉事件、南葛労働者たちの虐殺（亀戸事件）ですね」（同前）。

その後、カウツキーや河上肇を読んだが、なんと言っても影響を受けたのはマルクスその人の『ドイツ・イデオロギー』だという。また「人民（ナロード）が歴史を作るということ」を確信したのはトルストイの『戦争と平和』であったとし、自分の時代は「大正デモクラシーからアナーキズムとボリシェヴィズムとの論争、そしてもちろん河上肇、福本イズムという通路を通った人々が多数だろう」とも語っている（同前）。

大正デモクラシーから社会主義へ

大正デモクラシーは吉野作造の「憲政の本義を説いて其有終の美を済（な）すの途（みち）を論ず」（大正五年）を代表的論文とする。その後、ボルシェビズムの盛行により、吉野の民本主義は穏健すぎて古臭いとレッテルが貼られ、現在までその評価は続いている。吉野は生来病弱で、昭和八年（一九三三）、五十五歳で肺結核で亡くなった。

大正九年、古在由重の父・由直は、会津出身の総長山川健次郎の後を受けて、東大総長になることを乞われ、科学者の仕事を捨てて、大学の行政職を務めた。この頃、左派の新人会や右派の七生社の学生が面会を乞うと、自宅で会ったりしていたらしい。また批判に抵抗して吉野作造や美濃部達吉を教授の地位のままに置き、彼らの意見に耳を傾けていたと、息子の由重は言っている。「自然科学者だから『自分にわからないことはわからない』『どの点まではわかるか』という境界の自覚ははっきりしていました」(同前)

大学卒業後の昭和四年、古在由重は東京女子大学の講師になった。当時、思想善導という文部省の基本方針により、女子大にも倫理学の授業が用いられた。古在はこの科目で採用された。

「僕よりも学生の方が政治的には進んでいる人々がいた」。東京女子大学ではすでに大正末に社会科学研究会、いわゆる社研が設立され、昭和二年二月には、東京女子大、日本女子大、東京女子高等師範学校などの学生が女子学連を組織していた。オクテの若い倫理学教師は学生に問い詰められる。

「一体、先生は階級闘争を是認するのかどうか」。若い古在は答えた。「社会正義のために是認せざるを得ない」

昭和五年春、一人の学生が来て頼んだ。「実はモップルという解放運動犠牲者の救援会がある。先生、それに協力してもらえないでしょうか。たしか先生は理論と実践の統一ということを授業のときにおっしゃった」

すでに三・一五、四・一六の弾圧の後で、戦争への道を押しとどめる反戦平和の運動家たちは、官憲に目をつけられ、会合の場所も持てないでいた。女子学生が依頼したのは資金と会合のためのアジトの提供であった。この人はいまでは大陸浪人として知られた宮崎滔天（みやざきとうてん）の姪の宮崎哲子であるとわかっている。ここにも奇しき因縁がある。

古在は当時、東京帝国大学図書館の司書をしていた友人の吉野源三郎に相談すると、「やるべきだ」と吉野は言った。古在も「あぶないという恐怖の心理以外、否定する理論的根拠はないと思う」と答えた（同前）。

古在によれば、女子大の倫理学の教師として自分に期待されていた役割（思想善導）とは、女子学生の赤化の抑止だった。しかし、思想善導どころか当の女子学生に導かれて社会主義の運動に入ったというのだから興味深い。

これをきっかけに古在は実践活動に入り、地下（非合法）の共産党のために、国際文献の翻訳、「赤旗」の編集にも関わったが、当然秘密の活動だったので、検挙されるまでは知られなかった。また古在の家にはのちに虐殺される岩田義道も病気保釈中でやってきた。「君はあくまで哲学を捨てるな」と岩田は言った。

岩田は愛知県出身で京大で河上肇に学び、京都学連事件（京大や同志社大で学連のメンバーが治安維持法違反・不敬罪で検挙された事件）に関わって逮捕、その後、東京に移って非合法共産党の機関紙「赤旗」の編集責任者を務めていた。昭和七年十月三十日、特高に逮捕され、拷問により四日後に死去。小林多喜二の拷問死は有名だが、岩田義道のことはあまり知られていない。身体中が赤黒く腫れ上がっていた。

いずれ自身の逮捕も想像された。昭和五年夏、吉野源三郎が治安維持法違反で捕まった。しかし吉野は本郷本富士署の取り調べでも古在の名を出さなかった。同じ頃東京女子大の教え子、高橋ゆうも左翼事件で検挙された。彼女は前橋の有名な書店の娘で、父は在野でスピノザを研究し、草野心平や萩原恭次郎ら多くの詩人を支援していた人だ。高橋ゆうはのちにゾルゲ事件でも九津見房子とともに検挙されることになる。

「唯物論研究」と反ファシズム人民戦線

薄氷を踏む思いの毎日であった。この頃、古在由重は幼なじみの女性に求婚して断られている。マルクス主義の哲学者、実践活動もしている男と結婚しようという気持ちは、山の手の令嬢にはなかった。

京大に進んで田邊元や西田幾多郎に学んだ戸坂潤は同志社女子専門学校、神戸商科大学、大谷大学などで教えながらも検挙され、東京に戻り、法政大学講師となっていた。戸坂は古在の一高時代の先輩だったが、京大では「土曜日」の中井正一の一年後輩でもあり、懇意にしていた。後に治安維持法違反で検挙され、獄死する三木清とも同門だった。

昭和七年（一九三二）、彼を中心メンバーの一人として東京で唯物論研究会が組織され、雑誌「唯物論研究」も創刊する。創刊の際に古在も誘われたが、すでに実践活動に入っていたため、当初はこれには関わらなかった。というのも、古在は自身が地下活動に関わっていることを周囲に伏せていたからである。唯研には長谷川如是閑（初代会長）、岡邦雄、服部之総、林達夫、三枝博音、小倉金之助、寺田寅彦、宮本忍、野上巖（新島繁）などが関わっており、反ファシズム統一戦線の運動体と言ってよい。狭義のマルクス主義者だけにとどまらない幅広さを持っていた。

そしてこのとき「唯物論」という言葉に含まれていたのは、一種の「科学的精神」でもあった。当時の全体主義的イデオロギーがしきりに日本主義・精神主義を掲げていた時期のことだ。古在は初期の唯物論研究会のメンバーに多くの自然科学者がいたことを誇りにしている。ちなみに、この唯物論研究会の第二回講演の際、当時一高の学生だった丸山眞男も聴講に行き、参加者と共に最年少で検挙された。

昭和七年十一月、盟友の吉野源三郎が再び捕らえられ、獄中で自殺を図るも失敗。そしてついに、昭和八年六月二十三日、古在由重も治安維持法違反で検挙、元東大総長・古在由直の子息ということも新聞に書き立てられた。これにより古在はすべての教職を失った。

家族か、思想か、活動するものは常に選択を迫られた。しかし、中国侵略と国内での暴虐を止めるために、活動を止めることは考えられなかった。捕まった時、元東大総長の息子であるためか警察の対応は丁重だったという。転向すれば執行猶予ですみそうだった。昭和八年が最も検挙者が多い年である。

それまで、父母は息子の活動に薄々は気づいていても何も言わなかったが、母・豊子（清水紫琴）は「重さんも楽にばかり育ってきたから、いい経験でしょう」と言った。その頃、母は重い病気で臥せっており、父も心臓発作の持病があった。そして案の定、一ヶ月あまりで母が死去。古在はその一週間前にパラチフスの悪化で勾留停止で獄を出ていたが、母の葬儀後に父は「君は理論をやったらどうかね。第一線は無理なんじゃないかね」と遠回しに言った。「でも転向とは、仲間たちのことをしゃべらなければできない。それは約束を破ることになる」と由重が言うと、父は「そうか。人がいっぺん約束したものは破れんな」とうなずいたという。この時代に稀有な両親であった。その翌年には父も死去した。「たとえ意見はちがっても、なにか両親には絶対的に信用されているという気がしていましたね」「これを考えると、いまでも、胸をえぐられる思いです」（同前）と古在は丸山眞男に語っている。

唯物論研究会の中心的存在だった戸坂潤

丸山との対談での古在の発言は面白い。当時、仲間たちは革命が近いと信じ、三年以内に革命が来るというものさえあった。古在は革命は二十年後と言って仲間に笑われた。またその頃、帝国主義反対、戦争反対、天皇制廃止、とスローガンはすべて否定形であって、それを止めた後の社会イメージは何もなかったという。「モデルはソ連邦にある」というぐらいの考えしかなかった。これでは政権奪取が万が一成就しても、統治はできない。心して聞くべき意見ではないだろうか。

この頃の古在を慰めるエピソードは一茶の研究家、イギリス人マックス・ビッカートンとの交友である。彼は一高の教師だったが、意気投合し、自転車に乗って海に泳ぎに行ったり、バーベキューをしたりした。地下運動に英語力で協力していた。この人も昭和九年頃に捕まって、イギリス大使館の抗議で釈放されたものの、本国に送還され、それきり会えなくなった。

昭和九年、古在は正式に日本共産党に入党。翌年、岡邦雄に頼まれ、「唯物論研究」に山田鉄夫の名で「講座・唯物論の原則について」を執筆する。昭和十年頃、すでに共産党の政治組織は壊滅状態にあり、もはや地下で手伝うべき仕事もなかったからである。同じく唯研も脱退者が多く、唯物論の研究団体というより、「最後まで踏みとどまった唯物論者の団体」(『ある哲学者の軌跡　古在由重と仲間たち』)となってしまっていた。

著名な物理学者・寺田寅彦は「虎や狼が出る時、銀座などとても歩けない」と言って脱退した。先に述べたように初期の唯研はさながら「反ファシズム統一戦線」というべき幅広いリベラリストが結集している感があったが、弾圧の中でマルクス主義者だけがむきだしになっていった。古在が唯物論研究会の正式メンバーになったのはこの頃のことである。

ユーモアを最後まで忘れなかった戸坂潤は「おけさほど唯物論はひろがらず」の一句を示した。東京の唯研でも京都の「土曜日」と同じく、春と秋にピクニックを実施し、野球や茶話会、芝居までやったらしい。戸坂潤の遺稿の中には「唯物論者はほがらかでないといけない」という言葉があるが、古在は戸坂という人物の中に「ギリシア的」な明るさ、精神と肉体の健康さを見出している（「戸坂潤と唯物論」）。虐殺される同志もいる中、あくまで合法性を確保し、前向きに活動を続けようとした戸坂潤を、古在は「ファシズムの嵐の中を航海する名船長」にたとえている。

二度目の逮捕と獄中メモ

昭和十二年（一九三七）、古在由重は、東京女子大での教え子でもあった十歳下の田中美代と結婚。この年、『現代哲学』を刊行する。これは日本の哲学者や日本主義を俎上（そじょう）にあげようとして当時の状況から成し得ず、ハイデッガーなどのヨーロッパ哲学の観念論批判の体裁をとっていたが、読む者には意図するところ（日本主義批判）ははっきりわかり、当時丸山眞男や鶴見俊輔は感動して読んだ。

「ちょうど『現代哲学』を書いていたときはさっきの日中戦争(盧溝橋事件)が起こった直後で、街ではトラックが応召兵を鈴なりにの乗せて僕のうちのそばを間断なく通ってゆく。町の人々から万歳万歳の声。トラックの上からも応召者は手を振っていた。それがなにか、かなり僕にはうつろな、絶望的なひびきを伴って聞こえた」(『一哲学徒の苦難の道』)

乗せられた民衆と乗せられなかったインテリゲンツィアの広く深い乖離(かいり)。反戦運動に挺身すれば特高の拷問や獄死が待っていたかもしれないが、それに反対しなくても、応召して戦死という道が待っていた。

ここでもまた古在は注目すべきことを言っている。

「割合いにカント主義者としてとどまった人々には、戦争に協力しなかった場合が多かった。安倍能成、天野貞祐、桑木厳翼などという人々ですね。これに対して紀平正美は独特なヘーゲル主義者ですからね。(中略)だから『弁証法』というのはそうとう危ないのです。たとえば戦前・戦中の田邊(元)さんなどの『生即死』など。結局は、侵略戦争を青年にむりやりに肯定させる論理になってしまった、唯物論ぬきの弁証法的思弁は」(同前)

西田幾多郎や田邊元などの京都学派の哲学者(とその弟子)たちが、ファシズムによる言論弾圧が強くなるにつれて次第に体制に迎合し、大東亜共栄圏などの帝国主義的侵略を哲学的に正当化しはじめたとき、こうした観念論に粘り強く抵抗することができたのは、西田や田邊の元弟子でありながら唯物論へと向かった中井正一や戸坂潤などだった。古在由重の『現代哲学』もこうした仕事の延長線上にあるものだ。しかし、『現代哲学』が出た昭和十二年には、戸坂は執筆禁止令を喰らい、唯物論研究会の存続も危ぶまれるようになる。

翌昭和十三年、執筆禁止令を受けて戸坂は唯物論研究会の事務長を退くこととなった。解散論も渦まく中、古在は唯物論研究会を改組して存続させる道を選んだ。以後、唯物論研究会は「学藝発行所」、「唯物論研究」は「学藝」と名を変えて活動を続けることになる。十月、古在は駒込に転居。そして次女が生まれたばかりの十一月二十九日、古在由重は京浜労働者グループと唯物論研究会との関係から二度目の逮捕をされる。川崎にあった三菱などの軍需工場の労働者が侵略戦争反対のため、ストライキはできないが、サボタージュなどで抵抗していた。その勉強会に招かれたことによっての逮捕であった。巣鴨署で取り調べを受け、詐欺師や博打打ち、すりや空き巣などとともに獄中に置かれることになった。そのときのことを古在は語っている。

「本当に世間の下積みの連中で、詐欺師もいますし、空巣、すり、かっぱらい、放火、賭博など、たくさんいました」「いちばんひどい目にあったのは朝鮮人です。青ぶくれになるまで竹刀で連打されて、房にかえされても、すわることさえできなかった。それに女性に対する侮辱的な行動。ゆるしがたい行為です」「変な話だが、うれしくて忘れられないのは、一人の朝鮮人が僕にいってくれた言葉です。『自分たち朝鮮人は日本のどこにいても、いつも鮮人などとよばれて軽蔑され、ひどい目にあわされるけれども、僕らを少しも軽蔑しないのは、ほんとうに君たちだけだ』。この言葉は忘れられない」（同前）

獄中で古在は詐欺師に「自分も知能犯だから、あんたと一緒ですよ」と言われて苦笑したというが、ひそかにしたためていた獄中メモなどを外に運び出してくれたのは、古在よりも先に釈放されたこうした「やくざ」者たちであった。その獄中メモには次のようにある。

毎朝、毎晩、「社会」からはこばれてくる
窃盗、賭博、掏摸、強盗、強姦の男たち、
姦通、淫売、万びき、「おめみえ」の女たち、
そしていつの日かぶちこまれたまま、
のろうべき、この汚辱のなかに、なお、
あたらしい世界をゆめみる頰こけた二人の自由思想者。

つかれ、あおざめたこれら三十五人の囚人たちは
おもたい南京錠のぶらさがった七つの房にわけられて、
ふかく息づきながら、いま、ねしずまっている。
ひえつく深夜の豚箱のたかい、ちいさなガラス窓は、
きけ、かた、こと、音をたてている。
娑婆（しゃば）は、吹雪だ。

（「獄中メモ」昭和十四年五月二十日）

さらに別のメモには、「たえがたい汚辱と隷属が、そして一切の人間性に対するたえがたい抑圧がわが『神国』日本のいたるところにみちあふれている。わが日本はその幻想においては神国、その現実においては牢獄にほかならぬ」（「獄中メモ」同年秋頃）とも書かれている。

獄中での古在の心境が生々しく刻印されたこれらのメモは、妻から秘かに差し入れられたエンピツの芯を隠し持ち書かれたという。古在はこうした獄中での日々を振り返って、「やくざ」者たちと過ごした獄中生活を「私の大学」だったと語っている（『一哲学徒の苦難の道』）。

古在は「天皇陛下万歳みたいな意味のこと（転向書）」（同前）を書いて出たが、巣鴨拘置所での収監は足掛け三年に及んだ。昭和十五年、予審後の十一月九日、紀元二千六百

年祭の恩赦で保釈。吉野源三郎が迎えた。

獄から出たものの、教職はすべて失い、公判は続き、二人の子を抱えて、古在は上智大学の片隅でドイツ人神父たちとともに『カトリック大辞典』の翻訳に従事して糊口をしのいだ。ここでも聖フランシスコ派のチトー神父がヒトラーのことを憎々しげに「このアドルフ」と呼び、「アドルフは必ず負ける」と毎日のように言っていたこと、クラウス神父は「警察の中でも『カトリック大辞典』の仕事を続けさせろ」という要求書を出したり、裁判の際も嘆願書を書いてくれた、などの貴重な証言がある。ここでは「神を信じる者と神を信じない者との共同戦線」があったのである。「日独同盟」に守られてか、仕事場には特高は来なかった。ここには栗田賢三、戸坂潤、清水幾太郎、三木清なども「庇護」されたことがある。

当時の古在と家族たち。写真右が古在。1944年頃

昭和十六年の第二回公判で、治安維持法違反により古在には懲役四年が求刑されたが、判決は懲役二年、ただちに控訴。この頃には太平洋戦争が始まっていた。東京控訴院の判決は懲役二年、執行猶予五年であった。古在は上告せず、保護観察処分のまま終戦を迎えることになる。

戸坂潤と三木清の死

「天皇陛下万歳みたいな意味のこと」を書いて獄を出た古在は、出獄後もゾルゲ事件でソ連のスパイとして捕まった尾崎秀実の弁護人を探して奔走した。尾崎は一高時代の同級生であった。藤田省三は、この古在の「転向」について「相互信頼と自信に満ちた本式の偽装転向」「すなわち、全体的に見て古在由重は紛れもなく本式の非転向であった」と述べている（思想の科学研究会編『共同研究　転向』）。

実際、古在は出獄後も尾崎のサポートを続けた。だが、支援もむなしく尾崎は死刑判決を受け、執行されてしまう。「尾崎、はたして第一審どおり死刑。感慨無量」（『戦中日記』昭和十九年四月七日）。さらに同じ唯物論研究会のメンバーの中には非業の死を遂げた者も少なくない。戸坂潤は長野刑務所で獄死、三木清も高倉輝脱走幇助（ほうじょ）で逮捕され、終戦後の九月二十六日に豊多摩刑務所で獄死した。二人とも四十代であった。

古在は亡き戦友・戸坂潤については繰り返し書いている。古在によれば戸坂ほど「死というものに縁どおい」人間はいないように思われたという。古在とともに検挙されたのち、実刑判決を喰らった戸坂は入獄の直前、「やがて戦争もすむ。あと一年たったらまたあおう」とほがらかに言った。昭和十九年（一九四四）四月七日の古在の日記。「戸坂、岡、永田、伊藤、赤羽の四人、大審院の判決は棄却となる。これらの人は、病気の二人をのぞいて、まぢかく下獄しなければならないのだ。実におもくるしい気分だ。こうきまったうえは、みんな元気で、そして健康で出獄する日をまつばかりとなった」。しかし、実際にはこれが古在と戸坂の最後の会話になってしまう。

「わたしは、かれが最後に入獄するときまでのわかわかしい肉体でしか、かれをしらない。それからの一年間。この時期のひどい獄中生活と栄養の極度の悪化は、あのさかんな肉体のエネルギーさえ次第にうばいさったのにちがいない。(中略)わたしはおもう。ほかならぬ、あのような剛健な体力にささえられたかれの不屈の闘志こそ、かれを暗黒時代に進歩と自由のけわしい道をゆくたくましい先導者としたのであり、この役わりこそついにかれをいたましい死へつれさったのだ、と」(「戸坂潤と唯物論」)

戸坂が獄中でその命を落としたのは、太平洋戦争終結のたった六日前の八月九日だった。永らえた古在は戸坂の命日には、必ず彼の墓地を訪ねた。「もし、一九三〇年代に戸坂潤の活動がなかったならば(中略)一九三〇年代の日本の思想史というものは、戦争とファシズムによって真黒にぬりつぶされてしまったでありましょう」「『きみは戸坂に惚れすぎているよ』という人もあるかもしれません。しかし、どうか惚れさせておいてください」「戸坂潤と一緒ならばわたしもどこまでもやろうという勇気をえました」(「戸坂潤とその時代」)

古在にとって戸坂潤という人物、そして戸坂から引き継いだ「唯物論研究」は、戦争とファシズムの「暗い時代」にまたたく一筋の光であった。こうして「ファシズムの嵐の中を航海する名船長」はファシズムの荒波にのまれたが、遠い港から射す灯として戦後の古在たちを導きつづけた。

その戸坂の先輩であった三木清についても古在は語っている。京大の俊英として若くして名声を得た三木清は、ドイツ留学からの帰国後マルクス主義に接近し、京大でのキャリアを棒に振った。この時期の三木の思想は、戸坂にも大きな影響を与えている。しかし、昭和五年に検挙されて転向して以降、やがて師の西田幾多郎や田邊元たちがそうしたように「大東亜共栄圏の哲学」を作り出すことになった。だが、「かれの哲学というものと、現物のかれのあいだには一種の『ずれ』がある」と古在は書いている。古在は三木清の自宅で囲碁を打つなどして三木と親しく付き合っていたが、三木は私的な雑談では「ファシズムの野蛮を呪い、軍閥のおろかさを冷笑し、それればかりか日米戦争の予感、ナチズムの敗北、おまけにヒトラーの自殺すら予言してはばからなかった」という(「戸坂潤と唯物論」「戦闘的唯物論者」)。

昭和20年に獄中死した
哲学者の三木清

三木は転向後に戸坂潤から強烈な批判を浴びること

になったが、その戸坂に対しても、常に「戸坂はどうしているか」と気にかけ、古在には「戸坂の生活はあれでいいのか、なにか生活上こまったことがあったらきみから自分のところにいってきてくれ」と語っていた。「かれのリベラリズムとヒューマニズムはついにその精神からぬけだすことがなかった」（「戸坂潤とその時代」）とも古在は書いているが、三木の命を奪ったのはそのヒューマニズムであった。

昭和二十年、三木清は、刑務所から脱走した高倉輝を一晩自宅に泊め、自分のシャツを着せて逃がしたという容疑で逮捕される。そして終戦を迎えてからも一ヶ月以上刑務所に留め置かれた三木は、発見されたときには疥癬（かいせん）と栄養失調で無残な死を遂げていた。

古在の家でも犠牲は大きかった。兄・由正は敗戦前の六月十日に死去している。その息子が天文学者で三鷹の天文台長を務めた古在由秀氏で、四十年前に、古在さんの自主ゼミにゲストでみえて天文学の話をしてくれた。戦後二年目には、十歳下の弟、由信が南シナ海で戦死した公報がもたらされた。東京帝国大学経済学部を出た反戦主義者であった。こうして、古在由直・清水紫琴の子供たちは由重を除いて皆亡くなった。

古在由重の戦後

戦後の四十年を、古在由重は戦う哲学者として生きた。獄中に過ごした共産主義者たちは英雄として迎えられ、共産党は合法政党になって多数の議席を得たかと思いきや、GHQの逆コースの中で、レッドパージの時代に入っていく。古在は専修大学や名古屋大学で教えながら、唯研の再興、原水爆禁止運動、ベトナム人民支援、家永教科書裁判（歴史家の家永三郎が起こした、教科書検定は憲法違反の検閲であるとした訴訟）支援、美濃部都知事の応援、徐勝（ソスン）・徐俊植（ソジュンシク）兄弟の救援（韓国に留学していた在日韓国人の学生たちが、北朝鮮のスパイ容疑で逮捕された事件）などさまざまな平和運動に関わった。

わたしがいわゆる在野の「古在ゼミ」に通ったのは年譜によると一九七五年頃である。テキストとされた「謀叛論」は徳冨蘆花が大逆事件にあたり一高で行った講演で、権力のでっち上げ事件を非難し、政府が間違った時に人民はどう行動すべきかをアジテートしたもので、これを当時の一高生、芥川龍之介や、久米正雄などが聞いていた。『三浦梅園の哲学』は江戸期の科学者について、古在の唯研の仲間・三枝博音が書いたものである。三枝は戦後、これも比類ない市民大学「鎌倉アカデミア」の学長を務めた。

このように、古在は常に若い人々と語らい、何かを伝えようとした。多くて二十人ほどの出席者だったが、とても自由な、和やかな研究会で、おずおずと素朴な質問を発すると、古在さんは目をキラキラさせて必ず「いまのはいい質問ですね」と言ってから、自分の答えを述べた。わたしは大変励まされた。

いまでも覚えているエピソードがある。「日本でハレーすい星が見えた。その時母親が、

晩年の古在

あんたは長生きすればもう一度見られるかもしれないよ、と言ったんです。その頃、どこかの裏山を歩いていたら、立派な顔の老人と会ったが、少年の僕に帽子を取って挨拶をしてくれた。後で考えたらあれは大山巌（おおやまいわお）だった。軍人でもあのくらいのレベルになると器が大きくてえらいもんですね」

古在由重はその母の言う通り、二度目のハレーすい星を見た。ずっとのちに、一九八〇年頃、『紫琴全集』を古在さんが編んだ時に、なぜかわたしのところに出版社経由で招待状が来た。行ってみると、「なんだ、森さんでしたか。母のことを書いてくれてありがとう。短いけどよくまとまっていて、母が生きていたら喜ぶと思いますよ」とにっこりされた。当時わたしは母方の途絶えた家の姓を取って「橘樹まゆみ」というペンネームで『日本の女　戦前編』を二十六歳で書き、そこに清水紫琴の小伝も含まれていたからだ。

その時、古在さんは「僕が捕まった時、母は、社会はあんたの思うようにそう簡単には変わらないよ、と言いました。その言葉は折に触れて思い出しますね」と語られた。自由民権を戦い、女性の解放を願った清水紫琴ならではの感慨だと思う。

その後、古在さんには会う機会がなかった。わたしは乳幼児を抱え、地域雑誌の刊行に追われて集会などにも行く余裕はなかった。戦時中の同志、吉野源三郎や村井康男、栗田賢三、戦後の原水爆禁止運動の同志、中野好夫などの盟友は次々亡くなっていく。そして原水爆禁止日本協議会の分裂後（社会主義国の核保有を容認する共産党の方針により原水協の内部対立が深まり、社会党系のグループが離脱し、原水爆禁止日本国民会議を結成した）に、運動方針を巡り吉田嘉清（よしだよしきよ）代表理事を支持した古在由重は、一九八四年、共産党から除籍された。このことについて論評する根拠も力も私は持っていない。

しかし一九八九年のベルリンの壁崩壊、そしてソ連崩壊に至るゴルバチョフらのペレストロイカの進行を、マルクス主義者・古在由重はどんな風に考え感じたであろうか、ということはいつも気になっていた。加藤シヅエさんは「社会主義も一九二二年から一九九一年まで、案外保たなかったわねえ」とわたしのインタビュー（『昭和快女伝』）にケロっとした様子で言われたが、社会主義の崩壊に当たり、かつて「ソビエトモデル」に夢を描いた人々の落胆は大きかった。

一九九〇年三月六日、八十八歳で死去。古在を慕う人々は多く、加藤周一らの呼びかけで「古在由重先生追悼の集い」が九段会館で開かれ、追悼集『古在由重　人・行動・思想』が刊行された。

Alles Lebendige bildet eine Atmosphäre um sich her

（すべての生気のあるものは、自己のまわりにひとつの雰囲気をつくる）

これは古在由重が戸坂潤に捧げたゲーテの言葉だが、わたしは古在由重にこそこの言葉が当てはまるような気がしてならない。

第八章

西村伊作

終生のわがまま者にしてリベルタン

西村伊作

にしむら・いさく

◆

1884年、和歌山県新宮市生まれ。教育者、実業家。クリスチャンの両親のもとに生まれ、両親の他界後に山林主の母方の西村家の養子となる。実業家としてさまざまな事業を展開するとともに、生活改善の運動や文化事業にも多大な尽力をした。1921年、私財を投じて、自由な教育で知られる文化学院を創設。与謝野晶子・鉄幹夫妻などをはじめとした、豪華な講師陣による講義と自由な校風が特徴で、その伝統は現在にも引き継がれている。戦時中はその自由主義的な発言と活動により弾圧も受けるが、自らの生き方を貫き通した。1963年没。

御茶の水から駿河台は、子供の頃から親しんだ町である。坂を下りる左側にはYWCA（キリスト教女子青年会）の建物があった。わたしは東京駅北口行きのバスに乗って、中学の頃はここのプールを利用した。その下にこれまた創業社主がキリスト教に影響されたヴォーリズ設計の主婦の友社があって、多様で便利なキッチン道具などを売っていた。反対側には明治大学、山の上ホテル、そしてメンタームの販売元・近江兄弟社の大きな看板、キリスト教の聖書を売っている店、楽器店、画材店などもある、わたしにとっては西洋文化の窓口のような町であった。

坂と垂直にいくつかの道があり、駅に近いのはかえで通り、その次がとちの木通り。大学に入った頃か、とちの木通りのずっと先の右側に古い蔦の絡まったアーチの建物を見つけた。これが紀州の山林王だった西村伊作と与謝野鉄幹・晶子夫妻、画家の石井柏亭らが図って大正十年に創立した自由主義の学校・文化学院そのものだった。創立者の西村伊作は自分の娘たちを和歌山県新宮の旧弊な女学校に入れたくないので、ここにわざわざ私立の学校を建てたのだという。

それからわたしは興味を持って、加藤百合『大正の夢の設計家　西村伊作と文化学院』や上坂冬子『伊作とその娘たち』などを読んできた。そして二〇一一年に決定版とも言えるような伝記、黒川創『きれいな風貌　西村伊作伝』が出て、西村伊作についてこれ以上書くことはないように思える。

でも、わたしは自分の人生の上で、何度か気になり、交差したこの人のことを、暗い時代に抵抗した一人の人間としてここに書き留めておきたい。詳しい伝記を知りたい人は、以上にあげた本を読んでもらえたら嬉しい。わたしは西村伊作自伝『我に益あり』を軸に話を進めていくことにする。

タイトルは西村伊作によれば、聖書にある「すべてのこと我に益あり」から取られたもので、どんな不愉快でも苦しみでも、物質的損害でも、名誉毀損でも、すべて自分の生涯にとって益のあることだ、と思いたがる負け惜しみの精神だ。しかし、聖書のどこを探してもこんな言葉はなく、実際は本人の記憶が膨らんでいった言葉らしい。しかし彼はたしかにこの言葉を支えに生きた。

クリスチャンの家に生まれ、幼くして西村の家督を継ぐ

二〇一六年八月に信州に行く用があって、前から訪ねたかった中軽井沢近くに文化学院の持つルヴァン美術館に行ってみた。台風がこれから来るということで、暴風雨は木々も芝生もすべてを濡らしていた。美術館の中は他に人は少なくて、とても静かで、しかも伊作だけでなく、弟の真子（マルコ）や七分（スティーブン）のこともよくわかって心に残った。

自分の子供にイサク、マルコ、スティーブンなど聖人の名前をつけた父・大石余平と妻ふゆは明治十年代に受洗した、紀州の新宮でも古いクリスチャンである。ふゆは、新宮北に熊野川を遡った奈良県の下北山村桑原というところ、西村家という山林地主の一人娘で、二人はこの時代に珍しく恋愛結婚であった。新宮は熊野川河口にできた城下町、吉野杉やヒノキの集散地で、商業も栄えた賑やかな町であった。父方の大石家はここで学者や医者を出した知的な家系のようだが、日本的な共同体意識に取り込まれない人々で、風変わりで、唯我独尊の一族と思われていた。

展示にはたくさんの写真や地図、家系図がある。特に父・余平の顔は神の教えのままに生きる考え深さと清澄さがあった。その父方に似たのか、三人の男の子は皆、丈が高く鼻も高く、彫りの深い、日本人離れをした顔をしている。当時で子供の洋装は珍しい。紀州の新宮あたりは漂流船なども流れつく土地、いずれの頃か、外国人の血が混じっているのではないかとさえ夢想したくなる（伊作本人は純粋の日本人と言っているが）。

前列左から伊作、真子、七分。後列左から2番目が父の余平、右が祖母もん、その右が母ふゆ

伊作たちの父・余平や叔父の玉置酉久ら九名は、明治十七年（一八八四）に新宮教会を開いた。この同じ年の九月六日、余平とふゆの間に伊作が生まれた。明治二十二年に熊野川大洪水が起こり、父母は必死に罹災者の救援にあたる。西村家は一人娘の夫・余平を最初、西村家の後見人にしたようだが、金銭や所有に関する考えがまるで違っていたので、次第に余平と西村家の関係が悪くなった。

そこで夫婦は自立して、名古屋に移って亜炭の採掘をしながら熱田神宮の鳥居近くにキリスト教講義所を開いた。ところが明治二十四年の十月二十八日、濃尾大地震が起こり、一挙に父母二人とも亡くなってしまう。名古屋英和学校での早朝祈禱会の最中で、長男の伊作も怪我をした。濃尾大地震は明治日本では特筆されるべき災厄で、これをきっかけに石井十次は岡山に日本で初めての孤児院を作った。樋口一葉は日記に、地震のこと、義援金を集める活動について書き残している。

七歳で目の前で父母を失ったという体験は大きい。次弟の真子はその時四歳で、末の弟七分は一歳だった。その後、三兄弟はある時は別れ、ある時は一緒に親戚の家を転々とするが、孤独に耐えながら、兄弟力を合わせて仲が良かった。伊作はすでに二歳半で母方の西村家を継ぐことになっていたが、翌年、正式に西村家の家督を継ぎ、膨大な山林を相続し、新宮から七十キロほど離れた山の中にある下北山村の山林地主・西村家に入った。

普通なら、長男が父方の大石家を継ぎ、次男以降が母方の実家に養子に出されようなものだが、その頃采配を振るっていたふゆの母もんという祖母は、長男が一番財産を持つのがいいと考えた。養母のように孤児を育てたこの祖母は、旧式ではあったが彼女なりに筋の通った人で、「私は何べんも言うよ」が口癖だったという。祖母の教えもまた、伊作には深く刻まれた。

叔父・大石誠之助の非戦論

明治二十八年(一八九五)、十一歳の伊作は一番下の叔父・大石誠之助の家に引き取られる。父方の大石家は相当に特異な家で、この家の人の特徴は、他人は間違っていて自分が正しいと思う、自分ばかり話して人の話を聞かない、人にあってもおじぎも挨拶もしない、という不同調な一族であった。

父の弟・大石誠之助はオレゴン州立大学で医学を学び、帰国後、新宮で開業した。「ドクトルおほいし」という看板を掲げ、「(身体にある)毒を取る医者」だと評判になった。「彼は金持ちがきらいだった。そして、貧乏人からはお金をあまり取らなかった」と伊作は自伝『我に益あり』に書いている。「彼は非常によくものを食べる人であって、自分で料理をして友だちを呼んだりして、魚だの肉だのをいっぺんにたくさん料理して、全部

伊作の叔父、大石誠之助
（新宮市立図書館所蔵）

食べてしまった。料理はじょうずであった。それはアメリカで大学にいるときコックになって働いて卒業したからである」（同前）

写真で見ると、誠之助は兄・余平に似た黒みがちの考え深い目と、髭を蓄えた小さな顔を持つ柔和で魅力的な男である。三年後には再びインドに伝染病の研究のため赴き、シンガポールで開業するも、ボンベイ大学病院で研究中に病を得て帰国する。なんとも自由な行動ではないか。この人の影響を伊作はとても深く受けた。「私は子供のときから日本の国家的な思想がきらいであった」（同前）

かといって、伊作は一つの主義に熱中するたちではなく、キリスト教の洗礼も受けなかったし、社会主義にも夢中になりはしなかった。自分は社会主義の同情者（シンパサイザー）ではあっても社会主義者ではない、と自伝には書かれている。

その頃、新宮にはまだ中学校はなかったので、伊作は広島の明道中学校に学び、料理や絵画、写真撮影、自転車などに興味を持つ。広島に行ったのは父の妹で梅花女学校で学んだ睦世とその夫で長老教会の牧師の井出義久がいたからで、この二人もまた、伊作の思想に大きな影響を与えた。

明治三十六年には末弟・七分が京都の新島襄（にいじまじょう）の開いた同志社普通学校に入ったので、すぐ下の弟・真子も転校させ、二人は京都で叔母くわとともに暮らした。こんなことは西村家の家産を持ってすればたやすいことであった。

時あたかも日露戦争開戦の明治三十七年の二月、叔父・大石誠之助は新宮教会で非戦論の演説を行った。日清戦争の頃は反戦の動きはなかったけれど、日露戦争に際しては堺利彦や幸徳秋水など、「萬朝報（よろずちょうほう）」のジャーナリストらが、非戦論を訴えて萬朝報社を去り、「平民新聞」を創刊している。内村鑑三もこのとき一緒に萬朝報社を退社している。いっぽう東京帝国大学の教授らは早期開戦を奨励する「七博士の意見書」を行った。伊作はこの時流行ったトンデモナイ歌を覚えている。

イギリスなんどや　フランスや
ドイツこいつの　ようしゃなく
片っぱしから皆殺し
ヒマラヤ山にと旗をたて
ロンドン　パリスで月を見る

太平洋食堂にて。左端から誠之助、伊作（新宮市立図書館所蔵）

世界征服を夢見る日本の拡張主義の歌を、学生や労働者も喜んで歌ったのである。

伊作は叔父の非戦論に共鳴して、新宮から京都まで平民社のパンフレットを自転車で街頭販売したり、日露戦争の反戦ビラを印刷配布したりしている。その後も叔父が住民の食生活改善のために開いた新宮の「太平洋食堂」を手伝った。この「太平洋(パシフィック)」というのは「平和主義者(パシフィスト)」にかけたのだそうだ。店の看板の絵も伊作が描いた。そこでは民衆が情報を得られるよう新聞を見られるようになっていた。

二十歳になって、伊作は一番いやだった徴兵検査を受け、乙種補充兵となった。背も高く体格もいい伊作が乙種というのはどういうわけか。乙種合格の上、日露戦争の徴兵を忌避したいと考えた伊作は東京に逃げたり、蓄膿症の診断書を書いてもらい徴兵「不応届」を出したりした。最後はシンガポールに逃げた。そんなことをしている間に日露戦争は終わった。「戦争はいや、というより自分が兵隊になるのはいや」というのは、伊作のシンプルな思想である。

大石誠之助の死・伊作と大逆事件

明治三十九年（一九〇六）、二十二歳の伊作は、新宮の日和山の上に小さなバンガロー風の自邸を自ら設計して建てる。これが一つ目の自邸で、これからも住宅設計をたくさんすることになるが、常に彼の理想は「客間より居間を重視した」「来客より家族を大事にする」「使いやすい、慎ましい家」であった。自然の中でシンプルライフを送るというバンガローの思想がアメリカなどから入ってきて、それにも共感したようである。

伊作は戸外でハンモックを吊って寝るのも好きだった。いっぽう当時の旦那衆が耽る酒を飲むこと、芸者遊び、スポーツは好きでなかった。ヘンリー・ソローの『ウォールデン 森の生活』（一八五四年）が初めて翻訳されたのはこの後の明治四十四年。ソローはマハトマ・ガンジーやキング牧師にも影響を与えたが、市民的不服従や良心的兵役拒否という思想も持っていた。

伊作は性の目覚めも率直に自伝に書いているが、この頃津越光恵という女性と縁談が起こって結婚し、長女アヤが生まれた。しかし伊作の自由人たるところは、家庭を持ったところでおさまらない。すでに莫大な財産を背景に、次弟・真子はロサンゼルスに、末の弟の七分はボストンに留学していた。長男で留学できなかった伊作にも旅行熱が疼き出した。

明治四十二年、ロサンゼルスの弟・真子から肋膜炎の知らせを受け、二十五歳の伊作は真子を連れ戻すからという口実で、祖母のもんを口説き、横浜から旅券なしで渡欧。というのは兵役に応じない伊作には渡米の旅券が出なかったからだ。しかし日本からヨーロッパには旅券なしで行ける抜け道があった。伊作は西に向かい、スエズ運河を経由してナポリへ、ヨーロッパを縦断して、パリからイギリスを見学。どうにかアメリカ行きの旅券を入手し、ブレーメンから船に乗って、アメリカのニューヨークについた。ボストンにはこれも先に留学していた七分が待っていた。そこから単身、ロサンゼルスで真子と落ち合い、二人で横浜へ帰る。四ヶ月近くの世界一周の旅は終わった。その時持ち帰ったモーターサイクルを新宮で乗り回し、人の目を引いた。みんなはそのものすごい音の乗り物に「ばたばた」という名前をつけた。

翌明治四十三年、悲劇が大石家を襲う。社会主義者・幸徳秋水の仲間が摂政宮（のちの大正天皇）の馬車に爆弾を投げて殺そう、と夢想し、宮下太吉が信州明科で爆弾実験をしたのをきっかけに捕まった。社会主義者の一網打尽を狙った政府は、この事件をきっかけに次々と無関係な者にまで捜査の手を伸ばし、幸徳秋水以下多数の人々がいわれもなく逮捕され、二十四人に死刑が宣告された（大逆事件）。

その一人が、幸徳秋水の知人だった大石誠之助であった。また大石が知らぬ間に、医院手伝いの新村忠雄が塩酸カリ一ポンドを薬屋から買っていたのだが、これが爆弾の材料であるとされた。他にも新宮教会の沖野岩三郎や浄土真宗僧侶の高木顕明なども捕まった。

この報を聞くと、十一月、伊作は真子とアメリカから持ってきたモーターサイクル二台にまたがり東京へ向かう。そもそも大逆事件の余波で伊作も社会主義との関係を疑われ、取り調べを受けていた。周囲の人々は東京に行ったらまた拘引されると心配したが、伊作はそれを振り切った。だが、その時の伊作の心境は、次の通り。

「何もしないで、知らない顔をしているということは、あまりに不人情のように思われて、私は弟と相談して東京へ叔父を見舞いに行こうと計画した。しかし実は東京へ遊びに行きたかったのである。それに叔父の事件に好奇心を持っていたからなのである」

（『我に益あり』）

つくづく自分に正直な人である。

伊作の乗ったモーターサイクルは名古屋付近で壊れ、汽車に乗り換えた。このあと、拳銃と弾丸を持っていたかどで、二人は十二月五日、警察に勾留、翌明治四十四年の一月三日に釈放された。

大逆事件死刑囚のうち、十二人は恩赦になったが、大石誠之助は同じ新宮の成石平四郎と共に、明治四十四年一月二十四日に処刑された。千代田区富士見町教会の植村正久が「遺族慰安会」の名目で、大石誠之助の葬儀を行ったのは、勇気あることと言える。
これについて、大石と親交のあった与謝野晶子は、

産屋なるわが枕辺に白く立つ
大逆囚の十二の棺

と詠み、明治三十九年に北原白秋や吉井勇とともに新宮を訪ねた夫・鉄幹は、

大石誠之助は死にました、
いい気味な、
機械に挟まれて死にました。
人の名前に誠之助は沢山ある、
然し、然し、
わたしの友達の誠之助は唯一人。
（後略）

という「誠之助の死」という詩を書いている。「いい気味な」というのは逆説的な自

虐でもあり、もちろん彼の死を惜しんで心の中で泣いている。同郷の佐藤春夫も「愚者の死」という詩を大石に捧げた。この事件は伊作に大きなショックを与えた。

大逆事件は国家、そして天皇制に異議を申し立てるとどんな仕打ちに合うかを民衆に刻み込んだ。永井荷風はこれからは戯作者として生きることを決意し、森鷗外は陸軍軍医であるにもかかわらず「沈黙の塔」「食堂」などを書いてわずかに抵抗した。石川啄木は「時代閉塞の現状」を書き、徳冨蘆花が「謀叛論」を一高で講演したことも知られている。竹久夢二も大逆事件の際に勾留されており、夢二が政治風刺画の筆を折ったきっかけのひとつもまた大逆事件だったとも言われている。赤旗事件で入獄してアリバイのあった堺利彦や大杉栄は辛くも難を逃れたが、社会主義者、アナキスト一網打尽の感がある。大逆事件の後、「社会主義、冬の時代」が来る。

与謝野晶子と鉄幹。2人はその後、文化学院の教師になる

明治四十三年、大逆事件の時、西村伊作は社会主義者ではなく、二十六歳の青年だった。先に触れたように警察の調べは伊作にもおよんだが、証拠不十分で釈放された。また大石家の親族は、この事件によって新宮教会を脱退しなくてはならなかった。伊作にとっても、この時、処刑され

た叔父への思いは生涯、継続した。

西村家の生活

その後、莫大な財産を背景に、伊作はシンガポールへ行ったり、絵画を制作したり、日和山に建てたバンガローを解体して新宮に移し、二階建ての家を建てたりする。これがいまも建っている西村伊作記念館である。

ここを与謝野夫妻、石井柏亭、富本憲吉・一枝夫妻、牧師の沖野岩三郎や彫刻家・保田龍門などが訪ねて長逗留した。石井柏亭などは西村邸に一ヶ月も逗留し、英国風のベーコンエッグ、オートミールなどのパンと紅茶を供された。柏亭はここでの西村一家の様子を絵に描いている。大正四年には与謝野晶子が子供と女中を連れて新宮に来た。大正六年（一九一七）には「青鞜」の新しい女の一人であった尾竹紅吉（一枝）が富本憲吉と結婚して新宮を訪れ、伊作はその影響で陶芸を始めた。わたしは伊作自身が設計した西村伊作記念館を見に行ったことがある。そこの窓からはこれも伊作が設計したチャップマン邸が見える。同じく新宮にある。わが住む文京区の関口にあった新宮出身の作家・佐藤春夫の家は大石七分の設計で、それを文京区に残すことができず、新宮へ移築されたので、悔しさ半分で見に行ったのである。

さてその後も、伊作と光恵の子供は増え、長男久二、次女ユリ、三女ヨネ、次男永吾、四女ソノ、五女ナナ、三男八知（はっち）、六女クワ、と九人になった。一人で産んだ光恵は大変だったろう。

「私は事業をしない。金もうけの仕事をする必要もない。だから私はおもに家庭にいて、家庭で楽しむということをした」（『我に益あり』）

「子供たちの数がふえ、そして大きくなるに従って、ご飯を食べるときは食堂のテーブルを大きく引きのばして、その回りにいっぱいすわった。（中略）子供も自由にいろいろ話をしてにぎやかにディスカッションをしだす。食事が終わってもそのディスカッションが続く」（同前）

子供たちは食後に食堂で絵を描いたり、人形芝居をしたり、庭で育てた花を売りに街に出かけたりした。長女のアヤ（後の石田アヤ）は小学生の時『ピノチヨ（ピノキオ）』の絵本を出版した。友人の佐藤春夫から借り受けた英訳本の「ピノキオ」を娘のアヤに与え、伊作が読み聞かせをするうちに、アヤの再話と絵による「ピノキオ」ができあがったのだという。これが日本におけるピノキオの最初の単行本だった。長男である十一歳の久二の描いた絵は二科会で入選した。

妻の光恵は、自分の子供の着やすくて動きやすく、可愛い服を作ることから『愛らしい子供服』という本を出版し、大正自由主義の家庭教育のブームの中でよく売れた。これは伊作が海外から取り寄せた雑誌やカタログを参考に、伊作主導で出された本のようである。自伝『我に益あり』には、妻のことはほとんど出てこない。妻の考えや人柄も出てこない。これを伝記作者・理想を考えるのは伊作であり、それをともに実践するために妻を教育する。これを伝記作者・黒川創氏は「独善的かつ独裁的な家庭人」と評価している。

伊作自身も『楽しき住家』はじめ家族重視の住宅の本を出し、それを見て住宅設計の仕事が舞い込んだので、技術者を雇って関西に建築事務所を設立した。大正時代に入ると、エベネザー・ハワードの田園都市論が反響を呼び、東京の郊外住宅地が次々とできていった。こういう町に合った、簡素で美しく住みやすい洋風の住居も求められていた。しかし伊作の理想の家は、家事をする側の論理では作られていなかった。収納スペースが少なすぎたり、屋上のタンクに水をためるのも重労働だったりするこの家は、「日常生活のシャドウ・ワーク（影の仕事）にかかってくる手間と労力を度外視した、多分に実験的な近代生活のための住まい」（『きれいな風貌　西村伊作伝』、傍点は原文による）なのだった。

同じ頃、伊作の弟・真子は伊藤美寿恵と、末弟・七分は角田いそと結婚して、それぞれが家庭を築いた。伊作は必要なことには金を使ったが、財産とか所有ということについてははっきりしていて、近代的合理的な考えをしたので、新宮の人々は彼をケチだと思っていたそうだ。伊作の自伝には山林の経営についてはほとんど触れられていないが、彼は人を使って山を管理し、新しい木を植え、良い年数の経った木を売って、着実な林業経営者であった。いっぽう、二人の弟は、兄だけが西村家の莫大な財産を受け継いだことに理不尽を感じていた。そこで伊作は祖母もんの財産を分けたりしたが、弟たちは分けたそばから山を売り、金を浪費してしまい、やがてすっからかんになるのだった。

文化学院の設立へ

大正九年（一九二〇）、軽井沢の星野温泉で、西村家の人々は避暑に来た与謝野夫妻と出会い、自分たちの子供を通わせたいような、自由で楽しい学校を作ろうと相談した。新宮の殺風景で、堅苦しい、美の片鱗もない保守的な女学校に自分の娘を入れたくなかったのである。与謝野晶子は「わたしたちは詩人で、あなたと意見が合わずに喧嘩するかもしれない。（文化学院の講師に）常識がある円満な石井柏亭を一緒に入れましょう」と提案した。十一月には神田駿河台にホテルを作ろうと買ってあった土地に伊作は設計の図面を引いた。ここは有名な浜田病院の院長の自宅があったところであった。それは病院や工場に見える日本の学校とは違う、校舎はイギリス風のコテッジにして、ポーチにつるばらを這わせようと伊作は考えた。

翌大正十年、東京の御茶ノ水駿河台に文化学院中学部が発足し、長女のアヤも一期生となった。三十五人の生徒に四十人の先生がいるという贅沢な学校だった。学費は年間百二十円と高かった。制服もなく規則もなかった。そして大正十二年には木造四階建ての校舎が完成、伊作は家族とともにそこに移り住んだ。長男・久二の小学校卒業に合わせて共学にしたが、不幸なことに、その年九月一日に関東大震災によってできたばかりの校舎は全焼する。神田区は九十三・九パーセントが焼けた。

その時、新宮にいた伊作は、中山道経由で東京に急行、家族たちが与謝野邸に難を逃れて無事だったことを知る。与謝野晶子は「源氏物語」の現代語訳草稿を木箱に入れて文化学院に保管を依頼してあったが、これも焼失した。九月十日、伊作は家族とともに横浜から船に乗り、神戸経由で新宮に帰郷した。

父母の濃美地震震災死、叔父の刑死、それに次ぐ第三の痛手であったが、翌大正十三年一月にはバラック建ての校舎を建てて、授業を再開する。伊作の信念はめげなかった。関東大震災後はこのようなバラック建築が雨後の筍（たけのこ）のようにたくさん建った時期であり、バラック装飾社などという芸術家たちの団体も活躍した。これは震災後の街に建ち並ぶバラックに美しい絵を描いて装飾して回るという、ユニークな文化活動だった。その中心であった今和次郎（こんわじろう）はのちに文化学院の教師となる。

この間も、西村伊作は建築事務所を神戸に移しながら、開明的な経営者であった大原孫三郎との交流から倉敷の保育所や、倉敷の住宅群、倉敷教会なども設計した。そして、

神田駿河台の文化学院

震災後、文化学院の本建築の建物が完成したのは昭和十二年（一九三七）であった。

この間、文化学院には大学部ができ、文学部長は与謝野鉄幹、美術学部長は石井柏亭が務めた。その後、文学部長は菊池寛、千葉亀雄と変わってゆくが、石井柏亭は美術部長を長らく務め、四人の子供を皆文化学院に入れた。柏亭の家は大正の郊外住宅、日暮里渡辺町にあり、わたしは柏亭の娘さんお二人、松村三冬さん、田坂ゆたかさんに文化学院当時のことを伺（うかが）ったことがある。

お二人はとにかく父親が大好きで、家庭は民主的かつ芸術的に運営されたこと、家庭雑誌を出したり、家庭でクリスマスを祝ったこと、そこでの家族劇団の様子などの話を楽しそうにしてくれた。これは西村家にも、富本一枝と憲吉の家庭にも共通に見られるもので

文化学院で指導する石井柏亭

ある。

文化学院で教えた教師は錚々たるものだ。与謝野夫妻、石井柏亭の他、有島武郎や山田耕筰、芥川龍之介、北原白秋、川端康成、谷崎潤一郎、平塚らいてう、竹久夢二、高浜虚子、木下杢太郎、萩原朔太郎、和辻哲郎、棟方志功、吉野作造、美濃部達吉……。石井柏亭は当時流行った自由童画でなくデッサン力を養うことを教えた。萩野綾子の歌唱指導、山田耕筰の創作舞踊、山脇敏子による手芸など、生徒の覚えているユニークな授業は多い。

卒業生には、田中千代、井口愛子、佐江衆一、野口冨士男、萩原葉子、入江たか子、水谷八重子、長岡輝子、夏川静江、亀井文夫、飯沢匡、谷桃子、青地晨などがいる。一般に学術よりも、文学、美術、ファッション、演劇、映画の世界に多くの人材を輩出した。

この学校では、男女の交際があっても、そのために制裁を受けるということはなかった。野口冨士男によれば、文化学院はブルジョワ学校のように思われていたが、昭和五年頃は、マルクス・ボーイやマルクス・ガールが半数近くいたそうである（「二十才前後」）。

評論家の青地晨は文化学院の級友で寺田寅彦の令嬢、雪子と恋に落ち結婚した。雪子の早世によって幸せは長く続かなかったけれども。

時局への非同調を貫く

文化学院が寄付を募らなかったのは西村伊作がパトロンの口出しを恐れたからである。伊作の紀州の山を売ったお金が経営に使われ、いつも赤字であった。それでも文化学院の教員の給与は高く、石井柏亭の提唱で、いちどきに半分にしたことすらあった。昭和十年（一九三五）、文学部長であった与謝野鉄幹が亡くなり、文化学院で告別式が行われた。伊作の子供たちは成長して、長女アヤはアメリカに留学、長男・久二は建築家となった。「私は九人の子供を皆外国へ行かせ、世界一周させることを望んでいる」「金はいつなくなるかわからないけれども、心の中にある記憶というものは、その人間を作って、そして人間の生きている間はその心の中にはいっているから、それは子供のためにいい貯蓄だと思う」（『我に益あり』）

次女ユリはパリで知り合った建築家・坂倉準三と結婚、三女ヨネは日米学生会議の一員として渡米、ニューヨークで学び、戦時下の日本でスウェーデン人と結婚、四女ソノはプラハ領事市毛夫妻に同行して、のちウィーンからベルリン、スイスのベルンへと戦時中、危険な逃避行を続けた。伊作は費用は出したが、ビザや入学に関するすべての事務は子供自身に行わせた。

だが戦争の影は刻々と近づいていた。昭和十六年二月、学院内でも石井柏亭をはじめとする、ある程度は国策に従って学院を存続させようという関係者と、国策に従おうとしない校長・西村伊作の間で内紛があり、やがて河崎なつ、石井柏亭らは文化学院を辞職した。生徒の中には学院への不満を漏らし、改革を訴えるものも出てきた。十二月、日米開戦。

黒川創『きれいな風貌』にはこの時期の伊作の興味深いエピソードがいくつか書かれている。例えば、先に述べた青地晨は昭和十六年に、同窓生による校長の即時辞職を決議した文を手渡しに行った。これに対し伊作は「この学校泥棒！」とストーブの灰かき棒を振り上げて怒鳴ったそうである。この後、西村伊作は校長を退き校主となり、長女のアヤが校長となった。翌昭和十七年には長い間の協力者、与謝野晶子が死去。この頃、伊作の心は不安定で、病床の与謝野晶子に「あなたの病気は治らないのを知っているか」などと聞いたりした。伊作はＴＰＯをまるでわきまえない人であった。

同じ頃、次女ユリの夫・坂倉準三は大東亜共栄圏を信じ、小島威彦（こじまたけひこ）らとともに「日本の原住民族は近東のスメル族（シュメール族）であり、だから天皇をスメラ命（みこと）というのだ」というような、「スメラ」というクラブを作っていた。伊作は真っ当にも、この娘婿を「誇大妄想狂」と断じている。坂倉は岐阜の醸造家の家に生まれ、東大を出てル・コルビュジェに師事し、日本のモダニズム建築の先駆者と言っていいが、昭和十二年のパリ万博の日本館を手がけ、こういう傾向もあったことを覚えておきたい。戦後の鎌倉近代美術館や国際文化会館は残すべき建築であるにせよ。

一線を退いた伊作はすべてに苛立っていた。そのはけ口は代わりに校長になった長女のアヤであり、アヤ宛に激烈な批判の手紙が届いた。ルヴァン美術館の展示にはその一つが展示されていた。「月刊文化学院」に与謝野晶子の追想を書こうとした時のこと。「私の文章が危険なら、晶子さんの思い出をかいても危険な文句が出る。ヘゲタレ共、恐いか。犬は人間が何を考えているか何をせんとしているかわからないから、いつも人の傍にいてもビクビクして用心している。『月刊』のへげたれ！　やめちまえ、卑怯なやつ。言論のない出版物は生命ないもの。やめよ、やめよ」（昭和十七年八月某日付アヤ宛）。そして、腰の引けたへげたれ（いくじなし）の図まで書いて見せている。

伊作がアヤ宛の手紙の端に描いたへげたれの図

昭和十八年四月十二日、入学式の日、六十歳の西村伊作は自宅から麻布六本木署に連行される。不敬罪、および言論、出版、集会、結社等臨時取締法違反ということであった。伊作が学校で行う講話の中には「天皇はなくてもよい」「三種の神器を拝むのは偶像崇拝である」といった文言があった。当時、こういうことを公に発言することはそれこそ、「誇大妄想狂」であり、国家に反逆するものであった。さらに彼は手紙に「我々は、皇后陛下からこじきの娘に至るまで、だれを愛してもよい権利を持つ」と書いたのであった。

この際、警察がセダンで迎えに来た。「その時、フロントグラスのワイパーが右に左に揺れ動いていた」という父の言葉を息子の八知は覚えている。「父、伊作は過去を探り出すときは、いつもその情景というか、イメージの映像がもとになっている」。それは「けっして立派な映像ではなくて、素朴で可愛らしいものであった」(『我に益あり』復刻にあたって」)。伊作は留置所に百日、それから巣鴨拘置所の独房に身柄を移された。その間、獄中にジュリアという混血の美しい女性がいた。「年を取っても私は、若い女性から来るラジエーション(放射)を受けることは楽しい」と自伝に書いてある。こういうところが伊作らしい。

伊作の自伝のタイトル「我に益あり」は、聖書に着想を得た文章であったことは冒頭で述べたが、伊作はこの言葉を留置所の中で繰り返し聖書を読み、妻にキリストについて書き綴った手紙を送っている。大逆事件で刑死した叔父の大石誠之助も獄中で繰り返し聖書を読み、ひとりごちたという。このことについて伊作は「元来、宗教を全然信じなかった叔父が、留置され、死刑の運命を悟った時『自分もキリストのような運命を持つのだ』と思ったらしい」と冷静な感想を述べているが、同じように宗教を信じていなかった伊作が、獄中で聖書の中にある（と伊作が思った）言葉を繰り返していたというのも興味深い。この甥と叔父はどこか似たところがあったのかもしれない。

そして昭和十八年八月三十一日、東京都は文化学院に対し、閉鎖命令を出した。それは戦争に非協力だからということだった。その時いた生徒たちのうち、男子は東洋大学、駒澤大学、帝国美術学校、女子は帝国女子専門学校、千代田女子専門学校などに振り分けられた。九月四日、文化学院は閉鎖式を行い、建物は日本陸軍に接収され、そのまま連合軍捕虜収容所となった。十月四日、西村伊作の「不敬」事件の公判が行われ、石井柏亭、佐藤春夫、沖野岩三郎などが証人として喚問された。懲役一年の判決が下り、伊作はただちに上告、釈放運動も起こし、保釈となってからは、妻とともに各地の神社を参拝する長い旅に出た。

わたしは京都にお住まいの、人間国宝・志村ふくみさんにお話を伺ったことがある。当時九十代半ばのふくみさんは白く輝く髪を優雅に結いあげ、きれいな色のセーターを着、胸元にゆるやかにスカーフを巻き、大変に若々しかった。「ドイツから帰ったばかりです」「まあ、長時間フライトで大変でしたでしょう」「いえ、機内で四つくらい映画を見て、一冊本を読めば着いちゃうわ」とお元気だった。来し方を伺う中で、先生は女学生の時には勤労動員とかされましたか、と伺ったところ、「するわけないわよ。文化学院ですもの」ときっぱり断言なさったのが、わが愚問とともに思い出される。

終生のわがまま者・西村伊作

昭和二十年（一九四五）三月十日の空襲で、東京控訴院が焼失したため、伊作が上告したのに裁判が行われることはなかった。そして終戦。伊作は六十歳で、三島の家にいた。文化学院の建物は、そっくり無事であった。さっそく翌年四月二十五日、文化学院が再興される。伊作は再び院長となり、娘の石田アヤが学監になった。戦後の文化学院の講師もまた多彩である。山田洋次、三島由紀夫、井上ひさし、須賀敦子、遠藤周作、荒川洋治と枚挙にいとまがない。卒業生にも、安井かずみ、辻原登、稲葉（いなば）賀恵（よしえ）、鳥居ユキ、久里洋二、平野レミなどがいる。

伊作の二人の弟のことを少し記しておこう。真子は機械好きで、明治三十八年（一九〇五）、アメリカのカリフォルニアに留学し、帰る時に伊作とともにモーターサイクルを持ち帰ったのは前に記した通り。その後もソアー、ヘンダーソン、ハーレーなどのオートバイを輸入して乗り回した。南紀勝浦で鉄工所を開き、製氷所も経営したりした。伊作の絵に勝浦の風景があるのは、そのためだろうか。大正四年（一九一五）に大阪で自動車部品輸入会社アメリカ商会を創業、いまもその会社はあるという。大正十四年に胃がんのため、三十八歳で亡くなった。伊作によれば、女遊びをしたり、酒に酔って相当無茶なこともしたようである。

車好きの次兄の死を「仕方ないと思っている」とドイツの留学先からいとこ宛のハガキに書いた末弟・七分は、伊作にまして多能の人であった。高校時代にアメリカ・マサチューセッツの高校に留学、帰国後、絵を描いたり、大正九年には東京府下滝野川の農家を改造して、洋館の自邸を建て、女給をしていた妻いそ、子供と住んだ。大正十一年にはフランスへ渡る。そこで妻以外の女性に夢中になり、妻を捨てようとしたり、金がなくなって精神を病んだりしたという。妻は早く亡くなり、七分は阿佐ヶ谷の伊作自邸、佐藤春夫邸を設計した。一九五九年に六十九歳で逝去。

わたし自身、二度ほど、文化学院に招かれ、地域誌の発行や、住民によるまちづくりについての講義をしたことがある。その時、教員名簿に尊敬する建築史家・伊藤ていじ先生の名前を見つけて驚いたりした。さらに講義に先立って、西村八知校長（当時）が食堂でステーキをご馳走してくださった。学生食堂にステーキがある、しかもおいしいということも驚きであった。背の高い、すらりとした八知校長は、やはり彫りが深く、整った風貌であった。

以上、自伝『我に益あり』を軸に西村伊作を追ってみた。一九六三年、東京オリンピックの前年に、伊作は七十八歳で膵臓（すいぞう）がんで没した。強い我を曲げず、好き放題に生きた人だと思う。

しかし気になることはいくつかある。例えば、和歌山の山持ちである伊作は、山で働いている人がどうやって木を切り出し、それを金に換えるか、についてはほとんど述べていない。「働く必要がない人は働かなくてよい」といった伊作の考えはどこから来るのだろうか。

娘や弟の結婚についても、教育、財産、家柄などへのこだわりが見え、有閑階級を肯定している。東大卒のようなエリートの肩書きには興味がなかったが、子女は皆留学させ、六人のうち四人が外国人と結婚し、残りの二人も学者や建築家と結婚した。

さらに妻へは「教育する」「命じる」などの言い方が多い。結婚後、世界漫遊の旅に一人で出たり、子供を置いてシンガポールに行ったり、自分勝手な行動をし、妻の人格や人権は無視されているようにも感じる。子供たちの教育方針についても、合理的ではあるが、感情面で割り切り過ぎに思え、こういうところが伊作が不人情、冷たいと言われるところなのであろう。この辺は美化せずにいたい。

おそらく伊作も実家・大石家の唯我独尊な血を引き継いでいた。西村伊作はキリスト教徒でもないし社会主義者でもない。その周辺にいた、なかなか頑固なリベルタンと言っていいのだろう。

文化学院は広辞苑に載っている数少ない学校だそうである。そしてわたしの知る卒業生は皆、学生時代を楽しげに回顧する。だが、昨今は学生数も少なくなり、駿河台の校舎は壊された。いまはアーチの門だけが残っている（二〇一八年閉校）。

こうして見ると西村伊作は終始わがまま者だったとも言えるかもしれない。しかし、あの時代にわがままを通し、「戦争はいやだ」という内心の声に忠実だった西村伊作を、わたしは忘れないでいたい。

第九章

吉野作造

権力に抵抗した、実践的政治学者

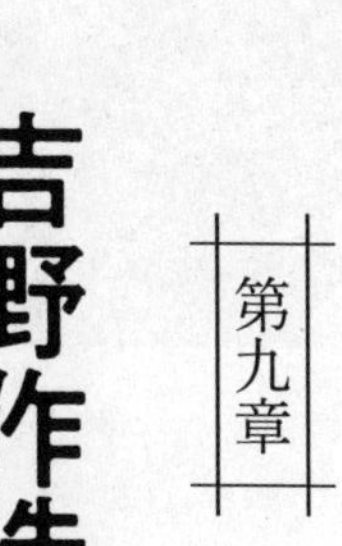

吉野作造
よしの・さくぞう

◆

1878年、宮城県古川（現在の大崎市）に生まれる。第二高等学校時代にキリスト教に出会い、洗礼を受ける。東京帝国大学へ入学、政治学者の道を歩み始める。卒業後は教師として中国へ渡り、さらに3年にわたるヨーロッパ留学を果たす。1916年、雑誌「中央公論」に論文を発表、「民本主義」という言葉を用いて「デモクラシー」の必要性を説いた。新聞や雑誌に数々の論文を発表するかたわら、全国で講演を行う。東アジアの友好親善や、経済的に苦しい境遇の人々を支援するセツルメント設立など、学者の枠を超えて幅広く活動。1933年没。

この『暗い時代の人々』の単行本を書くときに、なぜ吉野作造を書かなかったか。それは彼が大正デモクラシーの輝ける旗手であったからである。よく知られた「憲政の本義を説いて其有終の美を済すの途を論ず」という長大論文を書いた人だ。吉野作造は子供の頃から秀才で順風満帆、若くして東京帝国大学教授にもなり、自己実現した人物のように思えた。本書ではどちらかというと権力に抵抗し、崖っぷちでがんばったような人を中心に書きたいと思っていた。

この長すぎて覚えられないタイトルの論文も、いま読むとわかりにくい。主語は予である。漢字が多く、文章は文語体である。「博士の文章は水のごとく澄んで平明であった」と新居格は言うけれど、彼はあくまで研究者であって、大杉栄や辻潤ら活動家達のような、普通の民衆に届く文章のスタイルを持っていなかったように思う。

その後、宮城県古川の吉野作造記念館を何度か訪ねる機会があった。羽仁もと子を調べるためである。彼女の創刊した「婦人之友」に、吉野作造はかなりの回数、寄稿している。しかしこれがまた、普通の女性が読んでも理解できるとは思えない。これでは理解者を増やすことはできない。日本史の教科書には必ず登場する人物であるのに、一九九〇年代に岩波書店から出た選集はあるがいまでは彼の作品は手に入りにくく、青空文庫にもまだ一点しか入っていない。

関東大震災の時の勇気

しかし、彼の行動を見ると、やはりこれは権力に抵抗した立派な一生と言える。とくに、関東大震災の際、戒厳令下の軍隊や警察は、当時の植民地下の朝鮮人が「井戸に毒を入れた」「放火した」「徒党を組んで襲撃する」というデマをばらまいた。それで行われた軍隊や警察や自警団による虐殺を隠蔽し、彼らの罪を明確に裁かなかったとき、吉野作造は朝鮮罹災同胞慰問班の崔承万らの資料を基に犠牲者数を二千六百十三人と書いた。書いたものの、それを載せようとした雑誌は内務省の不許可となってお蔵入りになった。司法省の報告は三百二十二人だったので、吉野作造の調査は有意義なものだと言ってよかろう。一説には犠牲者を六千名以上としている説もあるが、いまだに正確な数字は明らかになっていないし、今からそれを調べるのは非常に困難である。

謂れなく殺された人々、一人一人の断ち切られた生を考えてしまう。このとき、吉野作造はこう書いている。

「朝鮮人虐殺事件は、過般の震災における最大の悲惨事でなければならぬ。これは実に人道上政治上、由々しき大問題であるが、事の完全なる真相は今なお疑雲に包まれ、一種の謎として残って居る。あるいは永久に謎として葬られるかもしれぬ。余はここでは余の耳に入った諸種の事実を簡明にまとめるのに過ぎない」（「中央公論」十一月号「朝鮮人虐殺事件に就いて」）。

かつて東大にも、足尾鉱毒事件で、田中正造をはじめとする住民の側に立って、鉱毒の調査をした古在由直のような科学者もいた。彼は本書で一章を割いたマルクス主義哲学者古在由重の父で、東大の総長を務めている。

吉野作造の風貌は写真を見るからに端正ではあるが、ほっそりして頑健には見えない。子供の頃から体は弱く、関東大震災から十年後の昭和八年（一九三三）に五十五歳で湘南のサナトリウムで亡くなり、戦時に向かう際の抵抗者とはなり得なかった。まず、彼の生涯を簡潔にたどってみよう。

生い立ちと学業

吉野作造は宮城県志田郡大柿村に明治十一年（一八七八）一月二十九日に生まれた。本名は作蔵。現在の大崎市であり、米どころの糸屋の息子である。父年蔵は実直、努力肌でのちに町長になった。母こうは十二人もの子を生み、作造はその三番目に生まれた長男だったが、この地方には姉家督といって、長女が婿を迎えて跡を取る風習があった。そのため、作造は家業を継ぐことは期待されなかった。運よく解放されていた。

勉強がよくでき、「吉野屋の作さんのように」というのは、古川の子供を持つ親の訓育方針だった。作造は両親の励ましもあり、創立したばかりの宮城県尋常中学校（現在の仙台第一高等学校）に入学、まだ地元に汽車がなかったので小牛田まで十一キロを歩き、そこから汽車に乗った。体は弱かったが足は速かった。

初代校長は大槻文彦。大槻家は代々、仙台藩の藩校、養賢堂で教えていた家柄で、文彦は国語辞書『言海』の編者でもあった。吉野も中学入学祝いに郷里の町会からこの『言海』を贈られている。当時の仙台は奥羽越列藩同盟のリーダーだっただけに、「新政府のすることはすべて癇に障る」という土地柄だったと吉野は言う。

群を抜いて優秀な吉野は校長大槻文彦にかわいがられ、養子に欲しいとさえ言われた。大槻は全校授業で林子平のことを教えた。寛政の三奇人といわれる林子平は、文彦の祖父、大槻玄沢と交流があった。「およそ、日本橋よりして欧羅巴にいたる、その間一水路のみ」「江戸湾の水は世界に通ず」という広い視野を持ち、『海国兵談』を著して、海防の意義を説いたが世に入れられず、版木没収の上、蟄居となったという人物である。吉野は林子平に共感を持ったり、郡司成忠大尉（幸田露伴の実兄）の千島探検に感激したり、また回覧雑誌をつくったりしている。

中学を首席で卒業、明治三十年（一八九七）、無試験で入った仙台二高では校長の沢柳政太郎と出会い、内ヶ崎作三郎、真山青果はじめ数々の友人を得た。そして押川方義の講話を聞いて、聖書の講読会に参加、キリスト教と出会い、受洗している。

もともと土井晩翠などの影響で文学に憧れていた作造は、世の中で真と善をなすことに興味を持つ。さらに小学校教師阿部たまのと出会い、明治三十二年（一八九九）、二十一歳と十九歳で結婚式をあげた（入籍は一年後）。当時の平均寿命は短く、人世は前倒しだったのか、石川啄木も盛岡で、十代で結婚している。それこそ、仙台城下で育った相馬黒光が言うように、明治浪漫主義のさなかの恋だったにちがいない。

しかし吉野は勉学の途上である。生まれた長女を妻の実家に預け、一人上京、帝国大学法科に進む。そのときに住んだのが、本郷区台町にある東大ＹＭＣＡ（東京帝国大学学生基督教青年会）で、ここは生涯、吉野の根城となった。

日本のキリスト教は布教には成功したとは思えないが、近代になって禁教が解かれると、まずオピニオンリーダーからということで東大の周りには弓町本郷教会、本郷中央会堂、西片教会、根津教会、聖テモテ教会など多くの教会ができた。吉野を引きつけたのは弓町本郷教会の牧師になった海老名弾正の神学であった。この教会の「新人」という機関紙に記者として精力的に記事を書いている。

吉野は大学では小野塚喜平次に師事したが、この人も奥羽越列藩同盟の長岡藩出身で薩長藩閥に反抗する人物であった。当時、逆賊とされた佐幕側の出身者は官僚や軍での出世は望めず、学問を志した人が多い。小野塚は上からの近代化、それを達成する国家

前列左から２人目が安部磯雄、後列左から２人目が吉野、１人おいて宮崎龍介

に対して立憲主義を訴え、「衆民主義」を唱えた。これは後の吉野の民本主義へつながっていく。

一方、吉野はそのころ日本に入ってきた社会主義にも関心を持ち、安部磯雄や木下尚江とも交流し、「社会主義と基督教」という論文を書いたりした。明治三十六年（一九〇三）からは本郷区駒込千駄木林町一六四番地に住む。妻のたまのは二人の娘を連れて上京し、下谷区谷中小学校の訓導となって夫を支えた。当時、珍しい職業婦人だが、保育園もない時代、どうやって教師を続けたのか、林町は谷中小学校に通いやすい場所である。

明治三十七年七月、作造は東京帝国大学法学部を首席で出て大学院に進んだ。この頃の吉野作造は穏健主義で、日露戦争では、ロシアの拡張主義に対する義戦だとして戦争を支持している。小野塚の「衆民主義」を受け継ぎ、さらに政治は民衆のものでなければならぬと「主民主義」という言葉を作り出す。明治三十八年（一九〇五）には駒込千駄木林町二一〇番地にいた。まだ吉野は定職を得ておらず、この年の暮れ、梅謙次郎教授から、清国の大物、袁世凱の息子の家庭教師になる気はないかという打診があった。そして長女と次女を日本に残し、妻と幼子の三女を連れて中国天津に赴き、三年間を転職しながら全うした。

ヨーロッパ留学から「民本主義」へ

明治四十二年（一九〇九）、三十一歳で東京帝国大学助教授となる。さらにヨーロッパに留学する。このときはすでに実家は没落しており、吉野はつてを頼って後藤新平を訪ねた。彼は即座に毎年五百円ずつ三年間の援助を約束した。後藤新平は仙台藩北限、水沢江刺の留守氏の臣であり、こうした反薩長ネットワークは互助組織のように機能した。ハイデルベルク、リーデンハイム、ウィーン、ベルリン、パリ、ロンドン、ニューヨークを巡って、大正二年（一九一三）七月三日に帰国した吉野のもとを、秋になって中央公論の編集者滝田樗陰（たきたちょいん）が訪れる。

彼の人力車が家の前に止まるのはその著者にとって登竜門であった、と言われたくらい、この東北出身、二高で学んだ男は有名であった。

後藤新平

翌大正三年春、吉野は駒込東片町一四四番地から駒込千駄木町五一番地に転居。「吾輩は猫である」を書いたときの夏目漱石の住まいが五七番地だからその近くである。そのあたりには東大関係者へのちょっと高級な貸し家が結構あった。

近くの駒込林町には妻たまの父母が住んでいた。たまの妹きみよは、作造の弟で農商務省の官僚になった吉野信次の妻となっていた。兄弟、姉妹同士の二夫婦は仲がよかったが、弟信次は官僚から商工大臣、貴族院議員、翼賛政治会常任理事と、よほど兄と異なる道を歩み、戦後、公職追放となっている。

大正三年（一九一四）六月二十八日、サラエボ事件が起こり、これを引き金に第一次世界大戦が勃発した。ちょうど、欧州、そして「名誉ある孤立」を捨てて参戦したアメリカを見てきたばかりの吉野作造は縦横無尽の文筆活動を始める。

吉野作造は「中央公論」の常連執筆者となり、時に滝田は吉野の口述筆記をした。移民問題、普通選挙、民衆政治、そして第一次大戦については「欧洲動乱史論」を書いた。そして大正五年（一九一六）一月号の「中央公論」に、大正デモクラシーの記念碑的論文といわれる「憲政の本義を説いて其有終の美を済すの途を論ず」が載る。これも滝田の口述筆記によるものだった。

ここで吉野は「民本主義」を主張した。民本の意味は「一般民衆の利益と幸福を優先し、民衆の声に重きを置く」ということだ。国家主義者からは「天皇主権を曖昧にするものだ」といわれ、民主主義者からは「国民主権という民主主義よりは後退した思想だ」、社会主義者からは「階級闘争の概念がない」と批判された。

しかし、二十一世紀の現在も、日本の政権与党は、世襲に拘り党利党略にかまけ、民衆の利益や幸福より、自らを含めた特権階級の利益に重きを置き、民衆から税金を搾り取り海外にばらまく政治をやっている。まずは民生、普通の人々の暮らしを最大優先する「民本主義」まで前進することはそれだけでも重要である。

吉野は慎重で賢かった。主権は誰にあるかということを突き詰めると、明治憲法下の日本では天皇制問題に抵触する。それを回避して、より穏健な、人々の暮らしをよくする政治を吉野は目指した。私自身、政治学徒であった学生時代は吉野の主張を穏健で生ぬるいと思ったが、それは彼の実践行動についてほとんど知らなかったせいもある。

いずれにせよ、この論文は論争を巻き起こし、吉野作造は大正デモクラシーの花形になっていく。

立会演説会に集まる聴衆

大正七年（一九一八）八月、大阪朝日新聞は「白虹日を貫けり」という記事中の文言で朝憲紊乱であるとして言論弾圧を受け、社主村山龍平が暴漢らに襲われた。この事件で鳥居素川や長谷川如是閑が退社。大多数のメディアが沈黙する中、吉野は「言論自由の社会的圧迫を排す」を「中央公論」十一月号に書いた。これに対し、右翼の浪人会代表が研究室に示威のため来訪したので、吉野は後日、御殿（今の山上会館）で彼らと論争、改めて帝大構内に彼らを招いて公開討論会をしようとしたが、彼らは来なかった。吉野の行動は相当勇気のあることではあるまいか。

結局、十一月二十三日、南明倶楽部で浪人会と対決することになり、東大の学生らは「吉野博士を守れ」と演説会に繰り出した。南明倶楽部はもと神田にあった勧工場のあとが集会施設になっていたものである。吉野は「暴力をもって思想を圧迫するな」と反論し、二千人の聴衆は興奮し、吉野はたくさんの人々に守られて家路についた。これがきっかけで黎明会、新人会などが創立される。

「黎明会」は麻生久、大庭柯公らが設立を呼びかけ、左右田喜一郎、森戸辰男、新渡戸稲造、姉崎正治などが賛成し、毎月のように神田青年会館で講演会を開き、多いときでは二千名近くの聴衆を集めた。当時、東大で授業を聞ける学生は限られていた。テレビもラジオもない時代、大学教員がキャンパスを飛び出して直接、民衆に語りかける画期的な機会であった。のちに、早稲田の大山郁夫も入会している。

一方、学生の中からも社会運動団体結成の動きがあり、吉野門下の赤松克麿（山口県のお寺の子）、宮崎龍介（宮崎滔天の息子）、麻生久などが新人会結成に動いた。

思想闘争だけではない。吉野は大正六年（一九一七）には東大ＹＭＣＡ理事長となり、さまざまの事業に着手した。もと本郷区台町にあったＹＭＣＡは駒込追分町に移転して、その建物はフランク・ロイド・ライトの弟子、遠藤新によって設計された。ここで学生達は貧しい人も多かった近隣のために無料診療所を開始、これが後にもっと貧しい人たちの多く住む区太平町の賛育会病院に発展した。それは人々の暮らしの根底に関わることでもあり、妊婦相談所、乳児幼児相談所、産院や保育所も併設されることになった。七名の理事の中に吉野とその妻たまのも名前を連ねた。たまのが小学校の訓導だったのは短い期間だったが、家庭を切り盛りしながら社会運動のリーダーを務めた。

専務理事を務めた藤田逸男は革命直後のソ連を旅し、シベリアで消費組合を見てきた。大正八年（一九一九）、家庭購買組合を発足する。これには日本女子大が協力して、吉野を理事長に、井上秀子らも理事になった。今でいう生活協同組合のはしりである。流通の段階を省いて、生産者から食材を直送してもらい、それを組合員で分ける。それは理想であったが、時には鰯をたくさん仕入れ過ぎて輸送途中で腐ってしまうこともあったらしい。

さらに吉野の弟子で弁護士になっていた片山哲は、ここで簡易法律相談所を開いた。均一料金だったので、今まで法律事務所には縁のなかった労働者、女性、農民らが行列をなした。片山は後に代議士となり、戦後、初の社会党政権の首相となる。

大正八年、八面六臂の活躍を見せる吉野は駒込神明町三二七番地に自宅を購入、翌年秋に完成した。設計はこれも遠藤新。そのころは大学の給料の他に、印税や講演料も何倍も入り、吉野家は経済的にはゆとりがあった。家は上富士の交差点に近く、本郷通りに出て市電でいくつか乗れば東大に通うにも便利だった。たまの夫人と七人の子供、女中や書生もいる大家族である。

明治四十一年(一九〇八)に「婦人之友」をはじめ、大正十年(一九二一)に雑司ヶ谷に自由学園を興した羽仁もと子は、吉野作造のファンだった。キリスト教に基づく勤勉・清潔な生活、夫婦の愛情に基づく対等平等な家庭、困った人を助ける相互扶助の精神に、冷静で賢く教養もある妻。まさに吉野家は羽仁もと子の理想とする中流家庭だった。羽仁夫妻もまたフランク・ロイド・ライトに建築設計を頼み、雑司ヶ谷の自由学園明日館はいまでは重要文化財に指定されている。そこが手狭になったため、郊外南大沢に学園を建て直した際は遠藤新が校舎を設計した。安部磯雄、長谷川如是閑、徳富蘇峰など共

大正14年に建てられた、お茶の水の文化アパートメントハウス。ヴォーリズによる建築

通の知人も多かった。

行動する政治学者

一九一九年は第一次世界大戦が終結、一月十八日にパリ講和会議、六月にはベルサイユ条約が調印された。ドイツ帝国、オーストリア帝国が崩壊、それぞれが共和制となった。一方、一九一七年のロシアの二月革命、それに続くソビエト社会主義共和国連邦の成立は、各国での民衆運動を激化させた。日本でも各地で普選運動、婦人参政権運動、小作争議などが起こっていく。

この頃、吉野は「黎明会」の例会で、日本の植民地下に置かれた朝鮮の独立運動を語る会を開いたり、中国の五・四運動で検挙された中国人留学生の救援に奔走したりしている。民本主義を訴える以上、自国が他国を植民地にしている現状は看過できないのであった。ザメンホフが世界平和友好を目指して考案したエスペラント語を広める日本エスペラント協会にも参加している。

大正九年（一九二〇）、「黎明会」をともに起こした森戸辰男の筆禍事件が起こり、一月三十日には特別弁護人として吉野は東京地裁に出廷した。二月十一日には普通選挙を要求する数万人のデモが東京で行われた。三月三日、森戸事件は禁錮三ヶ月の判決が出る。三月二十八日には市川房枝、平塚らいてうが婦人参政権を要求して新婦人協会を設立している。

五月十日には森本厚吉、有島武郎と「文化生活研究会」を結成し顧問に就任。この団体は大正十一年（一九二二）には財団法人文化普及会をつくり、内務省社会局の援助を得て、お茶の水に文化アパートメントハウスを建設。大きな仕事をしたものである。

大正10年、東京大学法学部で軍備縮小論をぶつ尾崎行雄。後列右端に吉野作造

鉄筋コンクリート五階建ての共同住宅で、共同食堂、社交室、ショップがあり、地下には物置、車庫、ボイラー室、洗濯室、乾燥室などを備えた文化的合理的な生活を提唱した。ボーイや家政婦、電話、ラジオも共用だった。この建物はかなり後まで残っており、私は高校時代にここでフランス料理のマナー教室に学校から参加したことがある。

吉野は実に行動的であって、考えの違う人とも話すのを怖がらなかった。そしていつも信ずるところを忌憚なく述べた。この八面六臂の活躍時代、彼はまだ四十二歳である。大正十一年には一年間に三十八件、四十一回の講演をこなしている。

吉野家には五人続いて女児が生まれたが、大正三年（一九一四）に長男俊造が、最後に六女文子が生まれた。長女信は大正九年（一九二〇）、建築家土浦亀城と結婚して自らも建築家を目指し、夫婦でロサンゼルスのフランク・ロイド・ライトのもとで勉強した。次女明は、吉野の弟子で新人会の赤松克麿と結婚、婦人参政権運動に関わった。三女光子は音楽評論家小松清と結婚、四女秀は彫塑家の齋藤素巌と結婚、六女文子は文化学院を卒業して新派の女優としてデビューした。

吉野家の教育方針は自由放任だったが、それぞれが環境の中で自分の仕事と伴侶を選んでいった。「彼は他人を相手にする場合、どんな人に対しても、態度を変えるようなことがなく、友人のように迎える人であって、家庭でも支配的な風は少しもなく、父である存在をとくに印象させるような趣は少しもなかったのである」と小松清は書いている。また郷里の両親も弟妹も長男を頼って上京、牛込あたりに暮らしていたようである。

大正十一年（一九二二）には長女の夫、土浦亀城の設計で伊豆の韮山に別荘も持った。これもまた、一つの運動である。伊豆の畑毛温泉に夏を過ごし、「本を読みに行くところ」を共同でつくろうと、友人達と構想したが、これは温泉の源泉を巡って地元民とトラブルを起こし、吉野は地元とも融和の努力を続けたが、あまりうまくいかなかった。

翌十二年六月、「文化生活研究会」をともに結成した有島武郎が、軽井沢の別荘で有夫の波多野秋子と恋愛の末、心中。有島自身キリスト教の影響を強く受け、また有産階級の滅亡を予感して、北海道の自分の土地を小作に開放した理想主義の作家だった。吉野は「死んでゆく有島さんへ」などを「中央公論」の巻頭言に書いている。

焼けた東京を歩き回る

同じ年の九月一日、天地が鳴動する。関東大震災、マグニチュード七・九。吉野の神明町の自宅は無事だったが、研究資料を置いておいた東京大学が焼失。このとき、鈴木東民が吉野の研究室に飛び込み、机上の大事な書類を助け出し、学生達が本を外に投げ出した。いったん家に帰った吉野はまた気になって大学に向かうが、避難民が路上にぎっしり、熱さのため近寄ることもできず、東洋一と言われた図書館が焼けるのを見守るしかなかった。

東京帝国大学の場合、理学部応用化学教室の薬品の発火によるものだが、これは校内だけで、町には幸いにも火は移らなかった。一方、神田方面からの火の手は本郷三丁目まで来て止まり、それより北、吉野の住んでいたあたりは燃えなかった。

このときの東京は十五区の時代だが、下町と言われる京橋区、日本橋区、神田区、深川区、本所区、浅草区、下谷区などが焼け、上野から本郷区、小石川区、四谷区、牛込区、麻布区、芝区などの山手方面は燃えなかった。この際、すでに一日の三時過ぎ、朝鮮人や社会主義者が井戸に毒を入れた、放火した、大挙して襲ってくるなどの根拠のないデマが広がる。翌二日、内乱も起きていないのに、政府は戒厳令を敷く。加藤友三郎首相の病死により、山本権兵衛が組閣中という混乱の中であった。枢密院への諮詢（しじゅん）も求めず、官報による公布もなしに発令されたのである。

吉野の九月三日の日記には「予の信ずるところに依れば宣伝の元は警察官憲らし。無辜の鮮人の難に斃（たお）るるもの少なからずという。日本人にして鮮人と誤られて死傷せるもありと云う。昼前学校に行くとき上富士前にて巡査数十名の左往右返この辺に鮮人紛れこめりとして、狼狽し切っているを見る。やがて去る一壮夫を捉うるや昂奮し切れる民衆は手に手に棒などを持って殺してしまえと怒鳴る。苦々しきこと限りなし」とある。

関東大震災の翌日、「戒厳令発布アリ」の警告を書く警察官

九月四日から二十一日まで、吉野は焼けた東

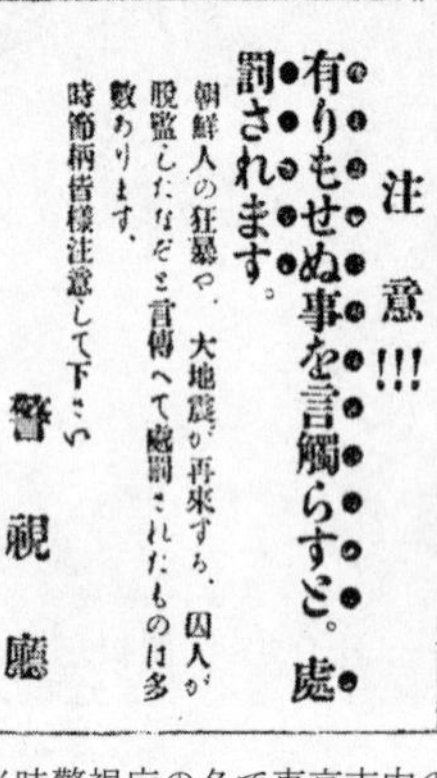

注意!!!

有りもせぬ事を言觸らすと處罰されます。

朝鮮人の狂暴や、大地震が再來する、囚人が脱監したなぞと言傳へて處罰されたものは多數あります、

時節柄皆樣注意して下さい

警視廳

当時警視庁の名で東京市内の電柱などに添付された

京を歩き回った。

辻々に自警団は抜き身の刀など武装して検問をもうけ、道行く人にイロハや朝鮮人には発音しにくい「十五円五十銭」を言わせたりして発音がおかしいと、朝鮮人だとして殴りかかった。白いステテコを穿いていたり、長い髭を生やしたり、ルバシカを着ていたり、長髪だったりするだけで「あやしい」と連行されそうになった。政府は自警団の暴力にあわてて、三日、今度は「ほとんどの朝鮮人は温和で不逞ではない。暴力をふるわないように」という命令を出した。またこの機に乗じて社会主義者川合義虎、平沢計七らが軍隊によって虐殺された亀戸事件が起こり、さらにアナキスト大杉栄と伊藤野枝、その甥の三人が憲兵隊によって虐殺される事件も起きた。このことも吉野は日記に書き留めている。

しかし、政府はこの事実を隠蔽し、司法省の調査では朝鮮人犠牲者はわずかに二百三十三人とされている。吉野はこれに怒り、「中央公論」などで、解明のため「あらゆる手段を執る」べきだと述べた。そして改造社の召集した「二十三日会」で十月八日、吉野は朝鮮人虐殺問題を発議、政府の責任を問う決議を行い、これをもって首相、内相、法相のもとを訪れた。

このとき、日本にいた朝鮮人たち「在日本関東地方罹災同胞慰問班」は十月末までに調査をし、二千六百十三人という数字を出していた。これを吉野は自ら改造社の『大正大震火災誌』に掲載しようとしたが、内務省の検閲にあってできなかった。

さらに吉野は、翌月の「中央公論」に「朝鮮人虐殺事件について」を執筆するとともに、支援や協力を求めてくる中国人、朝鮮人に面会し、相談に乗った。賀川豊彦が震災後、被害のひどかった本所ではじめた救援活動に協力し、自ら千円を寄付、本所キリスト教青年会理事も引き受けた。また焼失した賛育会病院の復旧にも協力し、賛育会第二代理事長も務めた。まさに「道行かざれば至らず、事為さざれば、成らず」という彼のモットー通り、行動した。

このときに協働した東京帝国大学教授、末弘厳太郎（いずたろう）にも一言触れておきたい。彼もまた学会にあっては異色の人物である。彼は大分県出身の大審院判事、末弘厳石の息子で、東京大学でドイツ法学を修めたが、その観念論的な法学理論に飽き足らず、法律は社会生活の中に求めるものとして、民法、労働法などのあり方を百八十度転換させた。洒脱なエッセイでも知られるが、今となっては入手しやすい本はない。

彼も震災時、東京大学の学生達を率いて、上野公園などの被災者援護に尽力した。それまで天災のたびに富豪や爵位のある者がニーズに合わない施しをするのを批判して、現場の生活に必要なものを手早くできるだけ公平に配給することを目指した。これが東京大学のセツルメントのさきがけである。またそれは羽仁もと子にも連動し、彼女の太平町での学校給食の提供や、昭和初期の凶作農村でのセツルメント運動にも引き継がれている。

当時、吉野や末弘、さらには穂積重遠のような、行動的学者が東京帝国大学にいたことが驚きだが、その働きは十分に評価されていない。末弘は吉野より十歳年下で、登山や水泳でも指導的な役割を果たしたが、昭和十七年(一九四二)から昭和二十年まで、法学部長を務めており、そのために戦後、公職追放に遭い、失意のうちに六十二歳で亡くなっている。

人世に逆境はない

吉野にとって震災は大きな転換になった。これがきっかけで東京帝国大学を辞任して、朝日新聞社に客員として入社する。一説には大学の給料では救いを求めてくる人々を助けられないからで、特別待遇で迎えられた新聞社のほうが、よほど高給であった。そして陸海軍大臣の帷幄(いあく)上奏の批判、貴族院改革、枢密院批判などに鋭く論陣を張った。しかし、朝日社員として神戸で講演した中に「五箇条の御誓文は明治政府、窮余の結果の悲鳴」というくだりがあり、これに言いがかりをつけ、明治天皇を冒瀆するものとして右翼が騒ぎ出し、司法当局も吉野を起訴しようとする。結局、吉野は朝日を退社することで、起訴を免れた。

今度は吉野は東大講師として、以前よりずっと少ない収入で暮らすことになる。しかし「人世に逆境はない。如何なる境遇に在ても、天に事え人に仕える機会は潤沢に恵まれてある」というのが吉野の信念である。なんと前向きで楽天的な人生観だろう。

しかし彼にそう長い寿命は与えられていなかった。晩年の吉野の大きな業績は、宮武外骨に協力し、尾佐竹猛、石川巌、小野秀雄などと「明治文化研究会」をつくったことである。震災時、「震災画報」を上野桜木町で出版、ユニークで偏屈な出版人であった宮武外骨が集めてくる資料は、そのまま東京帝国大学法学部に「明治新聞雑誌文庫」として収集され、今も一般に公開されている。

これは関東大震災の際、東洋一と言われた大学図書館が火事で烏有に帰したことへの痛恨が底にあった。吉野は「日本開国史」を書く意欲があって、幕末から明治の資料収集を心がけていたのである。それが焼けた。今のうちにできるだけ資料を集めなければならぬ。研究会は文字通り、大正十四（一九二五）年から茶話会を開き、お互いの知識や考えを披露しあいながら、それを雑誌に発表していった。その編集会議でも吉野は熱心に仕事をした。「新旧時代」「明治文化研究」「明治文化」と誌名を変えながらも続き、それは現在、ちくま文庫『明治事物起源』などで刊本となっている。

そうした会合の多くは彼が根城とした本郷のＹＭＣＡで開かれ、その帰りに近くのおでん屋「呑喜（のんき）」でおでんをつつき合いながら談論するのが吉野の最高の楽しみであった。しかし、ひょろひょろした吉野の好物がこんにゃくであることに、斎藤昌三は驚いている。しかし、肋膜を傷めた吉野のそばで、宮武外骨はじめ、面々は煙草を吸い、吉野の咳がひどくなることもあったという。やがて吉野は賛育会病院から湘南サナトリウムに転地入院、彼は持って生まれた楽天主義でサナトリウムを「別荘」と称していた。昭和八年（一九三三）五十五歳で生涯を終える。

「疲れているから成り行きにまかせる」というのが最後の言葉で穏やかに彼は逝った。あとには、彼が人に親切のためにした借金や負債が残されたという。学者ではあるが行動力と組織力を持ったこのような実践的政治学者はまたと現れないであろう。

葬儀は青山学院講堂で執り行われた。神明町の家は弟子であった堀豊彦に引き継がれ、その夫人が最近まで住んでおられたように記憶する。

昭和八年に吉野は世を去るが、満州事変、五・一五事件、そして国際連盟脱退と「暗い時代」に入っていく年である。大正デモクラシーを象徴する人物として、文庫化にあたり加筆した。

あとがき

　最近、ちょっと印象深かったことに、アメリカの俳優メリル・ストリープがある賞を受賞した際、次期アメリカ大統領の名前を一切出さずに、しかしはっきりとわかる形で、彼の障害者差別の発言を批判したスピーチがある。フリーランスの俳優が、はっきりと自分の意見を持ち、公衆の面前で自説を語る勇気に拍手を送りたくなった。どんな小さな場でも、自分を貫くことはできるだろうか、そう自問した。

　歴代の自民党政権の中でも最も右寄りと言える政権のもとで、安保関連法案の強行採決、格差の拡大、軍事研究の解禁、公共放送への介入、メディアの懐柔と締め付けが行われ、共謀罪の創設がもくろまれている。そこに到るまでに、小選挙区制、自社さ連立政権の成立、総評から連合への労働組合の弱体化と着々と手は打たれてきた。大阪城の外堀どころか、内堀も埋められ始めているような気がする。

　わたしはかつて、学生の頃このような詩を覚えたことがあった。


　ナチスが最初共産主義者を攻撃したとき、私は声をあげなかった

私は共産主義者ではなかったから

社会民主主義者が牢獄に入れられたとき、私は声をあげなかった
私は社会民主主義者ではなかったから

彼らが労働組合員たちを攻撃したとき、私は声をあげなかった
私は労働組合員ではなかったから

そして、彼らが私を攻撃したとき
私のために声をあげる者は、誰一人残っていなかった

これは、マルティン・ニーメラーという牧師によるもので、わたしは「無防備都市」の映画を見たとき、先輩からこの詩を教えられた。

戦前の日本もまた、これと同じことが起こっている。

牧瀬菊枝は言う。

「一九三五(昭和十)年三月共産党が壊滅したあとは、それまで合法政党であった社会党、労農派を捕らえ、さらに教授グループなどをつぎつぎに治安維持法違反の名で捕らえて

いく」

（『一九三〇年代を生きる』）

一九三七年には、第一次人民戦線事件で社会主義者の山川均や荒畑寒村らが検挙され、京都では中井正一、新村猛、真下信一らが検挙された。翌年には京都の武谷三男が検挙、第二次人民戦線事件で、大内兵衛、有沢広巳、美濃部亮吉らが検挙され、リベラリストであった河合栄治郎の著作までが発禁となり、無教会派のキリスト教徒の経済学者・矢内原忠雄も東大を辞職に追い込まれた。さらに弾圧は、大本教のような宗教や文化学院のようなリベラルな教育現場にも及んだ。

山川菊栄は当時を振り返って、次のように語っている。

今日になって考えますと、日本では運動のブランクな時代が長く、明治以来迫害の歴史だけで、活動の歴史がなかったような気がします。

あの大戦争をなぜ防ぎ得なかったかと残念に思います。我々の戦術がつたなかったということもありましょう。しかし今度はこりたからもうあんなことはないといって安心はできません。平和な時代には戦争反対とか、弾圧反対をさけんでも、いざ圧迫の時代になると色々な口実を設けて、圧迫に追随してしまいがちです。

（『二十世紀をあゆむ』）

再び同じ道に迷いこまないように、わたしはあの大正デモクラシーから昭和の戦前・戦中をぶれなく生き抜いた人々について書いてみたいと思った。取り上げた九人は、今まで興味を持ち、伝記を読み、個人的にも関連があったが、書いたことのない人がほとんどである。

その人たち同士もお互いに関連を持っているのが見えてきた。

例えば、山本宣治は竹久夢二の神戸中学での後輩で、京都の夢二の絵画展を観て感動し、夢二が京都に逃げてきた際には、妻の千代が何かと世話をした。夢二が西村伊作の文化学院で絵を教える話もあった。九津見房子は山本宣治の出した産児制限のパンフレットを普及するのに努力したが、彼女が獄にとらわれると、山本宣治の母・多年は獄中に差し入れを行っている。出口王仁三郎が彼らの子供の世話をした。

高倉輝は山本宣治と農村青年啓蒙に活躍したが、ゾルゲ事件にも関わり、高倉をかくまったことで三木清は検挙される。その三木清の京都大学での後輩の中井正一は、真下信一らと「世界文化」を、斎藤雷太郎らと「土曜日」を出す。京都大学で中井の一学年下だった戸坂潤も東京で古在由重らと協働する。その古在はゾルゲ事件の被告たちの救援活動に奔走する。そんな風に人と人はつながっているのである。そしてその人たちは大正デモクラシーとも、明治末の大逆事件とも繋がっている。

今回一章ずつは立てられなかったが、ここには大杉栄も、堺利彦も、吉野作造も、大山郁夫も、山川均も、福田英子も、神近市子も、平塚らいてうも、市川房枝も、島崎藤村も、ちょっとずつ顔を出す。

金子光晴や秋山清といった詩人たち、長谷川如是閑や桐生悠々などのジャーナリスト、大本教や灯台社、石射猪太郎（いしいいたろう）や杉原千畝（すぎはらちうね）などの外交官や官僚の抵抗や反戦についても書きたかったが、紙幅が足りなかった。

執筆中には亜紀書房の編集者、近代史に詳しい小原央明さんに伴走していただき、喫茶店であれこれ話し合ったことが楽しくもあり、大いに役立った。記して感謝する。

わたしたちはすでに戦争体験を持っていない。そして両親から聞いた東京大空襲の話などを、なかなか子供の世代には伝えていない。ある時、本郷の喫茶店で、第二次世界大戦はソ連とアメリカが戦ったと言っている学生がいて仰天した。それぞれの人については伝記も書かれているが、それらをわかりやすくまとめて述べた本は少ないので、あえて一書を投じた。

この前の戦争の時、わたしはまだ生まれていなかった。でもこの次の戦争が万一起こる時は、わたしは責任があると思うから。

森まゆみ

二〇一七年三月三日　桃の節句

文庫版あとがき　関東大震災と暗い時代

本書が単行本で出てから六年経った。たくさんの書評に恵まれ、また紀伊國屋じんぶん大賞2018にもランキングされて、数度、版を重ねた。そのころ、安倍内閣のもと、集団的自衛権や共謀罪の成立など、戦争法規が整えられ、それに異議申し立てをしようとする人々を取り締まる法律が通って、人々が危機感を持った時期だった。

二〇二三年は関東大震災百年に当たる。わたしはこれを機に、かつて聞いた町の人々の震災体験をもういちど掘り起こしてまとめることにした（八月、亜紀書房刊）。そうすると、この近代最大の十万五千人という死者の出た災厄がその後に大きな意味を持っていることがわかった。首都の半分が焼け、その損害は国家予算の四〜七倍であった。

震災から戦争への道は体が震えるばかりである。九月二日、内乱も起きていない状態で、政府は必要な手続きも踏まずにいきなり戒厳令を敷いた。「朝鮮人が多摩川を越えて来襲する」「朝鮮人と社会主義者が井戸に毒を入れた」などの流言蜚語を確証もなく伝達したのは警察だった。警察は自警団を奨励し、自警団は町に検問を設け、誰何して朝鮮人を虐殺した。いや、民衆ばかりではない。警察と軍隊も直接虐殺に関わっている例がある。その数、数千人という。ほかにも中国人が数百人、朝鮮人に間違われた日本人、言葉になまりのあった行商人なども虐殺された（福田村事件）。今も政府はその全体像を調査・把握していない。

そして震災処理のために町会を奨励し、それはそのまま戦時中の隣組のもととなった。震災時の猛火の中にご真影を取りに戻った校長の美談が空襲時にも引き継がれた。自主消火で町を守った神田佐久間町の奇跡などが拡大解釈されて、「逃げずにとどまって自分の町を守ろう」という戦時防空の思想に収斂されていった。震災時、「礼讃すべきものはやはり威光燦たるサーベルではあるまいか」（佐藤春夫）と軍隊への信頼が強くなった。関東大震災がその後に与えた影響は大きい。

震災後、帝都復興院総裁として後藤新平は東京大改造を企てたが、それは反対党の横やりで予算を大幅縮小させられ、被災地の買い上げは地主の抵抗に遭い、十全には実現しなかった。とはいえ、明治通り、昭和通り、靖国通りなどの幹線道路、隅田公園、浜町公園などの公園事業、耐震コンクリートによる復興小学校と復興公園のセットなどの実績を残した。しかし難波大助の摂政宮（後の昭和天皇）暗殺未遂事件で、山本内閣は総辞職、後藤も内大臣と復興院総裁を辞職し、復興事業は縮小され遅れた。

復興景気が終われば今度は不況が来る。震災後にモラトリアムで手形割引を止めたが、そのほとんどが不良債権で回収できなかった。弱小中小銀行は一九二七年の取り付け騒ぎ以降、ばたばたと倒産する。わが町でも虎の子の貯金を東京渡辺銀行に入れていた住民は貯金がパァになり、自殺や精神障害をもたらした。

一九二九年にはニューヨークのウォール街で株式市場が暴落、世界恐慌が始まる。一九三〇年にはロンドン海軍軍縮条約に調印、それに関わった軍人はほぼ予備役に回され、軍部中枢に軍縮派はほとんどいなくなる。日本は国策として満州移民を進め、満州事変から日中戦争へと泥沼にはまっていく。一方、南進政策で東南アジアにも駐留、ついには、真珠湾奇襲に至り、日米戦争が始まる。関東大震災で焼けた家を一九三〇年頃にようやく再建した首都家族の多くは再び、一九四五年の空襲で家を失うのである。

この流れの中で、どこで戦争への道を止められたのか。いまもわからない。

文庫化に際し、新たに吉野作造を小さな一章として加えた。彼は大正デモクラシーを象徴する論文を書いた秀才で花形の東大教授だったから、前回はそれほど書きたいと思わなかった。しかし右翼から脅されても屈せず、黎明会、新人会を組織し、関東大震災に遭っては独自に朝鮮人虐殺を調査して、論文を書いたが、政府の妨害で活字にできなかった。そのことが書きたかった。

単行本発行後も、新型コロナの猖獗(しょうけつ)、無観客で行われた東京オリンピック、安倍元首相の銃撃事件、台湾有事や北朝鮮のミサイル攻撃の喧伝、そしてロシアとウクライナの戦争が起こった。それらを口実に米国から武器を買い、軍備を増強し、自由な言論の外堀は埋められ続けている。戦争で故国に住めなくなった難民にも日本政府は厳しい措置を執り続け、入管で亡くなる外国人が大きなニュースになっている。「新しい戦前」という言葉も現実味を帯びてきた。

大企業とそうでない中小企業や非正規の勤労者の格差は大きくなり、実質賃金は上がらず物価と税金だけが上がり続ける。それでも、問題は個人に抱え込まされ、みんなで解決する声も上げられない。そんな日々に、この文庫がどのように読まれていくのか。前回もあとがきに書いたことを今も考えている。この前の戦争にわたしは責任はないが、次の戦争を止められなかったら、わたしに責任はある。止める手立てを読者とともに考えたい。

二〇二三年八月

森まゆみ

◎関連年表

一九一四（大正三）	サラエボ事件をきっかけにオーストリアがセルビアに宣戦布告、第一次世界大戦勃発。八月に日本参戦。
一九一五（大正四）	日本が中国に対し二十一ヵ条要求を提出。
一九一六（大正五）	吉野作造「憲政の本義を説いて其有終の美を済すの途を論ず」。青山菊栄「青鞜」新年号で評論デビュー。「青鞜」二月号で終刊に。青山菊栄、山川均と結婚。夏目漱石死去。ラスプーチン暗殺。レーニン「帝国主義論」を執筆、翌年刊行。
一九一七（大正六）	ロシア革命（二月革命）。アメリカがドイツに宣戦布告。ロシアでソビエト政権成立（十月革命）。
一九一八（大正七）	平塚らいてうと与謝野晶子、山川菊栄らのあいだで母性保護論争が起こる。スペイン風邪流行。富山で米騒動が起こり全国へ波及。シベリア出兵。朝日新聞筆禍事件（白虹事件）。原敬内閣成立。第一次世界大戦終結。ドイツ、オーストリアが共和制に。吉野作造、言論の自由を守ろうと浪人会と対決。吉野作造らの黎明会、東大新人会できる。
一九一九（大正八）	パリ講和会議開催。普選運動広がる。朝鮮で独立運動が拡大（三・一独立運動）。ロシア共産党がコミンテルンを設立。ガンジーの非暴力不服

従運動開始。中国で反日デモ（五・四運動）。第一次大戦終結のヴェルサイユ条約調印。ドイツでヴァイマル憲法制定。平塚らいてう、市川房枝らが新婦人協会を設立。

一九二〇（大正九）
国際連盟発足。森戸辰男の言論弾圧事件。株価暴落、戦後恐慌始まる。山川均ら、日本社会主義同盟を創立。第一回メーデー。日本でも上野公園で開催。後藤新平、東京市長に。

一九二一（大正十）
摂政宮裕仁、ヨーロッパ歴訪。羽仁もと子・吉一夫妻が自由学園を設立。西村伊作が文化学院を設立。九津見房子、堺真柄らの赤瀾会が発足。第二回メーデーに参加しメンバーがデモの最中に警察に連行。原敬、東京駅で暗殺、高橋是清内閣成立。ワシントン軍縮会議開催（〜翌年二月に調印）。九津見房子、大阪に移り、三田村四郎とともに活動。

一九二二（大正十一）
全国水平社の設立。上野で平和記念東京博覧会開催。マーガレット・サンガーが来日し、山本宣治が通訳を務める。森鷗外死去。第一次日本共産党が創立。山川均「無産階級運動の方向転換」。アインシュタイン、改造社の招待で来日。ソビエト社会主義共和国連邦成立。

一九二三（大正十二）
工場法改正。永田秀次郎、東京市長に。加藤友三郎首相死去で内閣総辞職。山川均、堺利彦ら幹部八十人の検挙により、共産党が壊滅的打撃を受ける（第一次共産党事件）。関東大震災。山本権兵衛内閣発足、戒厳令下で甘粕事件（大杉栄、伊藤野枝ら）、亀戸事件、朝鮮人虐殺事件が起こる。竹久夢二、「都新聞」で被災地ルポ「東京災難画信」を連載。帝都復興院が設置され、後藤新平が総裁就任。九津見房子と三田村四郎が山本宣治のもとを訪ねる。難波大助による摂政宮狙撃（虎ノ門事件）。

一九二四（大正十三）
山本権兵衛内閣総辞職後、清浦奎吾内閣成立。第二次護憲運動。摂政宮結婚、上野公園などを恩賜。山本宣治、大阪労働学校の講師となる。京大医学部の講師を辞職。加藤高明内閣成立。明治神宮外苑競技場が完成。吉野作造ら、明治文化研究会設立。

一九二五（大正十四）
孫文死去。ラジオ放送開始。治安維持法と普通選挙法が同時に成立。斎藤隆夫の普通選挙賛成演説。京都で学連事件、翌年にかけて日本内地で初めて治安維持法を適用、学生たちが検挙され、河上肇、山本宣治、河上丈太郎ら教員も家宅捜査を受ける。山本宣治は同志社大学の職を失う。

一九二六（大正十五／昭和元）
労働農民党、合法無産政党となるもすぐに分裂。五色温泉で共産党（第二次）が再建、福本イズムの流行。大正天皇死去、昭和と改元。

一九二七（昭和二）
若槻礼次郎内閣。昭和金融恐慌。衆議院予算委員会における片岡直温蔵相の失言により、渡辺銀行が破綻。銀行の連鎖破綻を招いた。二七年テーゼで山川イズムと福本イズムがともに批判される。芥川龍之介自殺。上野浅草間で日本初の地下鉄が開業。

一九二八（昭和三）	「赤旗」創刊。総選挙（初の男子普通選挙）。山本宣治、労農党から立候補し国会議員となる。蔵原惟人、村山知義ら、全日本無産者芸術連盟（ナップ）を結成。全国に特高警察が設置。三・一五で共産主義者など約千六百人の一斉検挙。九津見房子も逮捕。労働農民党、日本労働組合評議会、全日本無産青年同盟に解散命令が出る。全国に特別高等警察を設置。治安維持法が改悪され、最高刑死刑となる。東京帝大、新人会に解散命令。張作霖爆殺事件。昭和天皇即位の礼。
一九二九（昭和四）	山本宣治、神田の旅館で暗殺される。四・一六の日本共産党の大弾圧。田中義一内閣総辞職、浜口雄幸内閣成立。ニューヨーク株式市場大暴落で世界恐慌はじまる。
一九三〇（昭和五）	金輸出解禁実施。ロンドン海軍軍縮会議開会。古在由重、宮崎哲子の導きで実践活動に入る。鳩山一郎らが濱口雄幸首相のロンドン海軍軍縮条約を批判し、統帥権干犯問題が起こる。三木清、共産党への資金提供容疑で逮捕。濱口雄幸首相が東京駅で銃撃される（翌年死去）。
一九三一（昭和六）	風間丈吉、岩田義道などが共産党再建（非常時共産党）。竹久夢二が翁久允の手引きで渡米する。満州事変の発端となる柳条湖事件が起こる。コップ（日本プロレタリア文化連盟）結成。
一九三二（昭和七）	コミンテルンの三二年テーゼ、第一次上海事変など。井上日召の指導に

よる井上準之助前蔵相や團琢磨暗殺（血盟団事件）。満洲国建国宣言。竹久夢二、カリフォルニアでのちのゾルゲ事件の宮城與徳と出会う。チャップリン初来日。犬養毅が射殺される（五・一五事件）。戸坂潤らが唯物論研究会を結成。岩田義道虐殺。大日本国防婦人会設立。

一九三三（昭和八）

アドルフ・ヒトラー、ドイツ国首相となる。小林多喜二、検挙され、その日のうちに拷問死。日本が国際連盟から脱退。夢二、ベルリンのイッテン・シューレで絵を教える。京大滝川事件で学問の自由の大弾圧が起こる。佐野学、鍋山貞親の転向声明。古在由重、治安維持法違反で逮捕され、すべての教職を失う。皇太子明仁誕生。吉野作造、死去。

一九三四（昭和九）

竹久夢二死去。立野正一が京都で喫茶店フランソアを開店。陸軍青年将校がクーデター計画容疑で検挙（士官学校事件）。

一九三五（昭和十）

天皇機関説で美濃部達吉批判、政府が国体明徴声明を出す。中井正一らが雑誌「世界文化」を創刊。古在由重、唯物論研究会の中心メンバーとなる。斎藤雷太郎が「京都スタヂオ通信」を創刊。

一九三六（昭和十一）

九津見房子、高倉輝の紹介で宮城與徳と出会う。陸軍青年将校の決起によるクーデター未遂、二・二六事件が起こる。斎藤隆夫の粛軍演説。山川均・菊栄、湘南うずら園を開設。斎藤雷太郎、中井正一らが文化新聞「土曜日」を創刊。日独防共協定（翌年、イタリアも加わる）。

一九三七（昭和十二）	近衛文麿内閣発足。盧溝橋事件、日中戦争はじまる。第一次人民戦線事件で山川均らが、京都人民戦線事件で中井正一、斎藤雷太郎らが逮捕される。労農派弾圧。「土曜日」が終刊。
一九三八（昭和十三）	国家総動員法が成立。日本、一九四〇年に予定されていた東京オリンピック開催を返上。第二次人民戦線事件が起こり、唯物論研究会が弾圧により消滅。古在由重と戸坂潤が逮捕される。
一九三九（昭和十四）	ノモンハン事件。ナチスドイツがポーランドに侵攻し、第二次世界大戦が勃発。ネオンやパーマネントの禁止など民生のしめつけ強化。
一九四〇（昭和十五）	斎藤隆夫が反軍演説で議員を除名される。紀元二千六百年祝賀。日独伊三国軍事同盟条約調印。大政翼賛会発足。
一九四一（昭和十六）	米が配給制に。西村伊作、文化学院の校長職を退く。日本軍、南部仏印進駐。ゾルゲ事件で九津見房子、尾崎秀実らが逮捕。東条英機内閣成立。日本軍、ハワイ真珠湾を攻撃、太平洋戦争はじまる。マレー沖海戦。
一九四二（昭和十七）	戦争動員体制確立のため、軍部と政府主導で大日本婦人会結成。東京に初空襲。斎藤隆夫、非翼賛候補として議席を回復。ミッドウェー海戦、政局の転機となる。ガダルカナル島の戦い（～翌年二月まで）。
一九四三（昭和十八）	西村伊作、不敬罪などを理由に逮捕される。大東亜会議、大東亜共同宣言。学徒出陣など。

一九四四（昭和十九）	インパール作戦。小磯国昭内閣発足。学童疎開。レイテ戦。立野正一の喫茶店フランソアが一時閉店。
一九四五（昭和二十）	アメリカ・イギリス・ソ連がヤルタ会談をひらく。東京大空襲。沖縄地上戦。ドイツが無条件降伏。広島・長崎に原爆が投下される。日本が無条件降伏。戸坂潤・三木清らが獄死。

◎主な参考・引用文献

第一章

大津淳一郎『大日本憲政史（復刻版）』第六巻、原書房、一九七〇年
大橋昭夫『斎藤隆夫　立憲政治家の誕生と軌跡』明石書店、二〇〇四年
草柳大蔵『齋藤隆夫かく戦えり』文春文庫、一九八四年
斎藤隆夫『比較国会論』渓南書院、一九〇六年
斎藤隆夫『洋行之奇禍　人生の蹉跌』渓南書院、一九〇七年
斎藤隆夫『立憲国民之覚醒』渓南書院、一九一一年
斎藤隆夫『回顧七十年』中公文庫、一九八七年
斎藤隆夫『斎藤隆夫政治論集　斎藤隆夫遺稿（復刻版）』新人物往来社、一九九四年
斎藤隆夫「普通選挙賛成演説」「帝国議会データベース」所収
斎藤隆夫「粛軍に関する質問演説」『回顧七十年』中公文庫、一九八七年、所収
斎藤隆夫「支那事変処理に関する質問演説」同前、所収
斎藤隆夫「国家総動員法案に関する質問演説」「帝国議会データベース」所収
斎藤隆夫、濱田国松、加藤勘十著、報知新聞社編輯局編『議会主義か・ファッショか』第百書房、一九三七年

斎藤隆夫著、伊藤隆編『斎藤隆夫日記』（上下）中央公論新社、二〇〇九年
松本健一『評伝 斎藤隆夫 孤高のパトリオット』岩波現代文庫、二〇〇七年

第二章

伊藤野枝「傲慢狭量にして不徹底なる日本婦人の公共事業について」『青鞜（復刻版）』不二出版、一九八三年、所収
上野千鶴子『ナショナリズムとジェンダー』岩波現代文庫、二〇一二年
岡野幸江ほか編『女たちの戦争責任』東京堂出版、二〇〇四年
岡部雅子『山川菊栄と過ごして』ドメス出版、二〇〇八年
香内信子編『資料 母性保護論争』ドメス出版、一九八四年
平塚らいてう『元始、女性は太陽であった 平塚らいてう自伝』（全四巻）大月書店、一九七一〜一九七三年
山川菊栄『二十世紀をあゆむ ある女の足あと』大和書房、一九七八年
山川菊栄『日本婦人運動小史』大和書房、一九七九年
山川菊栄『武家の女性』岩波文庫、一九八三年
山川菊栄『わが住む村』岩波文庫、一九八三年
山川菊栄『覚書 幕末の水戸藩』岩波文庫、一九九一年
山川菊栄『おんな二代の記』岩波文庫、二〇一四年
山川菊栄著、外崎光広・岡部雅子編『山川菊栄の航跡 「私の運動史」と著作目録』ドメス出版、一九七九年

山川菊栄著、鈴木裕子編『山川菊栄評論集』岩波文庫、一九九〇年
山川菊栄「日本婦人の社会事業に就て伊藤野枝氏に与う」『青鞜（復刻版）』不二出版、一九八三年、所収
山川菊栄「更に論旨を明らかにす」同前、所収
山川均、山川菊栄・向坂逸郎編『山川均自伝　ある凡人の記録・その他』岩波書店、一九六一年

第三章

宇治山宣会編『民衆とともに歩んだ山本宣治（やません）』かもがわ出版、二〇〇九年
大林道子『山本宣治と母多年　民衆と家族を愛した反骨の政治家』ドメス出版、二〇一二年
佐々木敏二『山本宣治』（上下）汐文社、一九七四〜一九七六年
佐々木敏二ほか編『山本宣治写真集』汐文社、一九七九年
住谷悦治「序に代えて　山本宣治さんと労働組合との関係はいつ出来たか」田村敬男編『追憶の山本宣治』昭和堂、一九七七年、所収
谷崎潤一郎『青春物語』中公文庫、一九八四年
田村敬男編『山本宣治　白色テロは生きている』室賀書店、一九六四年
西口克己『山宣』新日本出版社、二〇〇九年
平塚らいてう「母性の主張について」『平塚らいてう著作集』第二巻、大月書店、一九八三年、所収
平塚らいてう「産児数制限の問題」同前、所収
平塚らいてう「避妊の可否を論ず」同前、所収
平塚らいてう「我が現行法上の婦人」『平塚らいてう著作集』第三巻、大月書店、一九八三年、所収

平塚らいてう「戦争と産児」『平塚らいてう著作集』第六巻、大月書店、一九八四年、所収
本庄豊『山本宣治　人が輝くとき』学習の友社、二〇〇九年
本庄豊『テロルの時代　山宣暗殺者・黒田保久二とその黒幕』群青社、二〇〇九年
松尾尊兊『わが近代日本人物誌』岩波書店、二〇一〇年
森まゆみ『恋は決断力　明治生れの13人の女たち』講談社、一九九九年
山本宣治著、佐々木敏二・小田切明徳編『山本宣治全集』（全七巻）汐文社、一九七九年
山本宣治「産児調節評論・性と社会へ」『山本宣治全集』第三巻、汐文社、一九七九年、所収
山本宣治「議会の一角より若き友へ」「帝国大学新聞」一九二八年一月二十八日、帝国大学新聞社、所収
山本直英『山本宣治の性教育論　性教育本流の源泉を探る』明石書店、一九九九年
山本直英『性のタブーに挑んだ男たち　山本宣治・キンゼイ・高橋鉄から学ぶ』かもがわブックレット、一九九四年
米田佐代子『平塚らいてう　近代日本のデモクラシーとジェンダー』吉川弘文館、二〇〇二年

第四章

青江舜二郎『竹久夢二』中公文庫、一九八五年
秋山清『竹久夢二　夢と郷愁の詩人』紀伊國屋新書、一九六八年
荒畑寒村『寒村自伝』（上下）岩波文庫、一九七五年
有島生馬「夢二追憶」「本の手帖」一九六二年一月号、昭森社、所収
石川桂子・谷口朋子編著『竹久夢二　美と愛への憧憬に生きた漂泊の画人』六耀社、一九九九年

岡崎まこと『竹久夢二正伝』求龍堂、一九八四年
翁久允「夢二と私」「本の手帖」一九六二年七月号、昭森社、所収
小沢武雄「晩年の夢二と」「本の手帖」一九六二年七月号、昭森社、所収
神近市子「私が知っている夢二」「本の手帖」一九六二年七月号、昭森社、所収
金森敦子『お葉というモデルがいた　夢二、晴雨、武二が描いた女』晶文社、一九九六年
近藤富枝『本郷菊富士ホテル』中公文庫、一九八三年
堺利彦編『社会主義の詩』土佐文化資料調査研究会、一九六八年
佐々木敏二ほか編『山本宣治写真集』汐文社、一九七九年
袖井林二郎『夢二　異国への旅』ミネルヴァ書房、二〇一二年
竹久不二彦「父の死の秘密」「本の手帖」一九六二年一月号、昭森社、所収
竹久不二彦「ベルリンの夢二」「本の手帖」一九六二年七月号、昭森社、所収
竹久夢二著、長田幹雄編『夢二日記』（全四巻）筑摩書房、一九八七年
竹久夢二著、木暮享編『夢二句集』筑摩書房、一九九四年
竹久夢二「変災雑記」「改造」一九二三年十月号、改造社
竹久夢二「東京災難画信」『夢二と花菱・耕花の関東大震災ルポ』クレス出版、二〇〇三年、所収
鶴谷壽『夢二の見たアメリカ』新人物往来社、一九九七年
寺田竹雄「サンフランシスコの竹久夢二」「本の手帖」一九六二年一月号、昭森社、所収
三田英彬『〈評伝〉竹久夢二　時代に逆らった詩人画家』芸術新聞社、二〇〇〇年
森まゆみ『明治快女伝　わたしはわたしよ』労働旬報社、一九九六年
森まゆみ『長生きも芸のうち　岡本文弥百歳』ちくま文庫、一九九八年

吉田一穂「夢二断章」「本の手帖」一九六二年一月号、昭森社、所収

第五章

江刺昭子『覚めよ女たち　赤瀾会の人びと』大月書店、一九八〇年
大竹一燈子『母と私　九津見房子との日々』築地書館、一九八四年
牧瀬菊枝『一九三〇年代を生きる』思想の科学社、一九八三年
牧瀬菊枝編『九津見房子の暦　明治社会主義からゾルゲ事件へ』思想の科学社、一九七五年
山川菊栄『日本婦人運動小史』大和書房、一九七九年
山代巴「九津見房子さんのこと」大竹一燈子『母と私　九津見房子との日々』築地書館、一九八四年、所収

第六章

伊藤俊也『幻の「スタヂオ通信」へ』れんが書房新社、一九七八年
木下長宏『中井正一　新しい「美学」の試み』平凡社、二〇〇二年
久野収『30年代の思想家たち』岩波書店、一九七五年
久野収・解説、斎藤雷太郎・思い出『土曜日（復刻版）』三一書房、一九七四年
久野収「文化新聞『土曜日』の復刻によせて」同前、所収
斎藤雷太郎「『土曜日』について」同前、所収
斎藤雷太郎「善意を組織するために」「思想の科学」一九八四年十一月号、思想の科学社、所収
斎藤雷太郎「『土曜日』以前　あるスタジオマンの抵抗」「現代文化」第三号、現代文化社、一九六六年、

所収
左方郁子著、符川寛・写真『エキゾチック京都』淡交社、一九九〇年
高橋幸子・聞き手、西村繁男・絵、大木茂・写真『10才のとき』福音館書店、一九九八年
塚崎美和子「映画人の思い出『フランソア』の立野留志子さんに聞く」「京都 TOMORROW」一九九四年三月号、京都 TOMORROW、所収
鶴見俊輔「『土曜日』の発行者」「京都新聞」掲載年月日不明、京都新聞社、所収
鶴見俊輔「六十年そこにいる。」掲載媒体不明、一九九六年
鶴見俊輔・山本明編『抵抗と持続』世界思想社、一九七九年
中村勝「戦時下の京都で、タウン誌を発刊！・『土曜日』の仕掛け人・斎藤雷太郎」西村豁通編、久田宗也監修『京のかくれ話　歴史・人物』同朋舎、一九九七年、所収
ねずまさし「『土曜日』戦争前夜の娯楽新聞」「現代と思想」一九七七年十二月号、青木書店、所収
真下信一・和田洋一・神田文人「『世界文化』の思い出」「現代と思想」一九七〇年十二月号、青木書店、所収
和田洋一「庶民・斎藤雷太郎」「思想の科学」一九八四年十一月号、思想の科学社、所収
「フランソア経営　立野留志子さん（68）若者の相談相手に」「大阪日日新聞」一九八五年十一月七日、新大阪新聞社、所収
「思想や芸術で議論　窮屈な時代のオアシス」「毎日新聞」一九九五年八月三日、毎日新聞社、所収
「京都楽壇　戦後50年の点描28　名曲喫茶」「京都新聞」一九九五年十月二十六日、京都新聞社、所収
「みちくさの景色　フランソア」「京都新聞」一九九八年五月十二日夕刊、京都新聞社、所収
「水辺より『土曜日』支えたフランソア」「朝日新聞」掲載年月日不明、朝日新聞社、所収

第七章

岩倉博『ある哲学者の軌跡　古在由重と仲間たち』花伝社、二〇一二年
古在由重『古在由重著作集　第6巻　戦中日記』勁草書房、一九六七年
古在由重「獄中メモ」同前、所収
古在由重「戦闘的唯物論者」同前、所収
古在由重『現代哲学』三笠書房、一九三七年
古在由重『戦時下の唯物論者たち』青木書店、一九八二年
古在由重「戸坂潤とその時代」同前、所収
古在由重「戸坂潤と唯物論」田辺元ほか著『回想の戸坂潤』勁草書房、一九七六年、所収
古在由重・右遠俊郎『思いだすこと　忘れえぬひと』同時代社、一九八一年
古在由重著、丸山眞男述、太田哲男編『暗き時代の抵抗者たち　対談古在由重・丸山眞男』同時代社、二〇〇一年
古在由重・丸山眞男『一哲学徒の苦難の道　丸山眞男対話篇1』岩波現代文庫、二〇〇二年
「古在由重　人・行動・思想」編集委員会編『古在由重　人・行動・思想　二十世紀日本の抵抗者』同時代社、一九九一年
思想の科学研究会編『共同研究　転向』（上中下）平凡社、一九五九～一九六二年
田辺元ほか著『回想の戸坂潤』勁草書房、一九七六年

第八章

糸屋寿雄『大石誠之助　大逆事件の犠牲者』濤書房、一九七一年
上坂冬子『伊作とその娘たち』鎌倉書房、一九七九年
加藤百合『大正の夢の設計家　西村伊作と文化学院』朝日新聞社、一九九〇年
黒川創『きれいな風貌　西村伊作伝』新潮社、二〇一一年
西村伊作『我に益あり　西村伊作自伝（復刻版）』軽井沢文化美術学院、二〇〇七年
文化学院史編纂室編著『愛と叛逆　文化学院の五十年』文化学院出版部、一九七一年
野口冨士男「二十才前後」同前、所収

第九章

赤松克麿『故吉野博士を語る』中央公論社、一九三四年
田澤晴子『吉野作造　人世に逆境はない』ミネルヴァ書房、二〇〇六年
松尾尊兊ほか編『吉野作造選集』（全十六巻）岩波書店、一九九五〜一九九七年
松尾尊兊『大正デモクラシー』岩波現代文庫、二〇〇一年

その他

ハンナ・アレント著、阿部齊訳『暗い時代の人々』ちくま学芸文庫、二〇〇五年
ベルトルト・ブレヒト著、野村修訳『ブレヒト詩集』飯塚書店、一九五九年
写真等／国立国会図書館ウェブサイト　朝日新聞社　他

解説

加藤陽子

森まゆみさんが書いた作品は、一九八四年創刊の地域雑誌「谷中・根津・千駄木」(「谷根千」)以来、心惹かれるものがあってずっと読んできた。八四年頃の私はといえば、根津から坂道を登ったところにある東京大学で日本近代史を学ぶ大学院生だった。

ご近所感覚でまずは親しみを覚えたのは確かだったが、森さんの文章になぜ惹かれたのか、今回、解説を書くために本書を読み返していてわかった。著者の森さんは、大部屋俳優・斎藤雷太郎が一九三六年に創刊した反ファシズムの文化新聞「土曜日」を、その支援者であった京都の喫茶店フランソア店主・立野正一とともに第六章で取り上げる。そこで著者は「土曜日」と比べつつ、若い母親三人で「谷根千」を創刊した経緯を語っていた。いわく、「送り手が受け手でもあり、受け手が送り手にもなれる相互交流の水平的なコミュニケーションを作り出したかった」からだと。少数者としての送り手のメッセージが巨大なメディアにのるのはおかしい、垂直のコミュニケーションにはしたくなかった、とも述べていた。私が心惹かれたのは、地域に根付く文化や歴史を「聞き書き」として横に紡いでゆく、その森さんの姿勢への信頼があったからだと気づく。

本書のタイトルは、ハンナ・アレント『暗い時代の人々』にちなむ。アレントは、自由が著しく損なわれた時代に、荒廃した世界に抗い、自らの意志で生きて死んでいった、ローザ・ルクセンブルクやヴァルター・ベンヤミンら知識人の、いわば「墓碑銘」を書いた。ただ、タイトルは同じながら、森さんのこの本は、著者の文体と流儀に見事に貫かれて書かれているとわかる。そのように私が感じた理由をこれから述べていこう。

米騒動も小作争議も労働運動も文化運動も経験ずみであったはずの一九三〇年代の日本。その日本は、いつの間に一転して「戦争への道に迷い込んでしまったのだろうか」、「その時、人々は何を考えていたのか、どこが引き返せない岐路だったのだろうか」と、著者はまずは問いかけ、引き返し不能地点を確認するための旅、すなわち、本書を叙述する航海へと漕ぎ出すのだ。

アレントの本は冒頭で、暗い時代を照らす「光明」というものは、「理論や概念」からというより、「少数の人々がともす不確かでちらちらゆれる、多くは弱い光から発せられる、と述べていた。少数の人々がともす光明を丁寧に見てゆく点で、アレントと著者の姿勢は共通しているが、著者の場合、各章で取り上げる人物について、彼ら彼女らの抱く理論や概念を明晰に描き出している点にまずはその特徴がある。第一章で登場する斎藤隆夫を例に見ておくこととしよう。

著者は、一九二五年三月、第五十帝国議会でなされた、いわゆる男子普通選挙法への斎藤の賛成演説が孕んでいた重要な論点をしっかりと読者の前に差し出す。普通選挙の是非を論じる斎藤の演説中には、政治の根幹に家父長制を置く思考そのものへの批判が内包されていた。大日本帝国憲法の第二章には「臣民権利義務」についての条規が置かれていたが、その条文の主語はあくまで日本臣民であり、これは「ことごとく臣民個人」を指している。条文の主語は「家長でもなければ家族でもない」と斎藤が断じた点に、著者は読者の注意を促す。家父長選挙権など、憲法の理念とは全然矛盾している、との明解な論点を含んだ一時間五十分もの演説が、護憲三派内閣の与党憲政会を代表して立った斎藤隆夫によってなされていたのだ。

このような事実を知っているのと知らないのとでは、これからを生きる上で大きな違いが出てくるのではないか。現代に目を転じてみても、一九九六年に法制審議会で法案の答申がなされた選択的夫婦別姓制度が、四半世紀を経ても政府側から国会に法案として提出されない異様な事態の背景に、一九二五年の時点で斎藤がしかと批判していた論理、個人を尊重しない家族観の問題が依然として岩盤のように存在している、とわかるだろう。

第三章に登場する山本宣治（以下、山宣）の場合にも、山宣が論じた理論と概念の重要性がわかりやすく叙述されている。当初、生物学と性科学を講ずる学者としての人生を歩み始めた山宣は、一九二八年の第一回普通選挙に労農党から出馬して当選し、治安維持法案への反対演説をなした後、特高警察をバックとした黒幕の使嗾により暗殺された代議士に他ならない。ここでも著者は、山宣の唱道していた産児制限運動について、あくまで「無産階級の生活防衛闘争」であり、「産む、産まないは自分で決める」という「市民的自由の獲得運動」であったこと、今でいう「リプロダクティブ・ヘルス・ライツ」（性と生殖に関する健康・権利）への極めて早い取り組みであったことを、しっかりと描き出している。

理論と概念に着目するという著者の姿勢は、第五章で九津見房子を描く際にも貫かれる。女性運動家を描く場合、往々にその思想よりも異性関係などに注目が集まってしまうが、著者の森さんは、一九二八年の三・一五事件で女性逮捕者の第一号となって札幌刑務所に収監された九津見、一九四一年のゾルゲ事件にも関与した結果、合わせれば十年近い年月を獄中に過ごした、ミス・ソシアリストというべき九津見の生涯に対し、極めて公正な評価を下している。特に九津見が労働組合評議会内部に婦人部を作ろうとした試みを取り上げ、その試みを、男女同一労働、同一賃金実現の要求として位置づけているのも重要だ。

斎藤隆夫や山宣と同じく、九津見の脳中の、時代のはるか先をゆく理論と概念に着目し、その脳中の核となるものが時代の少数者であった彼ら・彼女らの運動を支え、背中を押していた様を描く。時代の刻印と制約を受けた感覚や感情を次代に正確に伝えるのは至難の業だが、普遍化された理論と概念という形に落とし込めば、次代に正確に伝えることは可能となる、そのような読みが著者の森さんにあるのだろうと私は考える。

ただそこは「谷根千」以来の「聞き書き」巧者の森さんのなさること、理論と概念をのみを描いて大人しく終わりにするはずはない。本書を貫いているもう一つの特徴として、地域的な要素への高い関心と、実際に出会った人物による評言を重視する姿勢が挙げられよう。斎藤隆夫の章で早速、ご近所の話につなげる。いわく、斎藤が「わたしの家からそう遠くない本郷区向ヶ岡弥生町三番地に住んだことがあると知った」と。

また、第二章に登場する山川菊栄については、山川夫妻の息子・振作の夫人美代の姪・岡部雅子の評として、岡部の目に映じた山川菊栄の姿が描出されている。いわく、「落ち着いた奥深い人間味、緊張と和み、温かさや安定感と親しみも感じさせる、静かで地味なごく普通の女性」であったと。また、著者は、山川菊栄が親戚の女性らをどう評価していたか、その巧みな評言を読者の前に披露する。いわく、「気持ちのいい人」「のんきな人」「優しい人」「楽天的な、サラサラした人」。山川の目の良さがわかるが、一番低い評価が「冷たい人」なのは、少数者の側に立った山川への普通の人々の態度の在り

かを想像させるくだりだ。山宣については、物書きの伯母・近藤富枝が「いい男っての
は山宣だねえ」と何度も言っていたことに興味の発端があると明かす。
九津見房子については、九津見の孫にあたる方による祖母としての九津見評を記して
いる。「岡山の家老の家に生まれた人ですから、それは厳格な明治の女でした」と。さ
らに九津見の子供・大竹一燈子は「こわいくらいにまじめでぴしっとした人」だと評し
ていたと。九津見と一緒だった山代巴、彼女もまた治安
維持法違反で下獄していた人物であったが、その山代の九津見評をも著者は丁寧に引く。
いわく、「和歌山刑務所の日のあたらない部屋に入れられた年上の北林トモが、疥癬と
栄養失調で仮釈放後すぐ亡くなったことなどに慚愧の念を感じ続けた」人だったと。戦
後の歩みの中で社会主義者から反共路線に転じた三田村四郎に最後まで随伴した人だっ
たとの一事で九津見をイメージしては事を誤る。
最後に、九つの章で取り上げられた十人のうち最も異色なのは、第四章の竹久夢二だ
ろう。著者も正直にまずは読者に告げている。「そういうわけでわたしは、竹久夢二自
身について、ふしだらで身勝手でボヘミアンという以上のイメージを持っていなかった」
と。だがその夢二は、一九二三年九月一日の関東大震災の惨禍を契機に変貌を遂げ、そ
の変化を著者は見逃さなかった。毎日のように夢二は被災地を歩き、崩落し焼失した東
京の街をスケッチし続けたと著者は知る。そして、次のような夢二の文章「変災雑記」

に出会った時、著者の夢二評価ははっきりと転換を遂げる。夢二は「邪魔者にした上野の森や不忍の池や宮城の壕や芝や愛宕の山がどれだけ火事を防いでくれたか」と、東京の緑地空間や樹木の意義に深く気づいていた。

本書には少なからぬ数の写真が収録され、その幾つかは鮮明なものとはいえないが、著者が実に良く写真を吟味していることが推察できる。子供の髪を割烹着姿で切る山宣、一九四四年時の古在由重とその家族写真など。「家族の愛情は人を支える」との著者の金言とともに味わっていただきたい。

（かとう ようこ／東京大学大学院人文社会系研究科教授）

暗い時代の人々（くら じだい ひとびと）

朝日文庫

2023年９月30日　第１刷発行

著　者　森（もり）まゆみ

発行者　宇都宮健太朗
発行所　朝日新聞出版
〒104-8011　東京都中央区築地5-3-2
電話　03-5541-8832（編集）
03-5540-7793（販売）
印刷製本　大日本印刷株式会社

Published in Japan by Asahi Shimbun Publications Inc.
定価はカバーに表示してあります

ISBN978-4-02-262082-8
落丁・乱丁の場合は弊社業務部（電話 03-5540-7800）へご連絡ください。
送料弊社負担にてお取り替えいたします。